कैसे छोड़ें अपनी छाप ?

शशिकांत 'सदैव'

प्रभाकर प्रकाशन

ISBN: 978-93-89851-67-0
eISBN: 978-93-89851-68-7

प्रकाशक: प्रभाकर प्रकाशन
प्लॉट नं.-55, मेन मदर डेयरी रोड
पांडव नगर, ईस्ट दिल्ली-110092
फोन: 011-40395855
व्हाट्स ऐप: +91 8447931000
ई-मेल: Sales@pharosbooks.in
वेबसाइट: www.pharosbooks.in
संस्करण: 2019
कवर डिज़ाइन: वीरेन्द्र सिंह भंडारी
इनर डिज़ाइन: सुरेन्द्र कुमार

कैसे छोड़ें अपनी छाप?
लेखक: शशिकांत 'सदैव'

यह पुस्तक क्यों?

तेज रफ़्तार से भागते इस कंप्यूटर के युग में जहाँ एक ओर इतनी प्रतिस्पर्धा है वहीं दूसरी ओर अपनी पहचान बनाना और उस पहचान को बनाए रखना और भी बड़ी और कड़ी चुनौती वाला काम है, क्योंकि भीड़ और प्रतियोगिता के इस माहौल में, अपने हुनर हो साबित कर पाना, सामने वाले के मन–मस्तिष्क में छा जाना, गहरे संघर्ष व गहन प्रतिभा की मांग करता है, जिसके लिए नियमित प्रयास ही काफी नहीं व्यक्तित्व का सुदृढ़ और प्रभावशाली होना भी अनिवार्य है। यह पुस्तक व्यक्तित्व को निखारने का ही एक प्रयास है, जो कि सुन्दर व सफल जीवन का आधार भी है।

सच तो यह है व्यक्तित्व ही किसी व्यक्ति को सही मायने में न केवल व्यक्ति बनाता है बल्कि उसे पूजनीय, देवता स्वरूप भी बनाता है। यदि व्यक्तित्व आकर्षक होगा तो भविष्य उज्ज्वल होगा इसलिए हमें यदि अपने भविष्य को सुधारना है तो पहले अपने व्यक्तित्व को निखारना होगा, बाहरी उत्थान से पहले आत्मोत्थान करना होगा, बाहर की उपलब्धियों को पाने से पहले स्वयं को पाना होगा। भविष्य को जीतने से पहले अपने आज को जीतना होगा। लोगों को हराने से पहले स्वयं की बुराइयों को हराना पड़ेगा, तभी सही मायने में न केवल भविष्य बल्कि यह मनुष्य जन्म सफल व सुन्दर कहलाएगा। अपने व्यक्तित्व को कैसे निखारें यही सब सिखाती है यह पुस्तक।

वो व्यक्तित्व का ही जादू होता है, जो न केवल सामने वाले पर अपनी छाप छोड़ने में कामयाब होता है बल्कि हमें कई वर्षों या शतकों तक मरने के बाद भी ज़िंदा रखता है। देखा जाए तो हमारा व्यक्तित्व ही हमारी पहचान बनता है। लोग हमारे व्यक्तित्व से ही हमें पसंद करते व याद रखते हैं। यह व्यक्तित्व जो कि सफलता का आधार है वह एक–दो रोज या कुछ महीनों में नहीं बन जाता, इसके लिए जीवन को पल–प्रतिपल जीना पड़ता है। अपने व्यक्तित्व को हम किसी के मार्गदर्शन से या फिर किसी को अपना आइडिअल बना कर भी निखार सकते हैं, अच्छी संगत व पुस्तकें भी इसमें मददगार साबित हो सकती हैं और यह पुस्तक इसी दिशा में किया गया एक प्रयास है।

सफल तो वो भी हो जाते हैं जिनका कोई व्यक्तित्व नहीं होता, परंतु ऐसी सफलता न तो किसी पर अपनी छाप छोड़ती है न ही किसी के लिए प्रेरणा बन पाती है। ऐसी सफलता का न तो कोई अर्थ है न ही कोई भविष्य। व्यक्ति की सफलता व उसका भविष्य उसके व्यक्तित्व से है और व्यक्तित्व का मतलब सिर्फ आकर्षक दिखना या प्रभावपूर्ण बातें करके सामने वाले को इंप्रेस करना ही नहीं होता। व्यक्तित्व बनता है आपके व्यवहार से, आपके स्वभाव और बर्ताव से। व्यक्तित्व बनता है आपकी सोच और आदतों से। व्यक्तित्व बनता है आपके सकारात्मक नजरिए एवं दृष्टिकोण से। इतना ही नहीं आपकी समझ एवं सहनशक्ति कैसी है? आप में प्रेम और करुणा का भाव कितना है? आप संघर्षों एवं चुनौतियों का सामना कैसे करते हैं? अहंकार, क्रोध, काम, लोभ, वासना आदि का आप पर कितना गहरा प्रभाव है? शराब, बीड़ी, सिगरेट आदि व्यसनों से आप कितने मुक्त हैं? आपकी बोली, आपका आत्मविश्वास, आपकी याददाश्त, आपकी एकाग्रशक्ति, आपकी दृढ़ता, आपकी संकल्पशक्ति आदि बहुत कुछ मिलकर आपके व्यक्तित्व का निर्माण करते हैं, जिसे आप इस पुस्तक के माध्यम से, सरलता से समझ कर जीवन में उतार सकते हैं।

इस पुस्तक का उद्देश्य ही यह है कि लोग अपने व्यक्तित्व-व्यवहार पर बल दें ताकि भीतर से सशक्त और सकारात्मक हो सकें ताकि उनका होना लोगों के लिए मिसाल बने। वह एक तरफ भागती भीड़ में अपनी अलग छाप छोड़ सकें। उनका व्यक्तित्व, उनका भविष्य संवार सके ताकि आने वाला कल उन पर गर्व कर सके।

शशीकांत सदैव

विषय-सूची

कैसे छोड़ें अपनी छाप?

अक्सर आप किसी प्रभावशाली व्यक्तित्व को देखकर उनके जैसा बनने की कोशिश करते हैं या अपने आस-पास के किसी जिंदादिल इंसान को देखकर आपके दिल में उन जैसा बनने की तमन्ना जागती है। आप अक्सर सोचते हैं कि आखिर उसमें ऐसा क्या खास है, जो वह सबकी पसंद है? क्यों हर कोई उसे पसंद करता है? हममें ऐसा क्या है, जो हम उसके जैसे सबका दिल जीतने में कामयाब नहीं हो पाते। यहां हम आपको बताते हैं कुछ ऐसी ही बातें जिससे आप भी दूसरों का दिल जीत सकते हैं या उन पर अपनी गहरी छाप छोड़ सकते हैं।

मुस्कराहट बिखेरें

जीवन में हर कोई अपने आस-पास हंसी-खुशी ही चाहता है, हंसमुख लोगों को ही पसंद करता है। आप यदि कहीं जा रहे हों और अचानक कोई अजनबी आपकी तरफ मुस्कुराकर देख ले तो ऐसे में एक पल में ही वह अजनबी आपको अपना सा लगने लगता है। उसकी मुस्कुराहट आपके और उसके बीच एक आत्मीय संबंध जोड़ देती है। ऐसे ही अगर आप हमेशा मुस्कुराते रहेंगे तो बेगानों को तो अपना बना ही लेंगे और हो सकता है कि आपकी वह मुस्कुराहट उसे उसकी किसी परेशानी का भी हल बता दे। आपकी मुस्कुराहट उसे भी जिंदगी में हंसते हुए आगे बढ़ने की प्रेरणा दे सकती है।

औरों की भी परवाह करें

जिंदगी में अपने और अपने अपनों के अलावा दूसरों की फिक्र करना भी सीखें। यदि आप किसी की परवाह करेंगे तभी कोई आपकी परवाह करेगा। लेकिन यदि आपको किसी की तकलीफ, बीमारी या समस्या की कोई फिक्र नहीं है तो कोई और भी आपकी परवाह क्यों करेगा? आप किसी की मदद करेंगे तो दूसरे भी हमेशा आपकी मदद करने को आतुर रहेंगे। आप जितना प्यार और सहानुभूति बांटेंगे उससे कहीं ज्यादा प्यार आपको जिंदगी में मिलेगा।

जो जैसा बोता है, वैसा ही काटता है वाली कहावत हम सबकी जिंदगी में चरितार्थ होती है। इसलिए जो आप दूसरों से चाहते हैं, पहले वैसा ही दूसरों के साथ बांटना भी सीखें।

अपने प्रति वफादार बनें

हमेशा अपने प्रति वफादार रहें या खुद से सच बोलें। आप जो कर रहे हैं, वह सही है या गलत बेशक दूसरा कोई नहीं जानता, मगर आप बेहतर तरीके से जानते हैं कि आप क्या कर रहे हैं? आप अगर किसी से झूठ बोलते हैं तो भी आप जानते हैं कि आपने झूठ बोला है। अगर आप किसी से सच भी कहते हैं तो प्रामाणिकता के साथ कहें। बेवजह दो लोगों में समस्याएं उत्पन्न करने के लिए कुछ भी न कहें। अपनी बात को तथ्यों के साथ पेश करें। यदि आपको भविष्य में दोबारा अपनी बात दोहरानी पड़े तो भी आप अपनी कही बात याद रखें, अपनी बात से मुकरे नहीं। जिंदगी में कम से कम खुद से सच जरूर बोलें।

दूसरों को खुश रखें

जिंदगी में आप चाहे कितने ही उदास या परेशान हों लेकिन उसका साया आपके आस-पास के लोगों पर नहीं पड़ना चाहिए। आपको हमेशा कोशिश करनी चाहिए कि आपके आस-पास के लोग खुश रहें। अगर वे परेशान भी हैं तो उनके लिए कुछ ऐसा जरूर करें, जिनसे उनके चेहरे पर मुस्कुराहट आ जाए। जीवन में आप किसी के लिए कुछ करते हो तो शायद उसे लोग भूल जाते हैं लेकिन अगर आपने अपनी कोशिश से किसी को हंसाया हो, उसके जीवन में खुशियां बिखेरी हों तो लोग उसे कभी नहीं भूल पाते। इसलिए हमेशा खुशमिजाज रहें और दूसरों को भी खुश करें।

सकारात्मक रहें

जिंदगी में कभी भी हमेशा अच्छा या बुरा नहीं होता। अच्छा या बुरा तो हमारे नजरिये पर निर्भर रहता है। अगर हम सकारात्मक रहेंगे तो हम जिंदगी की विषम परिस्थितियों का सामना भी हंस कर करेंगे। पर अगर हमें हमेशा नकारात्मक तरीके से सोचने की आदत होगी तो हम अच्छी बातों को भी नकारात्मक तरीके से सोचेंगे। इसलिए हमेशा सकारात्मक विचारों से खुद को ओत-प्रोत रखें। कोई फर्क नहीं पड़ता जिंदगी में आपके साथ क्या बुरा हुआ? फर्क इस बात से पड़ता है कि आप इस बुरे को अच्छे में कैसे बदल सकते हैं। याद रखिए जहां पर सब कुछ खत्म हो जाता है, वहां एक नया रास्ता निकलता है। या तो आप कामयाब होंगे या अपनी असफलता से कुछ न कुछ सीखेंगे। जिंदगी आपको हमेशा कुछ न कुछ जरूर देती है। इसलिए सकारात्मक सोचो, आपके आस-पास जो खुशियां बिखरी पड़ी हैं, उनका महत्त्व जानें और असफलताओं से सीखें। आपका यही सकारात्मक रवैया लोगों को आपके आस-पास लाएगा।

सच बोलें व सच का साथ दें

कोई भी किसी झूठे इंसान को पसंद नहीं करता। चाहे सच का रास्ता कितना ही मुश्किल हो, आखिर में सच ही जीतता है और एक न एक दिन झूठ की पोल जरूर खुल जाती है। सच हमेशा अपना रास्ता ढूंढ ही लेता है। इसलिए आप न तो झूठ का सहारा लें और न ही अपने काम के प्रति गैर जिम्मेदार बनें। अपने काम को लेकर या जो आपने किया है, चाहे वह सही है या गलत उसके प्रति ईमानदार बने रहें। अगर आपने कुछ गलत भी किया है तो ईमानदारी से सच को स्वीकार कर लें।

लोगों को नाम से बुलाएं

हर किसी को अपना नाम बहुत पसंद होता है। यह उसके लिए बहुत महत्त्वपूर्ण व मधुरतम शब्द होता है। ऐसे में आपको उनके ही नाम से बुलाना चाहिए। इसके लिए हमेशा लोगों के नाम याद रखें। किसी का नाम भूलने पर उन्हें किसी और के नाम से संबोधित न करें। इससे उसके मन में आपकी नकारात्मक छवि बन सकती है कि जो व्यक्ति एक नाम तक याद नहीं रख सकता, वह जिंदगी में आगे क्या बढ़ेगा? इसलिए अपनी याददाश्त तेज रखें और लोगों को उनके नाम से सही ढंग से संबोधित करें।

विश्वास पात्र बनें

दूसरों की नजरों में आपका विश्वसनीय बनना बहुत जरूरी है। आप जो कुछ भी कहें लोग उसका विश्वास कर लें, इससे आपका महत्त्व बढ़ता है। आप जो भी कहें उस पर कायम रहें। किसी से कभी झूठ या कोई ऐसी गलत बात न कहें जिस पर बाद में आपको पलटना पड़ जाए। यदि आप विश्वसनीय हैं तो लोगों के साथ आपके संबंध भी प्रगाढ़ होते चले जाएंगे। आप जो भी करते हैं या कहते हैं वही आपके रिश्ते का मजबूत आधार तैयार करते हैं। इसलिए जितना ज्यादा आप विश्वसनीय होंगे उतना ही आप दूसरों को प्रभावित कर पाएंगे।

सभ्य बनें

शिष्टाचार एक ऐसा हथियार है, जिसके प्रयोग से आप बड़े से बड़े इंसान का दिल आसानी से जीत सकते हैं। आपको किसके साथ कैसे बात करनी है, कैसे उठना-बैठना है, कब माफी मांगनी है, कब धन्यवाद या निवेदन करना है, इन बातों का खास ख्याल रखें। यह सारी बातें आपको लोगों की नजरों में शिष्ट बनाती हैं। अपने निजी जीवन में या किसी विशेष अवसर पर आप अपने शिष्ट व्यवहार से ही लोगों को प्रभावित कर सकते हैं। इसके अलावा ऊंची आवाज में या कठोर शब्दों में भी बात करने से बचें, लोगों के साथ विनम्र तरीके से पेश आएं।

कार्य को विस्तार दें

आपके जो भी शौक हैं या आप जो भी करना चाहते हैं, उसे केवल अपने तक सीमित न रखें, बल्कि दूसरों से भी इस बारे में बात करें, तभी आपको आपके कार्यक्षेत्र से जुड़े लोगों का साथ मिलेगा। आप यह कभी मत सोचो कि आप कुछ गलत कर रहे हो या सही, बस बिना सोचे अपना काम और अपने शौक दूसरों को भी बताएं, जितना ज्यादा उसे फैला सकते हैं, फैलाएं। इससे लोग आपके बात करने व आपके काम के प्रति जुनून को देखकर प्रभावित होंगे। हम आज विश्व के जितने प्रसिद्ध लोगों को देखते हैं, चाहे वह कोई संगीतज्ञ हो या लेखक, ब्लॉगर हो या प्रेरणादायक वक्ता, इंटरनेट व्यवसाय से जुड़ा कोई उद्यमी हो या कोई खिलाड़ी या फिर आपके माता-पिता, इन सबकी सफलता के पीछे एक चीज समान थी और वह यह कि इन सबने अपने काम और शौक को धीरे-धीरे चारों ओर फैलाया। आप भी अपने काम को फैलाकर समाज में अपने लिए प्रतिष्ठा बनाओ, अपने काम की प्रतिष्ठा बढ़ाओ, लोग आपसे खुद-ब-खुद प्रभावित होते चले जाएंगे।

स्वभाव में प्रेम और करूणा लाएं

अपनों से प्रेम करना तो बहुत ही सामान्य बात है लेकिन अनजाने लोगों के प्रति भी मन में नि:स्वार्थ प्रेम व वात्सल्य भाव होना आपको दूसरों से श्रेष्ठ बनाता है। वात्सल्य भाव न केवल आपको दूसरों से अलग बनाता है बल्कि यह आपमें मानवता के श्रेष्ठ गुणों का भी परिचायक है। आपके सामने कोई तकलीफ में हो तो उसके देखकर आपको भी तकलीफ हो और आप उसकी मदद के लिए तत्पर आगे बढ़ें तथा अगर आपके सामने कोई गिर जाए, उसे चोट लगे और आपको भी दर्द का अनुभव हो या फिर कोई बच्चा लगातार रो रहा है तो उसे चुप कराने के लिए बिना कुछ सोचे आगे बढ़ना ही आपके अंदर वात्सल्य भाव की उपस्थिति का बोध कराता है। यह जीवन जीने का सकारात्मक ढंग है, जो सबमें नहीं होता और आपकी यही विशिष्टता आपको लोगों की नजरों में महान बनाएगी।

मदद के लिए तत्पर रहें

याद रखिए जिंदगी में आप जो बोते हैं वही काटते हैं यानी जैसे आप कर्म करेंगे आपको वैसे ही फल मिलेंगे। जब आप संघर्ष कर रहे हों तो ऐसे समय में भाग्य किसी की सहायता के रूप में ही हमारा साथ देता है। इसलिए अगर हम किसी से मदद की आशा करते हैं तो हमें भी इस चक्र को पूरा करते हुए किसी की सहायता करनी चाहिए। जीवन में जब भी संभव हो आप किसी न किसी तरह से किसी की मदद जरूर करें। साथ ही जब आप किसी की मदद करें तो बदले में उससे कुछ पाने की आशा न रखें। बल्कि किसी की सहायता करने से जो आनंद मिलता है उसे अनुभव करें और उस व्यक्ति के साथ अपने रिश्ते को और मजबूत

बनाएं। यह जरूरी नहीं कि आप पैसों से ही किसी की मदद कर सकते हैं। जीवन में ऐसे कई मौके आते हैं जब आप बिना धन के भी किसी की सहायता कर सकते हैं। जैसे आपके किसी मित्र के पास नौकरी नहीं है तो आप उसकी नौकरी ढूंढने में मदद कर सकते हैं, कोई रास्ता भटक गया है तो आप उसे मंजिल तक पहुंचा सकते हैं। बस या ट्रेन में किसी वृद्ध, बीमार या जरूरतमंद को अपनी सीट देकर भी आप लोगों की मदद कर सकते हैं। इससे समाज में आपकी प्रतिष्ठा बढ़ती है।

प्रशंसा करना सीखें

आजकल लोगों के लिए अगर सबसे मुश्किल कुछ है तो वो है दूसरों की तारीफ करना। हम खुद को ही सबसे बेहतर समझते हैं और किसी दूसरे की मेहनत या काबिलियत को अपने से बेहतर मान ही नहीं सकते। जबकि हर कोई चाहता है कि उसने जो मेहनत की है, उसकी प्रशंसा हो। ऐसे में अगर आप किसी काबिल इंसान की खुलकर, बिना हिचके तारीफ करेंगे तो वह आपसे प्रभावित हुए बिना रह ही नहीं पाएगा। इसलिए अगर आपको किसी का काम या किसी की कोई खास बात पसंद है तो खुलकर उसकी तारीफ करें।

आपके काम में आपका असर दिखता हो

आपके काम पर आपकी छाप स्पष्ट दिखाई देनी चाहिए। सामने वाले को देखते ही पता चल जाना चाहिए कि यह काम आपने किया है। आपका व्यक्तित्व जैसा है आप उसी के अनुसार अपने सभी काम करें। यदि आप काफी मजाकिया हैं तो अपने काम को भी थोड़े हास्यपूर्ण अंदाज में करें। अगर आप चित्रकार हैं तो अपने चित्रों से अपने काम को और अधिक सजावट के साथ करें। आप जो भी करें उसमें आपका स्पर्श झलकना चाहिए। इससे लोगों पर आपका प्रभाव पड़ेगा। लोग आपके काम में आपके व्यक्तिगत हुनर का स्पर्श देखकर खुश होंगे।

अपने किए वादों को निभाएं

कई बार लोग आदतन हर बात पर लोगों से वादा कर देते हैं, फिर चाहे वह वादा पूरा करना उनके वश में हो या नहीं। ज्यादातर लोग अपने किए हुए वादे भूल भी जाते हैं, इससे लोगों में आपकी नकारात्मक छवि बनती है। अगर हम लोगों की नजरों में अपना मूल्य या अपनी छाप बनाना चाहते हैं तो हमें अपने वादों को याद रखकर उन्हें पूरा करना चाहिए। ऐसा कोई वादा नहीं करना चाहिए, जिसे हम पूरा न कर सकें। इससे लोगों का आपके प्रति विश्वास बढ़ेगा और वे जान जाएंगे कि आप सिर्फ आदतन बेवजह कोई वादा नहीं करते बल्कि उसे पूरा करने की क्षमता भी रखते हैं।

सुनना सीखें

हममें से अधिकतर लोगों को सिर्फ अपनी बात कहने की आदत होती है, हम किसी और की कुछ सुनना ही नहीं चाहते। जिंदगी में आगे बढ़ने के लिए जरूरी है कि हम अच्छे श्रोता भी बनें। सामने वाला चाहे वह हमारी जान-पहचान का कोई मामूली इंसान हो या कोई बहुत बड़ा वक्ता, हमें हमेशा उसकी बात को ध्यानपूर्वक सुनना चाहिए। किसी की बात सुनने के लिए अपनी आंखों को सामने वाले की तरफ केंद्रित करें, कान उसकी तरफ करें और अपना मोबाइल बंद करें। आज के समय में जहां हर कोई जीवन की भागम-भाग में सिर्फ भाग रहा है, ऐसे में अगर आप दूसरों को सुनने के लिए समय निकाल पाते हैं वह निश्चित रूप से प्रशंसनीय है।

व्यवस्थित रहें

यदि आप व्यवस्थित ही नहीं रहेंगे तो जीवन में कोई भी काम पूर्णता के साथ नहीं कर पाएंगे। इसलिए अपने घर और कार्यक्षेत्र को अच्छी तरह से व्यवस्थित रखें। हर काम के लिए एक तरीका व समय निर्धारित करें। घर व ऑफिस में प्रयोग आने वाली हर चीज को सही तरीके से सहेजकर रखें ताकि जरूरत पड़ने पर आपको वे चीजें आसानी से उपलब्ध हो जाएं। इससे आपके सभी काम सहज हो जाएंगे और व्यक्तित्व भी काफी सुदृढ़ होगा।

बढ़ाएं अपनी आत्मसंतुष्टि का स्तर

आजादी बहुत बड़ा उपहार है लेकिन आत्मसंतुष्ट होना उससे भी बड़ा उपहार है। यदि आप आत्मसंतुष्ट हैं तो दूसरे लोग आपकी प्रशंसा किए बिना नहीं रह पाएंगे। साथ ही आत्मसंतुष्टि ही वह तत्त्व है जो आपको सुखी बना सकता है। यदि आपकी इच्छाओं का कोई अंत नहीं तो आप जीवन भर उनके पीछे भागकर दुखी होते रहेंगे और आप कभी अपने काम को पूरे मन से भी नहीं कर पाएंगे, ऐसे में आपके व्यक्तित्व के स्तर में भी गिरावट आनी शुरू हो जाएगी। इसलिए जीवन में दूसरों को प्रभावित करने के लिए सबसे पहले खुद आपका आत्मसंतुष्ट होना आवश्यक है।

अनुभवों को साझा करें

कहते हैं ज्ञान को जितना बांटा जाए, वह उतना ही बढ़ता है। यदि आपको किसी क्षेत्र में विशेषज्ञता हासिल है या आप उस विषय के बारे में अच्छे से जानते हैं तो उससे संबंधित जानकारी आप दूसरों से बांटें, उसे अपने तक सीमित न रखें। यदि आप सब कुछ दूसरों से सांझा करेंगे तो आपका ज्ञानक्षेत्र भी बढ़ेगा लेकिन अगर आप सब कुछ जानते हुए भी दूसरों को कुछ नहीं बताते, अहंकारी हो जाते हैं तो आपके उस ज्ञान का कोई महत्त्व नहीं है। आप

जितना लोगों से जानकारी सांझा करेंगे, जितने प्यार से उन्हें समझाएंगे उतना ही उनके दिलों में घर करते जाएंगे।

अपनेपन का भाव रखें

आप लोगों से जितना ज्यादा खुलकर मिलेंगे, उनके साथ आत्मीयता बढ़ाएंगे उतना ही वे आपसे प्रभावित होंगे। मिलनसार होने के साथ-साथ आपका मददगार होना भी जरूरी है। आपसे जितना संभव हो आप दूसरों की मदद करें। यह मदद आप किसी भी रूप में कर सकते हैं। जरूरत के समय यदि आप किसी को केवल भावनात्मक सहयोग भी देते हैं तो वह जिंदगी भर आपका कायल हो जाता है।

जीवन को संतुलित और प्राबंधित करें

आज के समय में जितना आवश्यक समय की कद्र करना है उससे कहीं ज्यादा जरूरी समय का प्रबंधन है। यदि आपने यह कला सीख ली तो जीवन में आगे बढ़ने से आपको कोई नहीं रोक सकता। आपके पास जो समय, ऊर्जा व धन है आपको उसका संतुलित व प्रबंधित प्रयोग करना आना चाहिए। आपको इस कला में माहिर होना चाहिए कि आप उपलब्ध संसाधनों से किस तरह बेहतर व प्रभावी परिणाम हासिल कर सकते हैं। यदि आप स्वयं का निवेश करना सीख गए तो आप जिंदगी में कुछ खोएंगे नहीं बल्कि जीवन जीने की एक महत्त्वपूर्ण कला सीख जाएंगे। इससे आप अपने जीवन की समस्याओं का समाधान करने में भी सक्षम हो जाएंगे। आप जितना अपने समय, धन व ऊर्जा का दक्षतापूर्वक प्रयोग करेंगे उतना ही आप अपने जीवन को नियंत्रित करने में सफल होते जाएंगे। आपका आपके जीवन पर जितना अधिक नियंत्रण बढ़ेगा उतना ही लोग आपके आस-पास आते जाएंगे। वे आपसे प्रभावित होंगे। इसके लिए आपको अपनी एक दिनचर्या बनाकर उसके अनुसार ही अपने कार्य सफलतापूर्वक संपन्न करने होंगे।

विषम परिस्थितियों से घबराएं नहीं

यदि आप किसी बात पर विश्वास करते हैं या उस काम को करके आपको खुशी व सकारात्मक ऊर्जा मिलती है तो आपको उस विश्वास और खुशी को हमेशा कायम रखना चाहिए। यदि आप आस्तिक हैं और पूजा-पाठ व व्रत में विश्वास करते हैं तो उस विश्वास को बनाए रखें, किसी की बातों में आकर अपने विश्वास को कमजोर न पड़ने दें। बल्कि उचित तर्क देकर अपने विश्वास को और मजबूत बनाएं और सामने वाले को भी आपके विश्वास पर विश्वास करने के लिए विवश कर दें।

आपको किसी चीज का शौक है तो उसे भी न मरने दें। यह शौक आपका लिखने-पढ़ने, खाना बनाने, कढ़ाई-बुनाई का काम या फिर क्रिकेट या कोई और खेल को लेकर भी हो सकता है। लेकिन समय के साथ खासकर नौकरी व शादी के बाद आप अपनी आदतें, अपने शौक व विश्वास बदल लेते हैं, जो कि गलत है। उम्र, बीमारी, परिस्थति या किसी भी चीज का उस पर प्रभाव न पड़ने दें। अपने हौसले को बरकरार रखते हुए उम्र, बीमारी व परिस्थिति सबको मात दें और दूसरों के लिए मिसाल कायम करें। खुद को इस काबिल बनाएं कि लोग आपसे प्रेरणा ले सकें। किसी भी चीज में आपका विश्वास सकारात्मक व खुशी देने वाला होना चाहिए। ऐसा न हो कि किसी को ठेस या तकलीफ पहुंचाने वाली बातें या फिर कुछ गलत करने को भी आप सही मानकर उस पर अपना विश्वास मजबूत करें। आपको उन्हीं चीजों में विश्वास करना चाहिए जो सकारात्मक हों, जिससे आपको या किसी और को खुशी व ऊर्जा मिल सके तथा जिससे आप किसी के जीवन की प्रेरणा बन सकें।

श्रम ही नहीं गहन अध्ययन भी करें

अगर आप कोई काम कर रहे हैं तो उसे पूरी लगन के साथ करें। अगर आपको संतोषजनक परिणाम प्राप्त नहीं हो रहे तो उस काम के लिए उसकी पूरी गहराई में जाएं। उसके लिए तरह-तरह के शोध करें, खुद को संतुष्ट करने के लिए पूरी मेहनत से काम करें, उसके बाद जो परिणाम प्राप्त होंगे वे निश्चय ही संतोषजनक होंगे। आपके काम में की गई ये मेहनत, ये शोध आपको और आपके काम को दूसरों से अलग बनाएगा। अगर फिर भी बात नहीं बनती तो अपने आप से प्रश्न करो, आत्मविश्लेषण करो, अंततः आपको सफलता अवश्य मिलेगी। हो सके तो इस क्षेत्र से जुड़े ज्यादा से ज्यादा लोगों से अपने अनुभव बांटें, उनसे उनकी राय लें, आपका काम सबसे अलग होगा तो आपकी मेहनत आपके काम में जरूर दिखेगी।

जो मिला है उससे संतुष्ट रहें

आपके पास जो नहीं है, उसका रोना न रोते रहें बल्कि जो है उसका आप किस तरह बेहतर प्रयोग कर सकते हैं, इस बारे में सोचें। इसके लिए आप किसी विकलांग व्यक्ति से सीखें जिसके पास एक हाथ या पैर या देखने-सुनने की क्षमता का अभाव है या फिर वह किसी भी रूप में शारीरिक रूप से असक्षम है, फिर भी वह अपने शरीर के बाकी अंगों के सहारे कितनी कुशलता से प्रसन्नतापूर्वक अपना जीवनयापन करता है, यह सीखने योग्य है। इसी तरह आप भी सोचें कि आपके पास तो औरों की तुलना में फिर भी काफी कुछ है। बस जरूरत है तो उनके कुशलतम प्रयोग की, जिससे सारी दुनिया आपके गुणों का बखान करने लगे।

आत्मविश्वास के साथ रखें अपनी बात

आप जो कुछ भी कह रहे हैं उसे स्पष्ट शब्दों में पूर्ण आत्मविश्वास के साथ कहें। अपनी बात रखते समय कोई हिचकिचाहट या झिझक न हो और अपनी बात इतनी प्रभावी तरीके से रखें कि सामने वाला एक ही बार में उसे समझ जाए। बार-बार एक ही बात न दोहराएं। ऐसा करने के लिए पहले आपको अपने अंदर आत्मविश्वास जागृत करना होगा। इतिहास के पन्नों को उलटकर देखने पर पता चलता है कि विश्व में जितने भी सफल व प्रेरणादायक लोग थे, उनके व्यक्तित्व में आत्मविश्वास का तत्त्व कूट-कूटकर भरा हुआ था। यदि आप अपने अंदर आत्मविश्वास जगा लेंगे तो आप अपनी बाकी शक्तियां भी जागृत कर लेंगे। हमेशा याद रखें आत्मविश्वासी व्यक्ति सबकी पसंद होता है।

❐

यदि सफल होना है तो यह न करें

हर इंसान कुछ बनना चाहता है, कुछ होना चाहता है। वह जैसा इस संसार में आया है खाली हाथ, अजनबी, अनाम, अनजान, ऐसा जाना नहीं चाहता। वह दौलत-शौहरत, पद-प्रतिष्ठा सब पाना चाहता है। यह तमन्ना सबकी होती है पर पूरी किसी-किसी की होती है। खाली तमन्ना रखने से ही सब कुछ नहीं होता। कुछ बनने के लिए बहुत कुछ सहना, समझना होता है। छोटी-छोटी गलतियां हमारी भावुकताएं तथा नजरिए आदि हमें कुछ खास बनने से रोक देते हैं। हमारे उद्देश्य के मार्ग में रुकावट बन जाते हैं। ऐसा न हो इसके लिए जरूरी है कि आप निम्नलिखित चीजों से बचें, सावधान व सतर्क रहें।

स्वयं को कम न आकें

दूसरों को प्यार करें, उनकी तारीफ करें, मदद करें परंतु अपने को, स्वयं की जरूरत, इच्छाओं और हुनर आदि को नजरअंदाज न करें। स्वयं को प्यार करें, सराहें तथा अपनी इच्छाओं का भी सम्मान करें। खुद को कम या गलत न आंकें। अपनी छिपी प्रतिभा को स्वीकारें व प्रदर्शित करें। दूसरों के साथ-साथ स्वयं की मदद के लिए भी तत्पर रहें। अपने को हीनता की दृष्टि से न देखें न ही स्वयं को व स्वयं की जरूरतों को आखिर में गिनें।

समय और ऊर्जा को व्यर्थ न गवाएं

समय बहुत कीमती है इसे यूं ही बर्बाद न करें। बीता हुआ वक्त कभी लौटकर नहीं आता। जो कुछ हमें मिलेगा या मिल सकता है इसी समय के माध्यम से ही मिल सकता है। इसलिए गलत लोगों एवं कार्यों में समय व ऊर्जा को व्यर्थ न गंवाएं। ऐसे लोगों पर अपना वक्त जरा भी खर्च न करें, जिन्हें न अपने समय की परवाह हो और न ही आपके समय की।

समाधान की सोचें समस्याओं की नहीं

जीवन में समस्याएं सभी के होती हैं परंतु कुछ लोग होते हैं, जो उन्हें सुलझाने की बजाय उन्हें गिनाने व दिखाने में अधिक यकीन रखते हैं। ऐसा करने से उन्हें लोगों की सहानुभूति तो मिल सकती है परंतु परेशानियों से छुटकारा नहीं मिल सकता। कुछ बनना है या आगे बढ़ना है तो परेशानियों के पीछे नहीं उसके निवारण के पीछे भागें व समस्याओं को सुलझाएं। बीती समस्याओं के साथ ही चिपके न रहें।

सीखने पर ज़ोर दें सिखाने पर नहीं

ध्यान रखें इस जीवन में हम सब सीखने आए हैं सिखाने नहीं। हां ऐसा हो सकता है कि कोई हमसे ज्यादा सीखा हुआ हो सकता है, जिससे हम बहुत कुछ सीख सकते हैं या प्रेरणा पा सकते हैं। परंतु यदि उससे भी हम पूछें तो वह यही कहेगा कि मैं अभी भी सीख रहा हूं, इसलिए अपने आपको जबरन कभी किसी का गुरु, आदर्श, आइडल आदि बनाने की कोशिश न करें। गुरु, आदर्श या प्रणेता आप खुद-ब-खुद बन जाएंगे जब आप सिर्फ अपना ध्यान सीखने में या कुछ बनने में लगाएंगे। जबरन अपने आपको लोगों का प्रणेता कहलवाने का प्रयास न करें न ही स्वयं को आदर्श घोषित करें।

अपने प्रति ईमानदार रहें

दूसरे से झूठ बोलना इतना घातक नहीं जितना स्वयं से झूठ बोलना है। सच तो यह है इंसान दूसरों को तो धोखा दे सकता है, उनसे तो भाग भी सकता है परंतु स्वयं को न तो धोखा देने का कोई उपाय है न ही स्वयं से भागने का कोई रास्ता। लेकिन फिर भी कई लोग होते हैं जो स्वयं को न केवल स्वप्न लोक में रखते हैं बल्कि तमाम तरह की बेबुनियादी उम्मीदों में जान-बूझकर उलझाए रखते हैं। इसलिए यदि कुछ बनना है तो अपने ईमान के प्रति सच्चे व ईमानदार बनें। खुद को धोखों एवं छलावों से बाहर निकालें।

खुद पर ध्यान दें दूसरों पर नहीं

हुनर है तो प्रतियोगिता है परंतु प्रतियोगिता दूसरों से नहीं स्वयं से करें। हो सकता है कि आप दूसरे से आगे हों पर दूसरे से आगे निकलना काफी नहीं स्वयं से आगे निकलें, स्वयं को नई चुनौती व साहस दें। अपने ही रिकॉर्ड तोड़ें। अपनी गलतियों पर विजय पाएं। दूसरों की नजर में नहीं अपनी नजर में खुद को सम्मानित करें। दूसरों से आगे निकलकर अपनी यात्रा को विराम न दें बल्कि सदा चलते रहें और आगे बढ़ते रहें।

दूसरों की होड़ न करें

दूसरों से प्रभावित होना अलग बात है परंतु उनकी होड़ या नकल करना अलग बात है। जो आप नहीं हैं वैसा दिखाने की कोशिश न करें। सहज और प्राकृतिक रहें बनावटी न बनें। अपनी खुद की एक अलग पहचान बनाएं। कुछ ऐसा करें कि लोग आपको आपके कारण ही जानें, पहचानें व प्यार करें।

अपनी हार का जिम्मेदार दूसरों को न ठहराएं

हार-जीत जीवन में लगी ही रहती है। हम अपनी जीत का श्रेय तो खुद को व अपनी मेहनत को देते हैं परंतु हार एवं असफलता के लिए सदा दूसरे को या परिस्थितियों को दोष देते हैं। दूसरे को दोष देने से या सामने वाले में कमी निकालने से कुछ हासिल नहीं होने वाला। स्वयं की कमियों पर ध्यान दें। अपनी हार के लिए दूसरों को जिम्मेदार न ठहराएं। अपनी गलतियों को देखें, स्वीकारें और सुधारें, इसे किसी और के सिर न मढ़ें।

अपनी गलतियों से घबराएं नहीं

जहां सफलता है वहां कोशिशें हैं और जहां कोशिशें हैं वहां गलतियां भी स्वाभाविक हैं। सच तो यह है इंसान गलती करके ही सीखता है, गिरकर ही संभलता है। इसलिए गलतियों के या हार के डर को अंदर से निकालें। पहुंचता वही है जो चलता है और गिरने-चलने का अंत नहीं आरंभ है। ये नहीं कि गल्तियों के डर से किसी कार्य को हाथ ही न लगाएं या बीच में ही छोड़ दें। गलतियां सब करते हैं परंतु इसका मतलब यह नहीं कि आप अपनी तरफ नकारात्मक दृष्टिकोण रखें।

हर किसी को मित्र न बनाएं

संगत का प्रभाव मनुष्य के मन-मस्तिष्क पर इतना पड़ता है कि वह आबाद भी हो सकता है तो बर्बाद भी। इसलिए संगत का चुनाव सोच-समझकर करना चाहिए, किसी मजबूरी या आकर्षण के चलते यूं ही नहीं करना चाहिए। दोस्तों के दबाव या भेड़ चाल के कारण किसी कार्य या मित्रों को यूं ही नहीं स्वीकार करना चाहिए। यदि संगत बुरी हो तो लाख अच्छाइयों पर भी दाग लगने में देर नहीं लगती।

प्रयास करें दिखावा नहीं

आप जो हैं सो हैं, जो आप में है वह कभी न कभी जरूर सामने आ जाएगा। सूरज कितना ही काले बादलों से घिरा हो वह देर-सवेर दिख ही जाता है। इसलिए धैर्य रखें और न तो व्यर्थ का प्रदर्शन करें और न ही अपने मुंह से अपनी तारीफ करें। मौका दें कि लोग आपका हुनर पहचानें और तारीफ करें। अपनी उपलब्धियों की नुमाइश न लगाएं।

संबंधों और जिम्मेदारियों को बोझ न समझें

संबंधों का अनुभव भले ही आपका कितना ही बुरा रहा हो परंतु इसका मतलब यह नहीं कि आप जीवन में आए नए लोग, नए रिश्तों को जरा भी तवज्जो न दें। पूर्व के बुरे अनुभवों के कारण स्वयं को अपने तक ही सीमित न रखें। नए संबंधों को जीवन में जगह दें, उन पर भरोसा करें। उन्हें बेकार और निरर्थक न समझें। ये न भूलें कि हम एक सामाजिक एवं सामूहिक प्राणी हैं लोगों से या रिश्तों से बचकर जीना हमें प्रौण एवं विकसित होने से रोकता है।

अपना किया जताएं नहीं

या तो किसी की मदद न करें और यदि करते हैं तो कभी भी अपने किए हुए सहयोग को गिनाएं नहीं न ही चार लोगों में उसकी चर्चा करें कि आपने कब, क्या, किसके लिए और कितना किया है? गिनाने से न केवल आपका सारा किया अनकिया हो जाता बल्कि आप दूसरों की नजर में भी गिरते हैं। फिर लोग ऐसे इंसान से बचते हैं खासतौर पर जब उन्हें आपसे कुछ मदद चाहिए होती है। इतना ही नहीं लोग आपको सामाजिक गतिविधियों से दूर रखने लगते हैं।

कुछ भी बिना सोचे समझे नहीं बोलें

आपकी वाणी और वाक्य सामने वाले पर एक विशेष प्रभाव छोड़ते हैं। सच तो यह है इंसान कितना भी अमीर या प्रतिष्ठित क्यों न हो उसकी बोली ही उसके मित्र या शत्रु बनाने में उसकी सहायक होती है। इंसान कुछ न भी हो लेकिन अपने वचनों एवं विचारों से पहचाना जाता है। लोग उसके मरने या बिछड़ने के बाद उसकी दौलत या रुतबे को नहीं उसके व्यवहार एवं जुबान को याद करते हैं। इसी वाणी के द्वारा हम बड़े से बड़ा, टेढ़ा व असंभव कार्य भी सरलता से करवा सकते हैं। इसलिए जितना हो सके, सोच-समझकर तरीके से बोलें, क्योंकि हाथों की मार से ज्यादा शब्दों की मार अधिक गहरी होती है, जो आपकी बनी-बनाई छवि को भी खराब कर सकती है।

किए वादों को न तोड़ें

आदमी वही है जो अपनी जबान का पक्का हो यानी अपनी कही हुई बात का मान रखे, अपने किए गए वादों को निभाए, उनसे मुकरे नहीं। ध्यान रखें वादा करना जितना सरल होता है उतना ही कठिन होता है उसको निभाना इसलिए सोच-समझकर ही कोई वादा करें। बात सिर्फ वादों की नहीं जिन बातों की आप हामी भरते हैं उस बात पर टिके रहें। ऐन मौके पर अपनी हां या बात से मुकरें नहीं, वरना लोग आप पर विश्वास करना बंद कर देंगे और जहां विश्वास नहीं वहां कुछ नहीं। इतना ही नहीं जहां कथनी और करनी में फर्क आ जाता है वहां सामने वाले की नजर में, आपकी छवि को लेकर भी फर्क आ जाता है।

प्रेम को मजबूरी न बनने दें

यदि आप प्यार के लिए तैयार नहीं हैं तो किसी के साथ जबरन प्यार करने व निभाने की कोशिश न करें। किसी एक बात या आकर्षण के कारण अपने प्यार को यूं ही न खींचें। परिणाम जानते हुए भी न तो खुद को धोखा दें न ही सामने वाले को उलझाए रखें। एक-दूसरे को जबरन न ढोएं। जिस रिश्ते का अन्जाम आप जान चुके हैं उसे शरमा-शर्मी में या गिल्ट से बचने के लिए न निभाएं।

हर बात की सफाई न दें

यह ठीक है कि अपनी इमेज यानी छवि की चिंता सबको होती है और जहां इमेज होती है वहां गलतफहमियां एवं इल्जाम जैसी चीजें उभर ही जाती हैं। परंतु इसका मतलब यह नहीं कि आप अपना सारा समय एवं ऊर्जा अपनी सफाई देने में ही लगा दें। ध्यान रखें जिन्हें आप पर विश्वास नहीं है उन्हें आप विश्वास नहीं दिला सकते और जहां विश्वास है वहां कोई सफाई की जरूरत नहीं पड़ती। जो दुश्मन है वह सफाई सुनकर भी दुश्मन ही रहेगा और जो दोस्त होगा उसे सफाई सुनने की भी जरूरत नहीं पड़ेगी।

हमेशा आलोचना ही न करें

जब कोई काम हमारी इच्छानुसार नहीं हो पाता तो हम स्वयं को हताश पाते हैं। यहां दो ही रास्ते बचते हैं या तो हम उन लोगों की आलोचना करने लगते हैं, जो हमारे काम में बाधक हैं या हम उन लोगों के साथ काम पूरा करने में जुट जाएं जो हमारे सहायक हों। दरअसल दूसरों की आलोचना करने में दिल को बहुत सुकून मिलता है। इसमें कोई दो राय नहीं कि कभी-कभी किसी नतीजे पर पहुंचने के लिए आलोचना करना भी जरूरी हो जाता है, परंतु इस समय यह न भूलें कि दूसरा व्यक्ति इस आलोचना से खीझ सकता है।

अब प्रश्न यह उठता है कि जब हम आलोचना को पहचानते हैं तो इनसे अपना बचाव क्यों नहीं कर पाते? अगर आप आलोचक हैं, तो अपने विचार एक कागज पर लिख लेने चाहिए, चाहे वो अपशब्द ही क्यों न हों। लिखने की इसी प्रक्रिया में आपकी निंदा शांत हो जाएगी। इस कागज को संभालें और कई बार पढ़ें। इससे आपका मानसिक उद्वेग शांत होगा और आप निंदा के विष को दूसरों पर उगलने से बच जाएंगे। कुछ समय बाद इसकी व्यर्थता को पहचान कर आप स्वयं ही कागज फाड़ देंगे। अगर फिर भी आपको लगे कि आपका पक्ष सही था और उक्त व्यक्ति की आलोचना होनी ही चाहिए तब अपने विचारों को पत्र या मौखिक रूप से प्रकट करें, परंतु भाषा शिष्ट हो।

सबको संतुष्ट करने की न सोचें

मिल-जुलकर सबके साथ खुश रहना कौन नहीं चाहता। हम चाहते हैं कि हमारे आस-पास के सभी लोग, फिर वह चाहे घर के हों या बाहर के सभी हमसे खुश व संतुष्ट रहें परंतु यह संभव नहीं। एक आदमी चाहकर भी सबको सब तरीके से खुश नहीं कर सकता। सबके खुश व संतुष्ट होने का अपना स्तर, ढंग व समय होता है इसलिए सबको खुश रखने में जीवन को व्यर्थ न गंवाएं। ऐसी मंशा अच्छी जरूर है पर व्यावहारिक नहीं। ध्यान रखें ऐसा प्रयास आपको तकलीफ ही देगा।

सहने को अपनी आदत न बनाएं

अमूमन यही कहा जाता है कि 'इंसान को सहनशील होना चाहिए, यदि हर कोई सहन करना सीख जाएगा तो यह समाज, घर, देश सुंदर हो जाएगा।' पर जितने भी झगड़े, युद्ध या दुख होते हैं उसका कारण सिर्फ सहना ही होता है, क्योंकि बिना समझ के हम जब भी सहते हैं तो कहीं न कहीं अपना रोष जरूर प्रकट करते हैं। सहने की पीड़ा अंदर ही अंदर इतनी बढ़ जाती है कि धीरे-धीरे मानसिक एवं शारीरिक स्वास्थ्य ही नहीं वैवाहिक जीवन भी प्रभावित होने लगता है। इसलिए सहने से ज्यादा समझने पर जोर दें और सहने के परिणामों से बचें।

हमेशा अपनी ही न चलाएं

अपनी बात या मत रखना आवश्यक है परंतु किसी पर अपने विचार या बातों आदि को थोपना गलत है। सामने वाले को अपनी बात कहकर सोचने-समझने का मौका दें। बेवजह के तर्क एवं बहस आदि से अपनी बात को मनवाने का प्रयास न करें। सामने वाले की भी सुनें, उसका दृष्टिकोण भी समझें। यदि आप गलत हैं तो गलती मानें और साथ ही दूसरे का काम या सुझाव अच्छा लगे तो उसकी तारीफ भी करें, हमेशा अपनी ही न चलाएं।

कार्य को कल पर न टालें

समय का पाबंद होना सीखें तथा आलस से बचें। समय की मांग को समझें और मिले अवसरों को कभी कल पर न टालें। जिस भी कार्य को शुरू करें उसको पूरा करने के लिए कल का इंतजार न करें। किसी शुभ समय या मुहूर्त के कारण कार्य को न टालें। ध्यान रखें किसी अच्छे कार्य को प्रारंभ करने के लिए हर समय श्रेष्ठ व शुभ होता है और हर बुरे कार्य के लिए हर मुहूर्त खराब होता है। जो है, अभी है, वर्तमान में है। कल जैसा कहीं कुछ नहीं होता।

पीठ पीछे चुगली न करें

रिश्ते या दोस्त बनाना जितना आसान है उससे कहीं अधिक मुश्किल है उन्हें बनाए रखना, क्योंकि छोटी-छोटी बातें आपसी विश्वास को नष्ट कर देती हैं। ऐसे में चुगली करना, अपनों

की बुराई करना, गुप्त रखने वाली बातों को उजागर करना आदि आपके व्यक्तित्व एवं छवि को भी मैला करती है फिर भले ही आप कितनी भी हमदर्दी जताएं या मीठे बोल बोलें। ऐसा स्वभाव भविष्य में आपको सदा ही दुष्परिणाम देगा, अपनों की नजरों में गिराएगा तथा कार्यस्थल में आपको व्यावहारिक भी नहीं बनने देगा।

हर बात पर तनाव से न भरें

तनाव हमारे शरीर पर बहुत बुरा असर डालता है। लगातार बदलते हुए माहौल में समायोजन न कर पाने की स्थिति में तनाव हमें घेर लेता है, जिसका परिणाम यह होता है कि हम छोटी-छोटी चीजों को लेकर भी तनावग्रस्त हो जाते हैं। यह हमारे स्वास्थ्य व संबंधों दोनों को भी प्रभावित करता है। तनाव हमारे लिए बुरा है और अच्छा भी। यह हम पर निर्भर करता है कि हम इसे किस रूप में लेते हैं। नकारात्मक तनाव हमें नुकसान पहुंचाता है। यह हमारे मन को कई उलझनों में डाल देता है। हमें तनाव का वह स्तर पहचानना चाहिए, जहां वह हमें उलझन में डालने की बजाय प्रेरित कर सके।

तनाव से पैदा होने वाली शारीरिक प्रतिक्रिया से अपना बचाव करना सीखें। धीमी व गहरी सांसें भरकर आप अपनी हृदय गति को सामान्य कर सकते हैं। आरामदायक व्यायाम मांसपेशियों का तनाव घटाते हैं। चहलकदमी, तैराकी, साइकिल चलाना, संतुलित भोजन, आदर्श वजन, मदिरापान व धूम्रपान का त्याग व अन्य उत्तेजक द्रव्य पदार्थों का कम से कम सेवन तनाव घटाते हैं। अपनी नींद पूरी लें। थकाने वाले काम के बीच छोटे-छोटे ब्रेक लेते रहें। किसी भी नए काम में हाथ डालते ही कुंठा, तनाव, दुख, हार व निराशा का सामना हो सकता है। तब अपने ऊपर सारा दोष लेने की बजाय अपने आपको सहारा दें। अपने अच्छे मित्र बनें। कुछ अच्छे मित्र व संबंध इस दिशा में आपके सहायक हो सकते हैं।

हमेशा स्वयं को ही श्रेष्ठ या सही न समझें

माना कि कोई भी पूर्ण नहीं होता पर इसका मतलब यह नहीं कि आपका नजरिया ही नकारात्मक हो। जब भी किसी से मिलें या कुछ खरीदें सबसे पहले उसमें कमी ही देखें। कभी-कभी हम स्वयं को दूसरों से भिन्न दिखाने के लिए भी ऐसा करते हैं ताकि औरों से कुछ अलग नजर आएं या पहचाने जाएं परंतु होता उल्टा है आप पहचाने तो जाते हैं परंतु अपने नखरों के कारण, जिसके कारण लोग आपके साथ से बचने की कोशिश करते हैं। कोशिश करें सामने वाले की अच्छाई भी देखें, कभी-कभार तारीफ भी करें। हमेशा सामने वाले की कमी निकालकर उसको छोटा और स्वयं को श्रेष्ठ साबित करने की कोशश न करें।

बीती बातों को दोहराएं नहीं

गलती किससे नहीं होती परंतु इसका मतलब यह नहीं कि खत्म हुई बात को लंबी खींचते रहें। नए दिन के साथ नए लम्हे बुनें। पुरानी बातों को घसीटकर अपना आज न खराब करें।

अहंकार न करें

ईगो इन्सान का बहुत बड़ा दुश्मन है। अहंकारी इन्सान कभी भी सफल नहीं हो सकता। कई बार लोगों में इतना अहम् होता है कि वह अहम् के चलते सही काम भी गलत कर देते हैं। ईगो की ये भावना अच्छे-खासे व्यक्ति को बुरा बना देती है, क्योंकि जो व्यक्ति ईगो से पूरी तरह भरा होता है, अगर आप उसके ईगो को ठेस पहुंचाते हैं तो वह अपना पारा खो बैठता है। सबसे पहले अपने अंदर से इस भावना को निकाल फेंके। क्योंकि ईगो इन्सान को नकारात्मक सोच ज्यादा उत्पन्न कराता है, इसलिए इस भावना को जितनी जल्दी हो सके अपने दिल-दिमाग से निकाल दें। ऐसा नहीं कि ईगोइस्ट होना गलत बात है पर जब यह ज्यादा हो जाए तो परेशानियां खड़ी हो जाती हैं। हर व्यक्ति में अहम् होता है, पर इसका मतलब ये नहीं कि वह अपने अहम् में ही डूबा रहे। जिंदगी में अगर आगे बढ़ना है और बेहतर जिंदगी जीनी है तो इस ईगो को किनारे रखें और सुखमय जीवन जिएं।

मन पर कोई बोझ न रखें

दुख-तकलीफ का होना गलत है परंतु इसका मतलब यह नहीं कि उन्हें अपने भीतर ही पनपने व घना होने दें। कोई ऐसा मित्र जरूर बनाएं जिससे अपने मन की, चाहे विचार हों या स्थिति, जरूरत हों या सपने जो कुछ भी हो सब कुछ कह सकें। हो सके तो मित्र से ही क्यों जिससे जो बात कहनी या पूछनी है उसे सीधे-सीधे कहें। सामने वाले को क्या लगेगा ? कैसा लगेगा ? इस सोच के कारण अपने मन पर बोझ न बढ़ने दें। हां बात करने से पहले स्थान, स्थिति एवं परिस्थिति आदि अवश्य देख लें तथा शब्दों को तोल-मोल कर अपनी बात अवश्य रखें। मन में अधिक लंबे समय के लिए जमा न होने दें।

जी हजूरी न करें

दूसरों की हां में हां मिलाना उस हद तक ठीक रहता है जब तक कि सामने वाले की बात आपको सही लगे, पर जब गलत बात में भी हां का जवाब मिले, तो उसे चापलूसी कहते हैं। आजकल यह चीज जॉब में ज्यादा देखने को मिलती है। अपनी नौकरी को बचाने के चक्कर में कर्मचारी हर गलत बात में भी हां करता है। उसको लगता है कि बॉस इज ऑलवेज राइट, यह बात उसके दिलो-दिमाग में इस कदर हावी रहती है कि वह अपनी सही बात भी नहीं बोल पाता और जितना उसको लगता है कि बॉस की चापलूसी करेंगे वह उतना ही आगे जाएगा। किसी सही बात को हां कर देना चापलूसी नहीं होती है, कोशिश करें कि सही बात के लिए हां करें। माना जॉब में ये सब चलता है, पर इतना भी नहीं चलता कि आप खुद की नजर में गिर जाएं। अगर आप सामने वाले की हर बात में हामी भर देंगे तो उसे लगेगा कि ये तो मूर्ख है, जैसा मैं कहूंगा वैसा ही करेगा और वह हर गलत बात को सही साबित करने की कोशिश

करेगा। जो कि सही नहीं है। अगर आपको लगता है कि सामने वाला गलत बोल रहा है तो बिना डरे निडर होकर सही बात का साथ दें।

लोभ न करें

लालच ऐसी बुरी बला है कि अगर एक बार मुंह लग जाए तो समझो इससे छुटकारा पाना बहुत मुश्किल होता है। लाख कोशिशों के बावजूद भी हम इससे दूर नहीं रह पाते, क्योंकि कोई जरूरत हम पर हावी हो जाती है। हमारा जरा-सा लालच हमारा अपना ही दुश्मन बन जाता है, जिसका परिणाम यह होता है कि दूसरों की नजर में भी हम गिर जाते हैं। अकसर देखने में आता है कि हम जब किसी को ऐशो-आराम की जिंदगी जीते हुए देखते हैं, तो दिल करता है कि हम भी उसी तरह जीवन जिएं और इसकी चाहत लिए कई बार हम गलत चीजों की तरफ रुख कर लेते हैं। अपनी जरूरतों को पूरा करने के लिए कई बार हम चोरी भी करते हैं, जो हमारे व्यक्तित्व के विरुद्ध होता है।

जीवन में अगर आगे बढ़ना है तो जरूरी है कि इस बुरी आदत से दूर रहें और उतने में ही संतुष्ट रहें, जितना आपके पास है। ज्यादा चाहत और लालच नुकसान देता है, जिससे आप और आपका परिवार प्रभावित हो सकता है, इसलिए उतने ही पैर फैलाएं, जितनी चादर हो। चादर से बाहर पैर फैलाने की कोशिश आपको गलत राह पर ले जा सकती है। अगर आपकी जरूरतें हैं तो कोशिश करें कि उसे धीरे-धीरे पूरा करें और जो पहले जरूरी लगे उसे सबसे पहले पूरा करें। दूसरों की देखा-देखी कभी भी मन में लालच न लाएं। यही सोचें कि जो आपके पास है वह आपके लिए काफी है। अगर आपके इस तरह के विचार होंगे तो आपके मन में लालच कभी नहीं आएगा।

जलन की भावना न रखें

आज की लाइफ में यह चीज बहुत ज्यादा देखने को मिलती है, क्योंकि आज एक-दूसरे से आगे निकलने की होड़ में हर व्यक्ति दूसरे से ईर्ष्या का भाव रख रहा है। अपने से अगर कोई ज्यादा बेहतर इन्सान दिखता है तो असुरक्षा घर कर जाती है। इसलिए व्यक्ति में उसको देखकर ईर्ष्या का भाव पनपने लगता है। एक-दूसरे से प्यार तो कम पर ईर्ष्या ज्यादा रखने लगे हैं, जो हर व्यक्ति में साफ झलकता है, फिर चाहे वह कार्य हो, ओहदा हो या आपकी खूबसूरती। हर चीज में ईर्ष्या सबसे पहले अपनी जगह बनाती है। आज इन्सान अपने दुख से इतना दुखी नहीं, जितना कि दूसरे के सुख से। दूसरे को सुखी देखकर व्यक्ति खुश कम ईर्ष्या ज्यादा रखता है। सबसे पहले अपनी योग्यताओं को बढ़ाएं ताकि दूसरे को देखकर आपको ईर्ष्या न हो। अगर किसी की काबिलियत से आपको ईर्ष्या हो रही है तो कोशिश करें उसकी अच्छाइयों को ग्रहण करने की, ताकि आप अपने में कुछ सुधार ला सकें। दूसरों से ईर्ष्या करने के बजाय

उनके गुणों को अपनाने की कोशिश करें और यह सोचें कि आपको उससे किस प्रकार से ईर्ष्या है। क्या वो आपसे अच्छे पद पर आसीन है या फिर वह आपसे ज्यादा स्मार्ट है। अगर आपको लगता है कि ऐसा कुछ है तो अपने अंदर की कमियों को दूर करें और जी-जान से अपने व्यक्तित्व को निखारने के लिए जुट जाएं ताकि जिस व्यक्ति से आप ईर्ष्या कर रहे हैं वो अब आप से ईर्ष्या करें। ईर्ष्या करना बहुत आसान है पर इससे छुटकारा पाना मुश्किल।

हर चीज़ की तुलना न करें

अकसर देखने में आता है कि लोग तुलना बहुत जल्दी करने लगते हैं, फिर चाहे वह ऑफिस हो या घर। यह तुलना करने में तो अच्छा लगता है, पर जब ज्यादा होती है तो परेशानी का सबब बन जाती है। तुलना करने में व्यक्ति हमेशा अपने आपको सबसे अच्छा प्रस्तुत करने की कोशिश करता है और सामने वाले को कुछ नहीं समझता। उसको लगता है कि वह उसकी तुलना में सबसे बेहतर है, उसकी यही सोच उसको गलत रास्ते पर ले जाती है।

तुलना की अगर बात करें तो तुलना दो तरह की होती है, एक तो ये कि आपकी अगर किसी से तुलना होती है तो आप अपने में वो बदलाव लाने की कोशिश करेंगे, जिससे दूसरे लोगों को आपसे परेशानी है। दूसरी वो तुलना होती है जो सिर्फ भड़काने का काम करती है, मतलब तुम उससे ज्यादा स्मार्ट हो और सुंदर हो इत्यादि। पहले वाली तुलना करना तो ठीक है वो इसलिए कि उससे आप अपने व्यक्तित्व को निखार रहे हैं, पर जो भड़काऊ वाली तुलना है वो गलत है, इससे सामने वाला सुधरने की बजाय भड़कता है, इसलिए तुलना वाली भावना मन में लाएं और जैसे आप हैं उस प्रकार अपने को स्वीकार करें।

गुस्सा न करें

अकसर देखने व सुनने को मिलता है कि काम में विलंबता हो या काम पूरा न हो, दोनों ही स्थिति में व्यक्ति क्रोधित जरूर होता है, ऐसा नहीं कि सिर्फ कार्य में ही उसका ऐसा रूप होता है, बल्कि क्रोध कभी भी किसी पर भी बरस सकता है, फिर चाहे वह ट्रैफिक हो, डेटिंग हो, घूमने जाना हो इत्यादि। पर क्या आपने कभी ऐसा सोचा है कि ये क्रोध ही हमारा दुश्मन है, क्योंकि क्रोध व गुस्से से अधिकतर हम अपना ही कार्य बिगाड़ लेते हैं। इसलिए इसे तुरंत छोड़ देना चाहिए। ऐसा नहीं है कि यह कोई लाइलाज रोग है। यह एक बहुत बुरी आदत है और सभी बुरी आदतों की तरह इसे भी छोड़ा जा सकता है।

जब भी क्रोध आए तो धीरे-धीरे एक से दस तक गिनती गिनें, क्योंकि जब हम क्रोधित होते हैं तो अपना आपा खोकर दूसरों के लिए अपशब्दों का प्रयोग कर बैठते हैं और दस तक गिनती गिनते-गिनते हमारा मस्तिष्क शांत व सहज अवस्था में आ जाता है और हम घटना के सभी पहलुओं पर सोच-विचार करने के योग्य हो जाते हैं। इस तरह हम उस दृश्य विचार से

भी बच जाते हैं, जिसके कारण दूसरों से माफी मांगने की नौबत तक नहीं आती है। दूसरों पर गुस्सा उतारने या घर की चीजें तोड़ने-फोड़ने की बजाय इस ऊर्जा का सकारात्मक प्रयोग करें। जब बहुत ज्यादा गुस्सा आए तो फुटबॉल, बैडमिंटन, हॉकी, टेनिस व क्रिकेट आदि खेल खेलें। आपका गुस्सा शांत हो जाएगा। बॉल को ठोकर मारते समय यही सोचें कि आप उसे मार रहे हैं, जिस पर आप नाराज हैं। खेल व अन्य शारीरिक व्यायाम बिना किसी हानि के आपके गुस्से का गुबार हल्का कर देते हैं।

अपने आत्मविश्वास का प्रदर्शन न करें

संसार में कई तरह के लोग हैं जो कड़ी मेहनत व विश्वास के बल पर कुछ भी कर डालते हैं, पर जब यह विश्वास अति बन जाता है तो खतरा हो जाता है, क्योंकि विश्वास होना एक अलग बात और ओवर कॉन्फिडेंट होना अलग है। आज व्यक्ति को अपने ऊपर इतना विश्वास है कि वह सोचता है कि वह जो कर रहा है वह सही है। अपने आत्मविश्वास से वह इतना लबालब भरा है कि सामने वाले को हमेशा डॉमिनेट करने की कोशिश में लगा रहता है, ताकि उसके आत्मविश्वास को ठेस न पहुंचे। कई बार यही आत्मविश्वास दूसरे के दिल को ठेस पहुंचा देता है।

किसी भी सफल व्यक्ति के लिए सबसे महत्त्वपूर्ण है 'विश्वास'। इस विश्वास को बनाए रखने का सबसे अच्छा तरीका यह है कि आप अपने वादे के पक्के बनें। अगर किसी को कोई वचन दे दिया है तो उसे हर कीमत पर निभाएं पर जब यह विश्वास ओवर हो जाता है तो सामने वाले को परेशानी होने लगती है। कोशिश यही करें कि आपके आत्मविश्वास से दूसरे को कोई परेशानी न हो, क्योंकि अगर सामने वाले को आपके कॉन्फिडेंस से परेशानी है तो इसका मतलब यह है कि आप ओवर कॉन्फिडेंट हैं। अगर ऐसा है तो इस आदत को पूरी तरह से बदलें, क्योंकि अपने ऊपर ज्यादा विश्वास रखने वाला सफल कम असफल ज्यादा होता है।

❐

ऐसे सुलझाएं जीवन की समस्याएं

जीवन जटिल नहीं है। जटिल हम हैं। हमारे कारनामे हैं, जिनसे हम अपनी आसान जिंदगी को उलझनों से घेरते हुए जटिल बनाते जाते हैं। जिंदगी में कई ऐसे पल आते हैं, जब हमारा एक छोटा सा गलत निर्णय हमारी जिंदगी को उलझनों में फंसा देता है। हमें लगता है कि आज के समय में जीवन जीना बहुत कठिन कार्य है। सभी की जिंदगी पूरी तरह उलझनों से उलझी हुई है। पर ऐसा नहीं है, यदि हम अपने जीवन में छोटी-छोटी बातों का ध्यान रखें तो लाख उलझनों के बीच हमारी जिंदगी कैसे सुलझती जाएगी, हमें पता भी नहीं चलेगा। यहां हम आपको बता रहे हैं जीवन से जुड़ी ऐसी ही बातें, जिनसे आपके जीवन की उलझनें कम हो जाएंगी और आपका जीवन एकदम सरल हो जाएगा।

समय के साथ चलें

जिंदगी की हकीकत का सामना करते-करते आप समझदार व अनुभवी बन जाते हैं। यह अच्छी बात है, इंसान को अपने जीवन में समझदारी दिखानी ही चाहिए। लेकिन वक्त से पहले ज्यादा सीख लेना या ज्यादा समझदार होना आपके लिए हानिकारक हो सकता है। इसलिए अपना व अपनी समझदारी को धीरे-धीरे ही विकसित होने दें, जल्दबाजी न दिखाएं।

स्वास्थ्य के प्रति लापरवाह न रहें

स्वास्थ्य ही आपके जीवन की अनमोल निधि है। माना कि आपको जीवन में आगे बढ़ना है, इसके लिए आप लगातार मेहनत कर रहे हैं, यह सही है, लेकिन सिर्फ उस हद तक जहां तक आपका स्वास्थ्य प्रभावित नहीं होता। यदि आपके ज्यादा काम और अव्यवस्थित जीवनचर्या से आपका स्वास्थ्य प्रभावित हो रहा है तो आपकी अपनी जीवनचर्या को अपने स्वास्थ्य के अनुकूल व्यवस्थित करना होगा। अपने स्वास्थ्य का पूरा ध्यान रखें। समय-समय पर अपनी स्वास्थ्य जांच कराते रहें। क्योंकि अगर आप स्वस्थ हैं, तभी आप अपने काम को पूरी लगन से कर पाएंगे और यदि आप स्वस्थ नहीं हैं तो जीवन में किसी चीज का कोई महत्त्व नहीं।

अनुमान से बेहतर है आपस में बात करना

कभी भी दूसरों के मन में चल रही बातों को पढ़ने की कोशिश न करें। उनके दिमाग में क्या चल रहा है, इसमें उत्सुकता न दिखाएं। कोई कुछ भी सोचे, आपको इन बातों में अपना समय व्यर्थ नहीं करना है और न ही किसी और को अपना मन पढ़ने दें। इन सबसे अच्छा तो यह होगा कि आप आपस में बात कर लें और एक-दूसरे के प्रति खुद से ही कोई धारणा न बनाएं। इससे आपके आपसी रिश्तों में कड़वाहट घुल सकती है। इस स्थिति से बचने के लिए खुलकर बात करें।

प्रकृति से नाता जोड़ें

आज की भागम-भाग भरी जिंदगी में हम सिर्फ अपने काम के प्रति ही समर्पित होकर रह गए हैं। अपने काम से आगे कुछ नहीं सोचते। प्रकृति व पशुओं से तो कोई लगाव रह ही नहीं गया। धीरे-धीरे उनसे पूरी तरह अलगाव होता जा रहा है। कई लोगों ने तो कितने ही समय से उगते व डूबते सूरज या चांद-तारों को ही नहीं देखा होगा। उन्हें अपने घर में लगे पेड़-पौधों को निहारने व उन पर खिले फूलों की खूबसूरती देखने तक का समय नहीं मिला होगा। आज के समय में मनुष्य पर उसका काम इतना ज्यादा हावी हो चुका है कि वह प्रकृति व पृथ्वी पर बसे जीव-जन्तुओं से पूरी तरह अलग होता जा रहा है। अगर आप सच में अपनी जिंदगी से उलझनों को कम करना चाहते हैं तो आपको प्रकृति व पशुओं से जुड़ना होगा। उनकी खूबसूरती व अपनापन आपके तनाव को पलभर में दूर कर देगा।

अच्छे दोस्तों से नाता रखें

अपने आस-पास उन लोगों को रखें जो आपके जीवन का खालीपन भरने में आपकी मदद कर सकें। आपके अंदर की कमियों को पहचान कर उन्हें दूर करने की कोशिश कर पाएं। साथ ही साथ आपकी अच्छाइयों व प्रतिभाओं को पहचान कर आपका परिचय उनसे करवाएं। आपसे आपकी ही अनजान दक्षता से दोस्ती कराकर आपके जीवन को सरल बना सकें, ऐसे व्यवहार कुशल लोगों से हमेशा दोस्ती बनाए रखें और जीवन में उनके साथ को सहेजकर रखें।

जल्दी उठने की आदत डालें

अपने कामों को तय समय पर पूरा करने के लिए अपने नियत समय से आधा घंटा पहले उठ जाएं और तसल्ली से अपने सभी काम निपटाएं। किसी भी काम को करने में आलस्य या शिथिलता न दिखाएं। रोजाना आधा घंटा पहले उठने से आप पागलों की तरह जल्दी-जल्दी अपना काम निपटाने की प्रवृत्ति से बच जाएंगे। यह आधा घंटा आपके जीवन में काफी महत्त्वपूर्ण भूमिका निभा सकता है। इससे आप स्वयं को शिथिल महसूस नहीं करेंगे और बेकार की कई तरह की सिरदर्दी या अन्य परेशानियों से भी निजात पा लेंगे।

जरूरत से ज्यादा सीधा न बनें

विनम्र रहें, लेकिन जरूरत से भी ज्यादा विनम्र न बनें। आपकी विनम्रता को लोग आपकी कमजोरी समझ लेंगे। जीवन में किसी भी चीज की अति बुरी होती है। फिर चाहे वह आपके सद्‌गुण हों या दुर्गुण, इनकी आपके जीवन में अधिकता आपके महत्त्व को कम कर देती है और आपका व्यक्तित्व प्रभावी नहीं बन पाता। जीवन में अपने सभी दोस्तों को अपने ऊपर हावी न होने दें, उनके साथ समय नष्ट न करें। लेकिन, जो आपके सच्चे मित्र हैं, आपको जीवन की राह दिखाने में मददगार साबित हो सकते हैं तथा जिसका आपके जीवन में काफी महत्त्व हो, ऐसे लोगों के साथ जरूर समय बिताएं।

चोरी जैसी प्रवृत्तियों से बचें

कभी कुछ न चुराएं। चोरी से अभिप्राय सिर्फ भौतिक वस्तुओं से ही नहीं अपितु किसी के मानसिक विचारों व सिद्धांतों की चोरी से भी है। किसी के सृजनात्मक कार्य की उसे अपना बताकर भी चोरी न करें। इससे आपकी योग्यता धीरे-धीरे समाप्त होने लगती है। आप हर काम चोरी की सहायता से करने लगते हैं। इससे आपके सर्वांगीण विकास का मार्ग भी अवरुद्ध हो जाता है। धीरे-धीरे आपके स्वयं की सोचने-समझने की शक्ति भी क्षीण होने लगती है। इसलिए कभी किसी चीज की चोरी न करें। हर चीज को प्राप्त करने के लिए स्वयं मेहनत करें।

फिजूल खर्च से बचें

आपके पास जितने साधन उपलब्ध हैं या आपकी आय के जो सीमित स्रोत हैं, आप उसी के अंदर अपने जीवन का निर्वाह करें। कहते हैं न कि जितनी चादर हो, उतने ही पैर फैलाने चाहिए। यानी आपकी जितनी आय है, आप उसी में गुजारा करना सीखें। उससे ज्यादा खर्च न करें। इससे आपके जीवन में आर्थिक समस्याएं बढ़ जाएंगी और ये समस्याएं आपके उलझनों से भरे जीवन की उलझनें और बढ़ा देंगी। फिजूलखर्ची व अनावश्यक चीजों की खरीद से बचें। हर महीने अपना बजट और घर चलाने के लिए सही योजना बनाएं और उसी के अनुसार चलें।

शरीर को आराम दें

रात को चैन से पूरी नींद सोएं। यदि आप रात को ठीक से सोएंगे नहीं तो आप कोई भी काम मन लगाकर नहीं कर पाएंगे। हर समय आलस, नींद व थकान आप पर हावी रहेगी और आप अपनी प्रतिभा व कार्यकुशलता का सही परिचय नहीं दे पाएंगे।

किसी से ईर्ष्या की भावना न रखें

लोगों से ईर्ष्या भाव न रखें। उनकी तरक्की व कामयाबी से जलने में अपना समय व्यर्थ न करें। इससे उनका तो कुछ नहीं बिगड़ेगा लेकिन आप मानसिक रूप से कुंठित अवश्य हो सकते हैं। आपकी ईर्ष्या भावना आपको अंदर ही अंदर जलाती रहेगी और आप अपने काम पर अपना पूरा ध्यान नहीं दे पाएंगे। परिणामस्वरूप आपके काम बिगड़ने लगेंगे। ऐसी स्थिति से बचने के लिए सबकी खुशियों में शामिल होना सीखिए, उनकी सफलता से अपनी सफलता के रास्ते खोजें। फिर देखिए आपकी जिंदगी कितनी आसान हो जाएगी और आपकी कितनी सारी उलझनें अपने आप सुलझ जाएंगी।

समय का सदुपयोग करें

आपकी गैस खत्म हो गई है तो उसे ऑफिस से लौटते समय ही बुक करवाएं। सुबह ऑफिस की जल्दबाजी या गैस खत्म होने के बाद ही जल्दी में बुक न करवाएं। कोई भी काम यदि तसल्ली से पूरा समय देकर किया जाए वह तभी अच्छा होता है, वरना कोई न कोई गड़बड़ हो ही जाती है। समय से काम करने से आप किसी तरह की हड़बड़ी या मानसिक दबाव में नहीं रहते। इसका लाभ जीवन में कहीं न कहीं आपको अवश्य मिलता है।

प्रत्येक कार्य सुव्यवस्थित ढंग से करें

हममें से ज्यादातर लोगों को अपना सामान इधर-उधर फैलाकर रखने की आदत होती है। हमारे काम करने या पढ़ने की जगहों पर किताबों और फाइलों का ढेर लगा रहता है। सब तरफ अव्यवस्था होती है। इसलिए सबसे पहले अपनी सारी वस्तुओं और जगहों को व्यवस्थित करें। अपने काम करने की जगह को साफ-सुथरा करें।

घर के नजदीक चुनें दफ्तर

अपने कार्यक्षेत्र को अपने घर से जितना नजदीक हो सके उतना नजदीक स्थापित करें। इससे आपका काफी समय बचेगा, इस समय का उपयोग आप अपने काम को बढ़ाने में कर सकते हैं। इससे आप ट्रैफिक के झंझटों से भी मुक्त हो जाएंगे और आपके दिमाग में जल्द से जल्द ऑफिस पहुंचने वाली हड़बड़ी भी समाप्त हो जाएगी। आप हमेशा एक सकारात्मक ऊर्जा से परिपूर्ण रहेंगे और बिना किसी तनाव या थकावट के अपना काम बेहतर तरीके से कर पाएंगे।

आधुनिक टेक्नोलॉजी का इस्तेमाल करें

अपने व्यस्त जीवन से कुछ समय निकालकर ऐसी चीजों को सीखने की कोशिश करें, जिनसे आप कम से कम समय में ज्यादा से ज्यादा काम कर पाएं और अपने समय की बचत कर

सकें। कई काम ऐसे होते हैं, जिन्हें आसानी से किया जा सकता था लेकिन जानकारी व उस तकनीक के ज्ञान के अभाव में हम उनका लाभ नहीं उठा पाते। ऐसे में इस तरह की चीजों को सीखने से आप कम समय में अपने काम को आसानी से कर पाएंगे और बचे हुए समय को अन्य गतिविधियों में लगाकर अपने व्यक्तित्व को और प्रभावी बना पाएंगे।

आज का युग तकनीकी व क्रांति का युग है। आजकल कई ऐसी तकनीक उपलब्ध हैं, जिनसे आपका बड़े से बड़ा काम बिना किसी परेशानी के आसानी से हो सकता है। बस आवश्यकता है तो आपकी उनसे दोस्ती करने की। तकनीकों का प्रयोग आपका काम बहुत आसान कर देगी, इसलिए उनका इस्तेमाल करने से कभी न हिचकें। जितना भी संभव हो उनके इस्तेमाल से लाभ उठाएं।

व्यर्थ चीजों का त्याग करें

आपके घर में कई ऐसा सामान या फाइल होगी, जिनकी अब आपको कोई आवश्यकता नहीं। ऐसे सामान को आप अपने आस-पास से हटा दें और घर व ऑफिस को व्यवस्थित कर लें। अपने आस-पास की चीजों को सही करके जीवन में संगठित व व्यवस्थित रहना सीखें।

एक साथ कई कार्य न करें

एक समय में केवल एक ही काम करें। ज्यादा कामों को हाथ में न लें। कहते हैं न कि दो नावों में सवार व्यक्ति कभी पार नहीं लग सकता, वह डूब जाता है। ऐसे ही कई कामों को एक साथ करने पर कोई काम ठीक से नहीं होता, उनमें कोई न कोई गड़बड़ अवश्य हो जाती है। इसलिए एक समय में एक ही काम करें व उसे पूरे समर्पित भाव से करें। उस कार्य की सफलता के लिए शत-प्रतिशत मेहनत करें।

मादक वस्तुओं से दूर रहें

जब आप बहुत उदास या दुखी हों तो शराब या किसी प्रकार के ड्रग का सेवन न करें। इससे आपका दर्द कम नहीं होगा बल्कि नशे की हालत में आप कुछ उल्टा-सीधा कर देंगे या किसी से कुछ गलत कह देंगे। ऐसे में आपकी उलझनें और बढ़ जाएंगी। ऐसी स्थिति में बेहतर यह होगा कि आप थोड़ा टहल लें या दौड़ लगाएं आपको मानसिक रूप से शांति मिलेगी और आप कुछ हल्का महसूस करेंगे।

क्रमानुसार कार्य-शैली अपनाएं

अति आवश्यक कार्यों को जितनी जल्दी संभव हो, निपटा दें, उन्हें करते समय दूसरे कामों को हाथ में न लें। एक ही समय में एक से ज्यादा काम करने पर आप एक भी काम सही

तरीके से नहीं कर पाएंगे और आपके सभी काम अधूरे रह जाएंगे। इसलिए आवश्यक है कि आप अपने सभी कार्यों की प्राथमिकता तय करें और जो काम बहुत ज्यादा आवश्यक है उसे उसी समय निपटा दें। इससे आपके मन पर किसी तरह का बोझ नहीं रहेगा और आप बिना किसी उलझन के अपने बाकी बचे कामों को दक्षता से कर पाएंगे।

प्रेम को अभिव्यक्त करना सीखें

आप बहुत से लोगों से प्यार करते हैं लेकिन कई बार उन लोगों को पता ही नहीं होता कि आप उनसे प्यार करते हैं। उसका कारण आप खुद ही हैं। आप जिनसे प्यार करते हैं, उन्हें जता ही नहीं पाते कि आप उनसे प्यार करते हैं। ऐसे में उन्हें कैसे पता चलेगा कि आपके जीवन में उनका क्या महत्त्व है। इसलिए प्यार के इजहार का सबसे अच्छा तरीका है कि आप जिन्हें भी चाहते हैं उन्हें यह बात जरूर बताएं कि आप उन्हें कितना चाहते हैं। उन्हें बार-बार बताएं कि आप उनसे प्यार करते हैं। इससे आपके रिश्तों में अपनापन व प्रेम बरकरार रहेगा।

निश्छल बनें

हमेशा अपने व दूसरों के प्रति ईमानदार बने रहें। किसी से कभी कुछ छिपाकर न रखें। बेशक आपकी की हुई बेईमानी किसी और को पता न चले, लेकिन आपकी अंतरात्मा को पता है कि आपने बेइमानी की है या किसी से कुछ छिपाया है। इसके लिए आपकी अंतरात्मा आपको हमेशा कचौटती रहेगी, जब तक कि आप अपने किए को कबूल न कर लें। इसलिए सबसे पहले जरूरी है कि आप पहले स्वयं के साथ ईमानदारी बरतें। यदि आप स्वयं के प्रति ही ईमानदार नहीं हैं तो आप कभी भी किसी और के साथ ईमानदारी बरत ही नहीं पाएंगे। कोशिश करें कि आप हमेशा ईमानदार रहें। आपकी सच्चाई व ईमानदारी आपकी अंतरात्मा में चल रही उथल-पुथल को खत्म कर आपकी काफी उलझनें कम कर देगी।

अपने से श्रेष्ठ लोगों की संगत करें

कई बार हमें सभी सवालों के जबाव नहीं पता होते। सब को सबकुछ पता हो, यह जरूरी भी नहीं है। हर किसी के लिए सब कुछ जानना संभव भी नहीं हो सकता। जीवन में कई बार आपका सामना ऐसे प्रश्नों व ऐसी परिस्थितियों से होता होगा, जिसमें आपको कुछ समझ नहीं आता कि इसका जबाव क्या होगा? या आप कैसे इस परिस्थिति से उबर सकते हैं। ऐसे में आप किसी अनुभवी व्यक्ति की सहायता ले सकते हैं। उसके साथ सब कुछ बांटें व उसके अनुभवों का लाभ उठाएं। किसी से कुछ भी पूछने में कभी न हिचकें।

कार्य करने से पूर्व उसे सूचीबद्ध करें

दूसरे किसी नए काम को शुरू करने से पहले सुनिश्चित कर लें कि आपके पहले के सभी काम खत्म हो गए हैं। कोई काम अधूरा तो नहीं रह गया है। अगर कोई काम अधूरा है तो नया काम शुरू न करें, पहले उसे निपटाएं फिर दूसरा कोई कार्य प्रारंभ करें। नहीं तो आप पुराने और नए कामों के बीच उलझकर रह जाएंगे और कुछ भी ठीक से नहीं कर पाएंगे।

कार्य वही करें जो आपको सही लगे

सबको खुश करने की कोशिश न करें। आप ऐसा कर भी नहीं पाएंगे। यदि आप किसी एक को खुश करते हैं तो दूसरा नाराज अवश्य ही होगा। ऐसे में आप सबको खुश करने की जद्दोजेहद में अपने जीवन को और उलझा लेंगे और इन्हीं सबके बीच उलझकर रह जाएंगे। अपने काम पर बिल्कुल ध्यान नहीं दे पाएंगे। आप हमेशा वही करिए जो आपको लगता है कि सही है। सबको खुश करने के चक्कर में कभी भी किसी गलत चीज का साथ न दें।

समय से बिल भुगतान करें

अपने सभी बिलों का भुगतान समय से पूर्व या समय पर ही करने की कोशिश करें। इससे आपके मन पर किसी तरह का बोझ नहीं रहेगा। समय से बिल का भुगतान करने पर आप मानसिक रूप से काफी राहत का अनुभव करेंगे। आपका ध्यान इनकी तरफ नहीं जाएगा और आप पूरी एकाग्रता से अपना काम कर पाएंगे। अन्यथा हमेशा आपका ध्यान बिल का भुगतान न करने से उत्पन्न समस्याओं की ओर ही खिंचा रहेगा, इससे आपके काम भी बिगड़ सकते हैं।

खुद को जानें

खुद को जानो, अपने बनो। यदि आप स्वयं के बारे में ही अच्छी तरह नहीं जानते तो बाकी दुनिया को भी आप ठीक से नहीं समझ पाएंगे। जितना आप खुद को जान सकते हैं, उतना कोई और नहीं। इसलिए खाली समय में आत्मचिंतन करें और खुद को पहचानने की भरपूर कोशिश करें।

मन में कड़वाहट न रखें

अपने अंदर का सारा गुबार निकाल दें। मन में कुछ भी न रखें, यदि आपके साथ कुछ बुरा भी घटित हुआ है तो जल्द से जल्द उसे भूलकर आगे बढ़ने की कोशिश करें। आप अपने मन के अंदर किसी चीज को लेकर जितनी कड़वाहट रखेंगे, अंदर ही अंदर घुटते ही रहेंगे। ऐसे में आप मानसिक अवसाद या कुंठा के शिकार भी हो सकते हैं। ऐसी परिस्थिति से बचने

का उपाय यही है कि आप अपने अंदर कुछ न रखें, जो कुछ भी है उसे बातचीत या किसी अन्य माध्यम से बाहर निकाल दें। जिंदगी सुलझने लगेगी।

हंसमुख बनें

हमेशा मुस्कुराते रहें। जिन लोगों से आप अनजान हैं, उन्हें देखकर भी प्यार से मुस्कुराएं। इससे अनजान लोग आपसे ज्यादा दिनों तक अनजाने नहीं रहेंगे। उनसे आपकी अच्छी मित्रता या घनिष्ठता हो जाएगी और यही मित्रता या घनिष्ठता आपके मुश्किल समय में आपका साथ निभाएगी। याद रखें आपकी एक मुस्कुराहट आपके मुश्किल से मुश्किल काम आसान कर सकती है। अजनबियों व शत्रुओं को आपका मित्र बना सकती है। दूसरे शब्दों में कहा जा सकता है आपकी एक मुस्कान आपकी जिंदगी की कई उलझनों को कब सुलझा देगी, इसका आपको पता तक न चलेगा।

ज़रूरी चीज़ों की सूची बनाएं

पूरे सप्ताह घर में बनने वाले खाने की एक सूची बना लें और उसके बाद उसी के अनुरूप सामान खरीदें। केवल वही वस्तुएं खरीदें, जिसकी आपको आवश्यकता है। गैर जरूरत का सामान खरीदने में अपना समय और धन नष्ट न करें। पूरे सप्ताह का सामान एक साथ लाने से आपको रोज-रोज चीजें खरीदने की मशक्कत भी नहीं करनी पड़ेगी और आप योजनबद्ध तरीके से काम करने की कला भी सीख जाएंगे। योजना बनाकर काम करने की यही कला आपके जीवन के सभी क्षेत्रों में आपका साथ निभाएगी व आपको कामयाबी दिलाने में मदद करेगी।

आवश्यक चीजें अधिक मात्रा में लें

घरेलू चीजों व अन्य खाद्य पदार्थों को भारी मात्रा में खरीदने को प्राथमिकता दें। सभी आवश्यक चीजें इकट्ठे एक साथ खरीदें। इसके अलावा यदि आप रविवार को या अन्य छुट्टी के दिन एक साथ ज्यादा मात्रा में खाना बनाते हैं तो आप उसे सप्ताह के बाकी दिनों में भी बार-बार खा सकते हैं। कई चीजें तो ऐसी होती हैं, जो एक बार बनाओ तो आसानी से कई दिनों तक चलती हैं। इसलिए ऐसी चीजों को ज्यादा मात्रा में एक ही बार में बना लेने में समझदारी है। इससे आप बार-बार एक ही चीज को बनाने में अपना समय नष्ट करने से बच जाएंगी। आपके इस कार्य से आपका समय और ऊर्जा दोनों बचेगी, जिसे आप अन्य महत्त्वपूर्ण कामों में लगा सकते हैं। इस तरह काम करने से आपके मन में रोज-रोज खाना बनाने की उलझन भी थोड़ी कम हो जाएगी।

सबका सम्मान करना सीखें

हमें किसका सम्मान करना चाहिए इसके लिए कोई सीमा या वर्ग निर्धारित नहीं है। हमें सभी का सम्मान करना चाहिए फिर चाहे वह हमसे छोटा हो या बड़ा। गरीब हो या अमीर, आपसे ऊंचे पद पर आसीन हो या छोटे पद पर काम करता हो, हमें सबको ही सम्मानपूर्वक नजरों से देखते हुए उन्हें यथोचित सम्मान अवश्य देना चाहिए। सभी के साथ एक सा व्यवहार करें। फिर चाहे वह उम्रदराज आपके दादा जी हों या आपका छोटा भाई। आपके मन में दोनों के प्रति सम्मान होना चाहिए। आपका यह व्यवहार आपको दूसरों की नजरों में ऊंचा उठाएगा।

आमदनी अनुसार खर्च करें

जो भी खरीदें हमेशा नकद खरीदें। इसका मतलब यह नहीं है कि आप अपनी चेकबुक या डेबिट कार्ड का उपयोग न करें। बल्कि इसका अर्थ यह है कि आप उतना ही खर्च करें जितनी आपकी आमदनी है उससे ज्यादा खर्च न करें। उधार लेने की आदत से बचें। एक बार अगर आपको यह आदत लग गई तो आपको इसकी लत पड़ जाएगी और आप अपनी आमदनी से ज्यादा लोगों से उधार लेकर अपनी परेशानियां बढ़ाते रहेंगे। आप उधार लेते-लेते भूल जाएंगे कि आपने कितना उधार लिया और जब चुकाने की बारी आएगी तो आप उधार के बोझ से दबकर तनावग्रस्त हो जाएंगे, क्योंकि आपकी इतनी आमदनी नहीं है जितना आपने उधार लिया है, तो आप यह चुकाएंगे कैसे? आपकी उधार लेने की प्रवृत्ति धीरे-धीरे आपको कई उलझनों में फंसा देगी। हो सकता है कि उधार चुकाने के लिए आप किसी गलत रास्ते पर भी निकल पड़ें। इसलिए जब तक अति आवश्यक न हो कभी किसी से उधार न लें।

वस्तुओं के प्रति अधिक मोह न रखें

अपनी चीजों से जरूरत से ज्यादा लगाव न रखें। चीजें नष्ट हो जाएंगी, इस भय से उन्हें उपयोग में लाना बंद न कर दें। मान लीजिए आपको अपनी कोई ड्रेस या किसी मित्र की दी हुई किसी भेंट से बहुत ज्यादा लगाव है, इसलिए आप उसका प्रयोग ही नहीं करते। यह समस्या का समाधान नहीं है। चीजें हैं तो वह एक दिन नष्ट भी होंगी। आप अपनी कार या घर को बहुत संभालकर रखते हैं कि उनमें कोई खरोंच तक न आ जाए लेकिन इससे क्या होगा। आप उन्हें कितना भी सहेज लें एक दिन उन्हें क्षतिग्रस्त या नष्ट अवश्य होना है। इसलिए अपनी प्रिय वस्तुओं से पागलपन की हद तक प्यार करना बंद कर दें। इससे आप अपने दिमाग में बेवजह की तर्कहीन उलझनें और बढ़ा लेंगे।

बुरे अनुभवों का त्याग करें

जब आप कहीं जा रहे हैं तो पुरानी यादों या अच्छे और बुरे अनुभवों को साथ न ले जाएं। बीती बातें पीछे ही छोड़ दें। आप कहीं घूमने जा रहे हैं तो अपने घर की बातें वहां साथ न

ले जाएं और साथ ही जब आप वहां से लौटें तो भी वहां का जिक्र बार-बार न करें। वहां का मौसम सुहाना था या फिर वहां की कोई और अच्छी बात बार-बार उसे याद करने से वह चीज आपको यहां उपलब्ध नहीं हो जाएगी। उल्टा आप उन्हीं में उलझे रहेंगे और यहां अपने काम पर ध्यान नहीं दे पाएंगे। इसके अलावा अगर आप कहीं जा रहे हैं तो अपने साथ अनावश्यक वस्तुएं न ले जाएं, साथ में वही ले जाएं, जिसकी आपको सख्त जरूरत है।

यदि इच्छा न हो तो कोई कार्य न करें

अगर किसी काम को करने में आपका मन नहीं लग रहा है या आपको उस काम से चिढ़ हो रही है तो उस काम को वहीं रोक दें, उसे न करें, क्योंकि अनिच्छा से किया गया कोई भी काम कभी भी सफल व पूर्ण रूप से संपन्न नहीं होता। उस काम में आप चाहकर भी अपना सौ फीसदी नहीं दे पाएंगे, बेकार में आप उस पर अपना समय व ऊर्जा नष्ट कर रहे हैं। इससे बेहतर है कि आप उस काम को वहीं रोक दें और अपनी इच्छानुसार कोई काम करें।

दूसरों के झगड़ों में न पड़ें

दूसरे लोगों के झगड़ों व तमाशों से दूर रहें, उनका हिस्सा बनने की कोशिश न करें। इससे आपके अंदर नकारात्मक भावों का संचार होता है। आपका दिमाग उन्हीं बातों में उलझा रहता है और आप बेमतलब में अपना पूरा दिन खराब कर लेते हैं। साथ ही खुद भी कोई बड़ा तमाशा खड़ा करने से बचें। इससे आपका भी सबके सामने तमाशा बन जाता है। यदि आपके मन में कोई सवाल उठ भी रहा है तो बात करके उसे सुलझाएं न कि सबके सामने तमाशा करके अपना और दूसरों का मजाक बनाएं।

सीखने की आदत को अपना व्यवहार बनाएं

जीवन में आप जो कुछ भी सीखते हैं, उसे लागू भी करें। मान लीजिए आपने सीखा कि बड़ों का सम्मान करना चाहिए, झूठ नहीं बोलना चाहिए, महिलाओं का आदर करना चाहिए और जीवन में जो कुछ मिलता है संघर्ष व परिश्रम से ही मिलता है। सबको यही सिखाते व बताते हैं परन्तु खुद उन बातों से सरोकार नहीं रखते। इसके अलावा जिंदगी, घर-परिवार व ऑफिस में आप जो भी नई चीजें सीखते हैं उनको अभ्यास में नहीं लाते। अपने अनुभवों का प्रयोग अपने अन्य कार्यों में नहीं करते। ऐसे में आप का कुछ भी सीखना कोई अर्थ नहीं रखता, क्योंकि जब तक आप अपने सीखे हुए को अभ्यास में नहीं लाएंगे आपका कुछ भी सीखना बेकार है।

अपने कार्य को सूचीबद्ध करें

अपनी व्यस्तता के कारण आप कई चीजें भूल जाते हैं। किसी से किया वादा भूल जाते हैं या आपसे मंगाया या कहा कुछ और जाता है और आप लाते और करते कुछ और हैं। इन सबके

बीच आप कई बार खुद को काफी उलझा हुआ समझते हैं। मान लीजिए आपने अपने एक दोस्त से वादा कर दिया कि आज आप उसके साथ घूमने जाएंगे, साथ ही ऑफिस के किसी सह कर्मचारी या रिश्तेदार की शादी में जाने का वादा भी कर बैठे, इन सबके अलावा आपने पत्नी को भी सिनेमा दिखाने का वादा कर दिया और शाम होने पर सब कुछ जानने के बाद उलझकर रह गए हैं कि अब आप क्या करेंगे। ऐसी समस्याओं से निपटने का एक ही तरीका है कि आप सभी चीजों को एक साथ लिखकर रखें। अपने पूरे दिन के कार्यक्रमों की एक समय सारणी बनाएं और सुबह एक नजर उस पर डालें और तय करें कि आज आपको क्या-क्या करना है। जो-जो काम आप करते जाएं, उसे अंकित भी करते जाएं जिससे आपको पता चल जाएगा कि आपने क्या कर लिया है और आपको क्या करना है ? आपकी यह आदत आपकी जिंदगी को उलझने से बचा लेगी।

मेहनत से न डरें

इस बात को महसूस करें कि आप जितना कठिन परिश्रम करेंगे उतना ही सफलता आपके कदम चूमेगी। भाग्य भी उन्हीं का साथ देता है जो कड़ी मेहनत करते हैं। आप जितनी ज्यादा कोशिश करेंगे उतने ही ज्यादा भाग्यशाली बनेंगे। किसी चीज का इंतजार किए बिना उसे अपना बनाने की कोशिश में लगातार जुटे रहें। अगर आप अपने काम पर ध्यान केंद्रित करेंगे तो आपको जो चाहिए एक दिन आपको वो जरूर मिलेगा। जब तक आपको पूरी तरह सफलता न मिल जाए आप पूरी तरह से समर्पित होकर उसे पाने के लिए प्रयत्न करते रहें।

छोटे-छोटे कामों से व्यवहारिक बनें

हमेशा कुछ ऐसा बनाने या करने में जुटे रहो, जिससे आप स्वयं तो गौरवान्वित अनुभव करें ही साथ ही अन्य लोगों को भी आप पर गर्व हो। इसके लिए आप किसी जरूरतमंद की सहायता कर सकते हैं या किसी के अधूरे सपने पूरे कर सकते हैं। आप किसी की तरफ दोस्ती का हाथ बढ़ा सकते हैं। किसी के लाख बुरे बर्ताव के बावजूद आपका अच्छा व्यवहार उसे बदलने पर मजबूर कर सकता है। ऐसे ही कुछ अन्य छोटे-मोटे काम भी आपको लोगों की नजरों में ऊंचा उठा सकते हैं। किसी की नजरों में उठने के लिए बड़ा काम नहीं बल्कि छोटी सी प्रेरणा भी काफी होती है।

लोगों की परवाह न करें

लोग आपके बारे में क्या सोचते हैं, इस बारे में ज्यादा सोचकर अपना समय नष्ट न करें। लोग आपके बारे में कुछ भी सोचें, उससे आप या आपका स्वभाव नहीं बदल जाएगा, आप जो हैं, वही रहेंगे। किसी के कुछ भी कहने व सोचने से आप उनकी सोच के अनुरूप नहीं हो

जाएंगे। इसलिए उनकी सोच पर ध्यान देकर बेवजह चिढ़ने, झल्लाने, उन लोगों से उलझने व उन्हें सफाई देने में अपना समय बर्बाद न करें। ऐसे समय में अपनी सहनशक्ति, समझदारी व धैर्य का परिचय दें। इससे लोगों में आपकी प्रतिष्ठा तो बढ़ेगी ही साथ ही आप भी बेवजह की उलझनों से अपनी जिंदगी को और उलझने से बच जाएंगे।

नकारात्मक लोगों से बचें

जीवन में आपके रिश्ते आपके लिए मददगार साबित होने चाहिए न कि वे आपको ठेस या चोट पहुंचाने वाले। इसलिए जब भी समय मिले, अपना समय ऐसे लोगों के साथ बिताएं जो आपकी सोच को सकारात्मक बनाने में आपकी सहायता कर सकें। उन बौद्धिक व सज्जन लोगों की संगत में रहें जिनके साथ से आपके जीवन को एक नई दिशा मिल सके।

जल्दबाजी न करें

जीवन के रास्तों पर आराम-आराम से चलें। जल्दबाजी न दिखाएं, आप लड़खड़ा या गिर सकते हैं। इसलिए इन रास्तों पर जरा संभलकर चलें। अपने लक्ष्य को जीतने के लिए आप इसमें अपनी छोटी-छोटी कामयाबी के अनुभवों का प्रयोग भी कर सकते हैं। पुराने अनुभव आपके नए काम में बखूबी आपका साथ निभाएंगे।

वाहन चलाते समय फोन न करें

वाहन चलाते समय कभी भी न किसी को मोबाइल से मैसेज भेजें और न ही कुछ और लिखें। इससे आपका ध्यान बंटेगा और आप ठीक से वाहन नहीं चला पाएंगे। आपकी इस चूक का परिणाम सिर्फ आपको ही नहीं बल्कि आपके साथ बैठे अन्य लोगों को भी भुगतना पड़ सकता है। यदि आप अकेले भी हैं तो भी एक बात याद रखिए आपकी जिंदगी सिर्फ आपकी नहीं है, इस पर आपके पूरे परिवार को हक है। आपको यदि एक हल्की सी खरोंच भी आती है तो आपके परिवार वाले सिहर उठते हैं। ऐसे में यदि आपके साथ कोई दुर्घटना या बड़ा हादसा हो जाता है तो उन पर क्या बीतेगी? यदि आपके परिवार में से किसी और के साथ कुछ हो जाए तो आपको कैसा महसूस होगा, यही सोचकर अपने जीवन को सुरक्षित रखें, यदि ड्राइव करते समय ऐसी कोई नौबत आती भी है तो किसी और की सहायता लें या फिर वाहन को किसी सुरक्षित जगह पर रोककर फिर कुछ और करें। इसके अलावा कभी भी नशे की हालत में भी ड्राइव न करें। इन छोटी-छोटी बातों का ध्यान रखकर आप अपनी जिंदगी में आने वाली मुसीबतों को काफी हद तक टाल सकते हैं।

व्यर्थ व्यय न करें

आपको जिस वस्तु की आवश्यकता हो आप उसे ही लें। दिखावे, प्रतियोगिता, होड़ या रुतबा दिखाने के लिए कोई भी ऐसी चीज न लें जिसकी आपको वास्तव में जरूरत नहीं थी। मान

लीजिए आपको फोन सिर्फ बात करने के लिए चाहिए और आपके पास एक फोन है भी लेकिन वह ज्यादा महंगा नहीं है। लोगों की बातों में आकर आपने एक ऐसा महंगा फोन ले लिया जिसकी आपको बिल्कुल जरूरत नहीं थी या फिर कोई ऐसी महंगी या प्रतिष्ठासूचक वस्तु खरीद ली सिर्फ इसलिए कि आप अपने आस-पास के लोगों पर उसका रौब दिखा सकें। इसमें समझदारी नहीं है। अगर आपकी आमदनी दस हजार है तो आप उसी के दायरे में अपने सभी खर्च करें। दिखावे के लिए किसी भी अनावश्यक वस्तु पर अपव्यय न करें। इससे आपका जीवन सिर्फ इन महंगी वस्तुओं और उनकी कीमत चुकाते-चुकाते ही उलझ जाएगा।

व्यायाम करने की आदत डालें

प्रतिदिन व्यायाम अवश्य करें। हमारी सारी इच्छाएं तभी पूरी हो सकती हैं, जब हमारा शरीर स्वस्थ, चुस्त-दुरुस्त व मजबूत होगा। अगर हमारा शरीर ही तंदुरुस्त नहीं है तो हम कोई काम मन लगाकर नहीं कर पाएंगे। कमजोर शरीर जल्दी ही बिमारियों की चपेट में भी आ जाता है। ऐसे में शरीर को स्वस्थ रखने का सबसे अच्छा तरीका है, रोजाना व्यायाम करना। इसके लिए आप रोज सुबह या शाम के समय पैदल चलना या दौड़ने जैसी शारीरिक क्रियाएं कर सकते हैं। इसके अलावा आप खुद से वादा करें कि आप रोज कम से कम आधा घंटा घर पर व्यायाम जरूर करेंगे। जब आपका शरीर स्वस्थ होगा तो बाकी परेशानियों से तो आप आसानी से निपट ही लेंगे।

दिल की बात को नजरअंदाज न करें

हमेशा अपने दिल की सुनें। आप सभी की उम्मीदें व सपने पूरे नहीं कर सकते, इसलिए ऐसा करने की कोशिश भी न करें। वही करें जो आपका दिल कहता है। उसी के लिए प्रयास करें, जिसके सपने आपने देखे हैं। यदि आप दूसरों के सपनों को ज्यादा महत्त्व देंगे तो आप जिंदगी के बीच उलझते जाएंगे। आप अपनी पहचान खो देंगे। आपका अस्तित्व संकट में पड़ जाएगा। आप भूल जाएंगे कि आपके सपने क्या हैं ? आपकी प्रतिभा क्या है ? इससे जो उलझन आपकी जिंदगी में पैदा होगी, उसे सुलझाना आपके लिए आसान नहीं होगा। इसलिए सबसे पहले अपने सपनों व लक्ष्य के बारे में सोचें।

संकोची स्वभाव न रखें

जीवन में कभी संकोच न करें, न कभी किसी से बात करने में और न ही कभी किसी की मदद करने में। आप जितना शर्माएंगे, लोगों से उतने ही दूर होते जाएंगे। इसलिए शर्माएं नहीं, बल्कि खुले दिल से लोगों से बात करें। अपना एक सामाजिक समूह बनाएं और उसमें नए-नए लोगों को शामिल करें। नए लोगों के अनुभव बांटें। उनके अनुभवों से आपको जिंदगी में बहुत कुछ सीखने को मिलेगा। हो सकता है कि उनके अनुभवों से आपको आपकी मंजिल

तक पहुंचने का कोई आसान रास्ता मिल जाए या फिर आपकी कोई बहुत बड़ी उलझन सुलझ जाए।

अपने कार्य की प्राथमिकता तय करें

अपने जीवन में किए जाने वाले कार्यों की प्राथमिकता तय करें। पहले निर्णय लें कि आपके लिए क्या ज्यादा महत्त्वपूर्ण है फिर उसी के अनुसार रास्ते चुनें। यदि आप अपनी प्राथमिकताएं तय नहीं करेंगे तो जिंदगी की इस भंवर में बुरी तरह उलझकर रह जाएंगे। प्राथमिकता तय करने के बाद आप काम करेंगे तो आपके सारे काम एक-एक करके आसानी से संपन्न होते जाएंगे।

बुरी परिस्थितियों में घबराएं नहीं

जीवन चक्र सदा चलता ही रहता है। यहां हर रात के बाद सवेरा जरूर आता है। यदि आज आपके जीवन में दुख है तो यह हमेशा नहीं रहने वाला। जल्द ही आपके जीवन में बहार भी आएगी। आज अच्छा या बुरा जो कुछ भी है, उस पर ध्यान मत दो, क्योंकि जीवन की परिस्थितियां हमेशा वैसी ही नहीं रहने वाली। इनमें बदलाव आते रहते हैं। जो आज है कल जरूर बदलेगा। रात के बाद सवेरा जरूर होता है और सवेरे के बाद रात भी आती ही है। इसलिए बुरे समय से घबराकर आप अपना आज खराब न करें। इस सत्य को स्वीकार लें और उसी के अनुरूप अपने लक्ष्यों व योजनाओं की रूपरेखा तैयार करें।

सीखने के लिए हमेशा उत्सुक रहें

यह जीवन रहस्यों की खान है, इसे जितना जाना जाए, समझा जाए उतना कम है। सच तो यह है कि जितना हम इसके बारे में जानते हैं उससे कई अधिक नए राज उभरकर सामने आते हैं। फिर संबंध हों या कार्य, कोई शोध हो या कला, यह समझना कि मैं सब कुछ जान गया या मुझे सब कुछ समझ में आ गया, गलत है। ज्ञान एक ऐसी चीज है, जिसे जितना जानो उतना कम है। सच तो यह है कि यदि हमें जीवन में आगे बढ़ना है, तो हमें अपने सीखने को भी जारी रखना होगा, क्योंकि जिस दिन हम यह मान लेते हैं कि मुझे सब कुछ आ गया उस दिन हमारा रुकना शुरू हो जाता है। इसलिए इस बात को स्वीकारें कि जान-जानकर भी सब कुछ जानना संभव नहीं। जितना हो सके स्वयं को सीखने के लिए तैयार रखें, नई चीजों एवं ज्ञान या अनुभव को गले लगाएं।

अपनी गलती स्वीकार करें

आपको यह समझना होगा कि आप हमेशा सही नहीं होते। कई बार आप भी गलत हो सकते हैं। लेकिन आप इस बात को मानने को तैयार नहीं कि आप गलत हैं। इससे आप अपनी

समस्याओं को और उलझा लेते हैं और बेवजह खुद को सही साबित करने के चक्कर में लोगों को नाराज कर बैठते हैं। अगर आप गलत हैं तो उसको स्वीकार करने में आपको कोई शर्मिंदगी नहीं होनी चाहिए। आपका यह कदम लोगों की नजरों में आपका कद और ऊंचा कर देगा और आपके लोगों से रिश्ते भी मधुर बने रहेंगे।

नए अवसरों का स्वागत करें

हमेशा नए विचारों और अवसरों को खोजें। क्या पता कौन सा विचार या अवसर आपके जीवन की दशा व दिशा ही बदलकर रख दे। नए विचार व अवसर आपको जीवन में आगे बढ़ने का अवसर देते हैं। अपने दृष्टिकोण को हमेशा सकारात्मक व विस्तृत रखें। संकीर्ण मानसिकता के साथ न ही आप अच्छे विचारों को उन्नत कर सकते हैं और न ही कभी आगे बढ़ सकते हैं। आपकी संकीर्ण मानसिकता आपके साथ-साथ पूरे समाज को प्रभावित करती है। इसलिए सकारात्मक सोच के साथ हमेशा नए विचारों व अवसरों का स्वागत करें।

❒

क्या करें जब असफल हो जाएं?

आप अपनी जिंदगी में मिली असफलताओं से सीखते हुए अपनी जिंदगी में कैसे आगे बढ़ सकते हैं। यह सिर्फ आप पर ही निर्भर करता है। जिंदगी सभी को दूसरा मौका जरूर देती है, बस जरूरत है तो इस बात की कि उस मौके का सही फायदा उठाएं। जिंदगी में अवसरों के साथ-साथ आपको चुनौतियों का सामना भी करना पड़ सकता है लेकिन आपको चुनौतियों से घबराने की जगह अवसर पर अपना ध्यान केंद्रित करना होगा तभी आप सफल हो पाएंगे। लेख से जानें कैसे संभव है यह।

जो बीत गया उसे बीत जाने दें

आपके जीवन में पहले क्या घटा, इसका वर्तमान में कोई महत्त्व नहीं है। आप अपने आज को देखिए। पुरानी बातों को याद करके आपको सिर्फ तकलीफ ही होगी, आप चारों ओर से निराशा से घिर जाएंगे। हम अक्सर यह सोचते हैं कि अतीत में कई घटनाओं का समाधान नहीं हो पाया या हमारे साथ कुछ ऐसी घटनाएं घटित हुईं, जिन्हें हम आज तक नहीं समझ पाए कि हमारे साथ ऐसा क्यों हुआ? ऐसी स्थिति में हमारे लिए सबसे जरूरी यह है कि हम अपने अतीत से जुड़े गैर जरूरी विचारों पर किस तरह विजय प्राप्त कर सकते हैं? अगर हम सकारात्मक दृष्टि से देखें तो अतीत में हुई बुरी घटनाएं हमें वर्तमान में और मजबूत बनने की प्रेरणा देती हैं। हर कठिन पल हमें व्यक्तिगत और रचनात्मक विकास के नए अवसर प्रदान करता है। लेकिन खुद को उन्नत बनाने के लिए सबसे पहले यह जरूरी है कि हम अपने अतीत से सबक लें। हमें उन सभी कठिनाइयों का विश्लेषण करना होगा जो कभी हमारी जिंदगी का हिस्सा थीं। अब जब वह मुश्किलें हमारी जिंदगी से चली गई हैं तो वह हमारे लिए एक नया अनुभव छोड़ गई हैं, जिससे सबक लेकर हम अगली बार उससे कुछ अच्छा करेंगे।

सीखें अपनी गलतियों से

जिंदगी में घटित हर घटना हमारे लिए एक सबक होती है। जिंदगी में हमें जो कुछ मिला, जिसका भी हमने सामना किया, वह हमें कुछ नया सिखाते हैं, हमें अनुभवी बनाते हैं। हमें

अपनी हर गलती से कुछ सीखना चाहिए। हमें जिंदगी से जो सबक मिला उसे कभी नहीं भूलना चाहिए खासकर तब जब चीजें आपके हक में न हों। कई बार हम जो जिंदगी से चाहते हैं वो हमें नहीं मिलता, ऐसे में घबराने की जरूरत नहीं है। बल्कि आपको सकारात्मक दृष्टिकोण अपनाने की जरूरत है। मान लीजिए आप जो नौकरी चाहते थे वह आपको नहीं मिली या किसी रिश्ते में आपको नाकामयाबी मिली तो आपको सोचना चाहिए कि शायद इससे कुछ बेहतर आपका इंतजार कर रहा है। इस नाकामयाबी से आपको जो सबक मिला वह आपके लक्ष्य प्राप्ति की तरफ आपका पहला कदम हो सकता है।

सकारात्मक दृष्टिकोण अपनाएं

नकारात्मक विचारों के परिणाम भी नकारात्मक ही होते हैं। वे आपको विनाश की ओर ले जाते हैं, जबकि अगर आपकी सोच सकारात्मक है तो आपको अपेक्षित परिणाम ही प्राप्त होंगे। नकारात्मक विचार मनुष्य को अवसादग्रस्त बनाकर उसकी सोचने-समझने की क्षमता को नष्ट कर देते हैं। यदि अपने इतिहास के पन्नों पर एक नजर दौड़ाएं तो देखेंगे कि हर सफल कहानी या सफल व्यक्ति की सफलता में उनके सकारात्मक विचारों का ही योगदान रहा है। इसलिए सफलता पाने के लिए सबसे पहले खुद को नकारात्मक विचारों के घेरे से बाहर निकालें और खुद को सकारात्मक ऊर्जा से ओत-प्रोत करें। कुछ भी करने से पहले अपने मन में दृढ़ निश्चय करें कि आप इस काम को करने में पूरी तरह सक्षम हैं, फिर देखिए आप कितनी आसानी से सफलतापूर्वक अपनी जिंदगी की हर मुश्किल से जीत जाएंगे।

अपनी प्राथमिकता तय करें

कहते हैं कि हमारा वर्तमान जीवन अतीत का प्रतिफलन तथा भावी जीवन वर्तमान का परिणाम है। इसलिए आवश्यक है कि आप पहले अपने वर्तमान की जिम्मेदारियों को समझकर उसे सुधारें। इसके लिए आपको अपने और अपनों के उत्तरदायित्वों को समझना होगा। जब आप अपनी जिम्मेदारी समझ जाएंगे तो स्वयं अपने मागदर्शक बनकर अपनी सफलता के रास्ते तय करेंगे। केवल आप ही वह शख्स हैं जिसका आपके जीवन पर प्रत्यक्ष नियंत्रण है। आप ही अपने जीवन की दशा व दिशा निर्धारित करते हैं, पर यह बहुत आसान नहीं है। इसमें हर व्यक्ति आपके लिए बाधक बन सकता है। ऐसे में आपको अपना दायित्व समझते हुए खुद अपने मार्ग में आने वाली परेशानियों से बाहर निकालना होगा।

बदलें, जो बदलना जरूरी है

माना कि आपका आपके जीवन पर प्रत्यक्ष नियंत्रण है, लेकिन बावजूद इसके कई बार कुछ चीजें हमारे हाथ में नहीं होतीं। ऐसे में आपको ही यह निर्णय लेना होगा कि आप उपलब्ध

संसाधनों से किस प्रकार अपना शत-प्रतिशत दे सकते हैं। जो चीजें आपकी पहुंच से बाहर हैं उस पर अपना समय, प्रतिभा और भावनात्मक ऊर्जा नष्ट करने से आपको कुंठा व निराशा के सिवा कुछ हासिल नहीं होगा, इसलिए जहां आप बेहतर कर सकते हैं वहां ध्यान दें तथा जो आपके वश में नहीं है और जिन चीजों को बदलकर आप अपना जीवन बेहतर बना सकते हैं, अपनी ऊर्जा का निवेश उन चीजों को बदलने के लिए करें।

अपना सही उद्देश्य पहचानिए

यदि आप अपने जीवन में यह तय नहीं कर पाए कि आपको जाना कहां है तो आप घूम-फिरकर फिर उसी जगह लौट आएंगे जहां से आप चले थे। ऐसे में खुद ही सोचिए कि आपने जीवन में क्या हासिल किया? प्रत्येक व्यक्ति के जीवन का कोई न कोई उद्देश्य होता है। आपको भी यह जानना होगा कि आपके लिए क्या उपयोगी है और आपका जन्म क्यों हुआ है? हममें से कुछ का जन्म संगीतज्ञ बनने के लिए हुआ है, जो गिटार बजाकर दूसरों की भावनाओं को छूते हैं तथा अपने संगीत से दूसरों को अपने भावों से अवगत कराते हैं। कुछ का जन्म कवि बनने के लिए हुआ है, जो अपने पद्यों से लोगों के दिल को छूते हैं तो कुछ का जन्म उद्योगपति बनकर अन्य लोगों के लिए विकास और रोजगार के अवसर उत्पन्न करने के लिए हुआ है। हालांकि हममें से कुछ का जन्म इसलिए हुआ है ताकि हम वह कर सकें जो हमें करने के लिए मिला है या जिंदगी हमें जिस ओर ले जाती है, हम उस ओर ही मुड़ जाते हैं। हमारा जन्म क्यों हुआ है, यह जानना बेहद जरूरी है और यह जानने के बाद अपने लक्ष्य की ओर बढ़ें। अगर अपने पहले प्रयास में आप सफल नहीं हुए तो भी पीछे न हटें, उसके लिए फिर कोशिश करें। दूसरों की देखा-देखी करके उसके जैसी कामयाबी हासिल करने के लिए अपना पूरा जीवन बर्बाद न करें। सिर्फ वही काम करें, जिसमें आपकी रुचि हो, जिसे आप पूरी दक्षता के साथ कर सकते हैं।

अनावश्यक चीज़ों में ऊर्जा न गंवाएं

सबसे पहले अपनी जरूरतों को पहचानें, आपकी जिंदगी में क्या महत्त्वपूर्ण है, इसका चयन करें। इसके बाद जिनकी आपके जीवन में कोई जरूरत नहीं, उन्हें छांट दें। गैर जरूरी चीजों को छांटकर नए सिरे से अपनी सफलता के लिए आधार तैयार करें। यह प्रक्रिया आपके जीवन के प्रत्येक क्षेत्र में आपके लिए फायदेमंद साबित होगी। फिर चाहे वह आपके काम से संबंधित हो या रिश्तों से या फिर सामान्य चीजों से। हमेशा याद रखें कि सब कुछ करने की चाह में तुम कुछ भी नहीं कर पाओगे। कहते हैं न कि दो नावों पर सवार मनुष्य कभी पार नहीं लग सकता। इसलिए सिर्फ जरूरी चीजों पर ध्यान केंद्रित करें, बाकी बची चीजों को छोड़ दें।

स्पष्ट दृष्टिकोण अपनाएं

अपने लिए अपने लक्ष्यों का निर्धारण करने के बाद कोशिश करें कि आप स्पष्ट दृष्टिकोण अपनाएं। अपने लक्ष्य को पाने के लिए क्या करना है, कैसे करना है, इन सबको लेकर आपके मन में कोई दुविधा नहीं होनी चाहिए। जीवन में आगे बढ़ने के लिए आपको किस राह पर चलना है इसे लेकर भी स्पष्टता का होना बेहद जरूरी है। आप अपने कार्यों को भी स्पष्ट व विशेष बनाएं।

दें अपनी आदतों को मात

यदि आपसे किसी काम को न करने के लिए कहा जाए तो आपके मन में एक बार तो उस काम को करने का ख्याल जरूर आता है। अगर आपसे कहा जाए कि किसी जगह पर नहीं जाना है तो शायद आपके मन में एक बार उस जगह को देखने की जिज्ञासा जरूर जागृत होगी कि आखिर वहां क्यों नहीं जाना है ? पर जब हम किसी काम को न करने के लिए पूरी तरह उस पर ध्यान दें तो धीरे-धीरे उस बारे में सोचना बंद कर देते हैं। अगर आपसे आपकी बुरी आदतों को बदलने के लिए कहा जाए तो हम उसे बदलने के लिए उसके बारे में सोचना बंद कर देते हैं लेकिन फिर हम चोरी-छिपे उस काम को करने की कोशिश करते हैं, जिसे करने के लिए मना किया गया है, इसलिए अपनी बुरी आदतों को बदलने के लिए उनकी जगह नई आदतों को अपनाना बेहद जरूरी है। ऐसा नहीं किया तो हम अपनी उन बुराइयों से मुक्त नहीं हो पाएंगे। जैसे अगर हमने जंक फूड छोड़ने का निश्चय किया है तो उसकी जगह एक निर्धारित समय पर हमें कुछ और खाने की आदत डालनी होगी तभी जंक फूड के प्रति हमारा आकर्षण खत्म होगा। जब हम देखेंगे कि कुछ ही समय में हम खुद जंक फूड खाना छोड़ देंगे और अपनी नई आदतों के अनुसार खुद को ढालना सीख जाएंगे। इसलिए कुछ भी बुरा बदलने के लिए जीवन में उसके स्थान पर कुछ अच्छा करना जरूरी है।

कार्य करने की योजना बनाएं

आप अपने लिए कुछ दैनिक नियम बनाकर अपने जीवन को बड़ी आसानी से बदल सकते हैं। इसके लिए सबसे अच्छा तरीका यह है कि आप अपने काम के दिन व अन्य दिनों के लिए दिन की शुरुआत से अंत तक के लिए एक सारणी बना लें। निश्चित कर लें कि आज आपको क्या-क्या काम करने हैं ? इससे आप अपना काम समय से पहले ही बिना किसी परेशानी के पूरा कर लेंगे। इससे आपके पास अगले दिन के लिए कोई काम शेष नहीं बचेगा और आप हर दिन की शुरुआत नए सिरे से कर पाएंगे। आपके जीवन का हरेक दिन महत्त्वपूर्ण है, इसी से आपका कल तय होता है। इससे आपको उन्नति के अवसर भी प्राप्त होंगे।

संकल्प व धैर्य दोनों जरूरी है

अगर आप वास्तव में एक दूसरा मौका चाहते हैं तो आपमें वो सब गंवाने का जज्बा होना चाहिए जो कि आपने पाया है। ऐसे में आपको कमजोर नहीं पड़ना है। इसका मतलब यह होगा कि आपमें स्वयं पर आत्मनियंत्रण स्थापित करने की पर्याप्त शक्ति है। आप अपने जीवन में कोई नया काम शुरू करें, इसके साथ ही इस काम में आने वाली चुनौतियों से निपटने की योजना भी बना लें। मान लीजिए आप अपना वजन घटाना चाहते हैं तो आप स्वास्थ्यवर्धक चीजों की सूची बना लें ताकि जब आप में स्नैक्स खाने की ललक पैदा हो तो आप उन चीजों को खा सकें। शुरुआत में ऐसा करना आपके लिए मुश्किल होगा पर धीरे-धीरे आपके लिए आसान हो जाएगा। जैसे-जैसे आपका मनोबल बढ़ेगा वैसे-वैसे आप बड़ी चुनौतियों का सामना करने में सक्षम हो जाएंगे।

याद रखिए जीवन की राह आसान नहीं है और वह भी तब जब आपने जीवन में कुछ हासिल करने की योजना बनाई हो। अपने सपने को पूरा करने के लिए आपको बहुत काम करने होंगे, इसलिए इसके लिए तैयार रहें।

दिखावे से नहीं कार्य से प्रभावित रहें

बहुत से लोग कई ऐसी चीजें खरीदते हैं, जिनकी उन्हें कोई जरूरत नहीं होती, उस पर धन बर्बाद करते हैं। सिर्फ इसलिए ताकि वे किसी को प्रभावित कर सकें। आप उन लोगों में से एक न बनें। यह समय की बर्बादी है। सिर्फ वही करें जो आपको सही लगता है। अगर उसमें कामयाबी न मिले तो अपने दृष्टिकोण में थोड़ा बदलाव लाकर दोबारा कोशिश करें। अंततः वह आपको जरूर मिलेगा।

❑

सच का सामना करना सीखें

सच का अर्थ ही है जो 'है' यानी जिससे भागा न जा सके, जिसको झुठलाया न जा सके, जिसे किसी तर्क या दलील से दबाया नहीं जा सकता, जो 'था', 'है' और 'रहेगा'। सच से भागना यानी स्वयं से भागना है। सत्य को अस्वीकार करना यानी दुख को न्यौता देना है और यह जीवन सबसे बड़ा सच है, जहां सब कुछ घटता है। इस जीवन में आकर ही आदमी पाता-खोता है, बनता-मिटता है, जीता-मरता है। वह सभी कुछ, हर अच्छा-बुरा इस जीवन से हासिल करता है। यह जानने के बाद भी कि इस जीवन में, इस संसार में कष्ट एवं तकलीफ भी है, हम सिर्फ सुख और चैन की उम्मीद ही करते हैं। न केवल उम्मीद करते हैं बल्कि सच से बचते हैं, उससे आंख चुराते हैं, पर हम भूल जाते हैं कि हमारे आंख चुराने से सच झूठ में नहीं बदल जाएगा। बल्कि हम सच से जितना भागेंगे वह उतना ही और कष्टदायी होता चला जाएगा।

सच तो यह है कि जीवन के जिस सच से हम भागते हैं वही सत्य हमें मजबूत बनाता है। आगे जीवन जीने की प्रेरणा देता है। हमारे दुख का कारण ही सच को न स्वीकारना है। इसलिए अच्छा हो कि हम अपने जीवन में सत्य को स्वीकारें, क्योंकि जितना हम सच को समझेंगे उतना हम सफलता और उन्नति की ओर बढ़ेंगे। बस थोड़ी सी हिम्मत चाहिए। धैर्य और साहस चाहिए। यदि जीवन के कुछ सत्यों को जान-समझकर मान लें तो यह जीवन ही मोक्ष बन जाता है।

रात गई सो बात गई

एक बात हमेशा याद रखें, जो बीत गया उसको बदला या सही नहीं किया जा सकता। हां, उस बीते हुए से सबक लेकर आगे के लिए सुधारा जा सकता है। इसलिए पुरानी गलतियों या परिणामों का रोना रोने से अच्छा है नए पर ध्यान दें। बात सिर्फ गलतियों की नहीं है। बीता हुआ चाहे कितना ही सुंदर व सुखद क्यों न रहा हो उसकी याद को वर्तमान में ढोना मूर्खता

है, क्योंकि उसके साथ कुछ किया नहीं जा सकता। इसलिए दिन भर बीते हुए को कोसना, पछताते रहना, उसकी सफाई देना या उसमें फेरबदल में लगे रहना गलत है। जिस तरह मुख से निकले शब्द और कमान से निकला तीर कभी वापस नहीं आते वैसे ही गुजरा हुआ वक्त कभी वापस नहीं लौटता और जो वापस नहीं लौटता उसको बदलने का कोई उपाय नहीं। इसलिए ऐसी कोशिश में न रहें और सत्य को पहचानें व उसका सामना करें।

न करें कल का इंतजार

यह एक ऐसा सत्य है जिसे मनुष्य जितनी जल्दी स्वीकार ले उतना अच्छा है, क्योंकि कल में जीना, चीजों को कल पर टालना उसकी सबसे आम व खराब आदत है। सत्य यह है कि जीवन आज में जीने का नाम है या जो आज है वही सत्य है। कल एक उम्मीद है, सपना है, जिसका कोई भरोसा नहीं। सच तो यह है कि कल का अपना कोई अस्तित्व नहीं। कल आज पर निर्भर है। यदि आज ही नहीं होगा तो कल क्या होगा। यदि इंसान आज मर जाए तो कल की जो योजनाएं थीं वो सब धरी की धरी रह जाएंगी। इसलिए चीजों को कल पर टालना स्वयं को धोखा देना है। क्योंकि कल तो कभी नहीं आता।

चुनौतियों को स्वीकारना ही जीवन है

जीवन सिर्फ जिंदा रहने का, खाना खाने का, सांस लेने का ही नाम नहीं है। यह जीवन मेहनत मांगता है। किस्मत सिर्फ बातें बनाने व सपने सजाने से नहीं बन जाती, उनको पूरा करने के लिए प्रयास करना पड़ता है, संघर्षों एवं चुनौतियों का सामना करना पड़ता है। यहां बिना मेहनत के किसी को कुछ नहीं मिलता। हर चीज की कीमत चुकानी पड़ती है। फिर वह व्यवसाय हो या संबंध। बहुत कुछ सहना और स्वीकारना भी होता है। सच तो यह है कि न सिर्फ पाने के लिए मेहनत करनी पड़ती है बल्कि उस पाए हुए को बनाए रखने व उसे और बेहतर बनाए रखने के लिए भी दोगुना श्रम करना पड़ता है। इसलिए इस सच को स्वीकारें कि यह जीवन जितनी सरलता से मिलता है उतनी ही सरलता से चुकता नहीं है और यह केवल हमारे साथ नहीं सबके साथ है।

प्रत्येक कार्य सफल हों यह जरूरी नहीं

जिंदगी सिर्फ जीतने का नाम नहीं। यह जरूरी नहीं कि जिस भी कार्य में आप हाथ डालें उसमें आप सदा सफल रहें। भले ही आपकी मंशा साफ हो, मेहनत में आपने कोई कसर न छोड़ी हो, इसके बावजूद भी आपको हार हाथ लग सकती है। इस सच को कि जिंदगी में हमेशा आपको या हमें जीत हासिल नहीं होती जितनी जल्दी स्वीकार किया जाए उतना अच्छा

है, क्योंकि कई बार अपना सौ प्रतिशत देने के बाद भी जब हार हाथ लगती है तो जीवन हमें नीरस लगने लगता है और जीने का मन नहीं करता। इस सच को समझें।

बिना त्याग के लक्ष्य अधूरा है

यदि उपर्युक्त बात सच है कि हमें हमेशा हमारी जरूरत अनुसार नहीं मिलता तो यह भी सही है कि हमें बिना दिए कुछ भी नहीं मिलता। आप किसी को गाली दें और वह आपको प्यार करे, यह संभव नहीं। प्यार पाने के लिए प्यार देना पड़ता है। अगली कक्षा में आने के लिए हमें वर्तमान कक्षा में परीक्षा देनी पड़ती है। दुकान वाले को हम पैसे देते हैं तो वह हमें वस्तु देता है। जिस फसल को हम अपना श्रम देते हैं वह हमें अनाज देती है। जिन संबंधों को हम समय देते हैं वे हमें रिश्ते व परिवार देते हैं। समुद्र बादल को पानी देता है तो बादल वर्षा करते हैं या यूं कहें कि बादल पानी बरसाते हैं तो धरती को पानी मिलता है। बिना दिए कुछ नहीं मिलता। यह प्रकृति का नियम है। यदि हम कुछ चाहते हैं तो पहले या बाद में किसी न किसी रूप में हमें कुछ न कुछ देना ही पड़ता है, बिना दिए कुछ नहीं मिलता।

खुद से दोस्ती करें

हमारा कोई नहीं, हमें कोई समझता नहीं। हमारा दुख सबसे अलग है आदि समस्याएं सभी की होती हैं। हम हमेशा चाहते हैं कि कोई हो जो हमारा अपना हो, जो हमें बिना कहे, समझे हमें खुश रखे। यह एक ऐसी जरूरत है, जो कभी सच नहीं हो सकती या लंबे समय के लिए सच नहीं हो सकती, क्योंकि हमें हमारे अलावा कोई नहीं समझ सकता। हम किसी के साथ चिपककर कितना भी बैठ जाएं, हम सबसे करीब स्वयं के ही होंगे। हम किसी को अपने अनुसार नहीं बदल सकते न ही किसी से जबरन खुशी छीन सकते हैं। प्रसन्न व सुखी रहने का कारण हमारा खुद का मन है। हमारी खुशियों की नींव हमारे भीतर ही है। बाहर की घटनाएं या प्रतिक्रियाएं हमारे मन-मूड को प्रभावित अवश्य करती हैं परन्तु लंबे समय के लिए नहीं। बाहर हम कुछ भी प्रदर्शित करें, दूसरों को हम जो भी दर्शाएं, हकीकत क्या है अंदर हम सब जानते हैं। इसलिए बाहर दूसरों में सुख तलाशना व उन पर निर्भर रहना गलत है। क्योंकि सत्य तो यही है कि हमें हमारे अलावा कोई भी खुश नहीं कर सकता। बाहर तो सिर्फ बहाने हैं, उम्मीदें हैं, निर्भरता है सत्य नहीं।

अहम् की भावना का त्याग करें

आत्मविश्वास होना अच्छी बात है, लेकिन अति आत्मविश्वास या अहंकारी होना गलत है। स्वयं को अच्छा या सही समझना एक बात है परन्तु इसका अर्थ यह नहीं कि हम इसको बुरा

या गलत समझें। जिस तरह बुराई की कोई सीमा नहीं होती ऐसे ही अच्छाई की भी कोई सीमा नहीं होती। यदि हम अच्छे हैं तो हमसे भी अच्छा कोई हो सकता है। सदा याद रखें, जहां आज हम हैं वहां हमसे पहले कोई और था और कल को हमारी जगह कोई और हो सकता है। जब हम स्वयं को पहले की जगह स्वीकार करते हैं तो अपनी जगह किसी तीसरे को भी स्वीकार करने की भी क्षमता होनी चाहिए। स्वयं का मूल्यांकन अवश्य करें परन्तु दूसरे को भी कम न आंकें। जैसी प्रतिभा, हुनर, जोश व जुनून आप में हैं वैसी व उससे ज्यादा प्रतिभा किसी और में भी हो सकती है। इस बात को समझें व स्वीकारें।

प्रगति की राह में संकट का सामना करें

जीवन सिर्फ मजे लेने या एक ही ढर्रे पर चलने का नाम नहीं है। हर काम में अपने लिए राहत न तलाशें। कुछ नए प्रयोग करने की कोशिश करते रहें। रिस्क लें, एक्सपेरिमेंट करें। यदि आप सफल होना चाहते हैं या अपनी सफलता को टिकाए रखना चाहते हैं तो कुछ नया करने से घबराएं नहीं। ये न भूलें कि दूध को बिना मथे मक्खन नहीं निकलता। समुद्र में उतरे बिना मोती हाथ नहीं लगते। सफलता या जीवन का जो भी स्वाद है वह बचने में नहीं है। हर चीज अपनी सुविधा देखकर न करें न ही उसमें अपने लिए आराम तलाशें। क्योंकि कई बार चीजें तब शुरू होती हैं जहां हमारा कम्फर्ट जोन यानी सुविधा क्षेत्र खत्म होता है।

मृत्यु अटल सत्य है

जीवन में चाहे कितने ही सत्य क्यों न हों परन्तु मृत्यु अटल सत्य है। चीजें, संबंध, सुख-दुख आदि भले ही कितने ही अस्थिर क्यों न हों, यह शरीर सबसे बड़ा क्षणभंगुर है। अभी हम हैं अगले पल में हों न हों कुछ नहीं कहा जा सकता। किसको, कब, कैसे, कहां, किस ढंग से मृत्यु घेरेगी कुछ कहा नहीं जा सकता, क्योंकि मृत्यु निश्चित है और उसका घटना अनिश्चित। कहते हैं न जो आएगा वह अवश्य जाएगा। परन्तु हम भौतिक सुखों और उनकी चाह में हमेशा इतना डूब जाते हैं कि हमें यह खबर भी नहीं रहती कि हमें कभी मरना भी है। जिस नाम को कमाने में हमने इतनी मेहनत की वह यहीं छूट जाएगा। न केवल नाम बल्कि पैसा, जमीन-जायदाद, रिश्ते-नाते, रूप-जवानी, पद-प्रतिष्ठा सब कुछ यहीं रह जाएगा। मृत्यु सबसे बड़ा सत्य है जिसके आगे किसी की नहीं चलती। हम इस सत्य को जानते हैं, समझते हैं, पर स्वीकारते नहीं हैं तभी तो मृत्यु के नाम से भयभीत रहते हैं। इसलिए जो जीवन में मृत्यु के इस सत्य को स्वीकार कर लेता है वह हर भय से उबर जाता है। उसमें जीवन जीने का साहस आ जाता है।

पूर्ण कुशलता का अभिमान न करें

यह जीवन रहस्यों की खान है, इसे जितना जाना जाए, समझा जाए उतना कम है। सच तो यह है कि जितना हम इसके बारे में जानते हैं उससे कई अधिक नए राज उभरकर सामने आते हैं। फिर संबंध हो या कार्य, कोई शोध हो या कला में समझना कि मैं सब कुछ जान गया या मुझे सब कुछ समझ में आ गया गलत है। ज्ञान एक ऐसी चीज है जिसे जितना जानो उतना कम है। सच तो यह है कि यदि हमें जीवन में आगे बढ़ना है, तो हमें अपने सीखने को भी जारी रखना होगा, क्योंकि जिस दिन हम यह मान लेते हैं कि मुझे सब कुछ आ गया उस दिन हमारा विकास रुकना शुरू हो जाता है। इसलिए इस बात को स्वीकारें कि जान-जानकर भी सब कुछ जानना संभव नहीं। जितना हो सके स्वयं को सीखने के लिए तैयार रखें, नई चीजों एवं ज्ञान या अनुभव को गले लगाएं।

जरूरी नहीं जो आज है, वो कल भी रहेगा

यदि यह सच है कि बिना दिए कुछ नहीं मिलता तो यह भी सही है कि जो भी हमें मिला है वह सदा हमारे पास नहीं रहता। फिर वह सुख हो या दुख, अच्छी चीजें हों या बुरी, देर-सवेर सब बदलता है, स्थिर कुछ नहीं रहता। जो चीज मिलती है वह दूर भी होती है, जो बनती है वह मिटती भी है। हरे पत्ते सूख जाते हैं, सूखी टहनियां हरी हो जाती हैं। हम छोटे से बड़े और बड़े से बूढ़े हो जाते हैं। सब कुछ घटता-बढ़ता रहता है फिर चाहे वह दिन-रात हो या मौसम। इसलिए जो भी हमारे पास है, हमारे हाथ में है वह हमेशा हमारे पास रहे यह जरूरी नहीं। जो चीज जैसी है, भले ही हमने उसे बनाने में मेहनत की हो वह हमेशा वैसी नहीं रह सकती। जो लोग, जो कार्य, जो संबंध आदि हमारे साथ अच्छे हैं वह सदा अच्छे नहीं रह सकते। इस जीवन में चीजें टूटती भी हैं, बिखरती भी हैं, मिटती भी हैं, छिनती भी हैं। भले ही देने वाला छप्पर फाड़कर दे दे परन्तु वह भी स्थिर नहीं रहता। अच्छे मित्र बनते हैं, छूटते हैं, मिलते हैं, बिछड़ते हैं।

ऑल राउंडर न बनें

हम ऑल राउंडर बनना चाहते हैं इसलिए सभी कुछ नियंत्रित करने में लग जाते हैं फिर वह कार्य हो, प्रशासन हो, संबंध हो या लोग। सब कुछ न तो हमारे अनुसार हो सकता है न ही हम उसे हमारे अनुसार बदल सकते हैं। संवेदनशील होना, फिक्रमंद होना अच्छी बात है पर इसका मतलब यह नहीं कि हम हर चीज का बीड़ा अपने कंधों पर उठा लें। ऐसा करने से न केवल हमारी ऊर्जा का नुकसान होता है बल्कि समय भी बर्बाद होता है, जिसके चलते हमारा लक्ष्य भी प्रभावित होता है। इसलिए अपनी ऊर्जा उसी कार्य में लगाएं जो काम आपके

लिए है। बाकी कार्यों की फिक्र व जिम्मेदारी उन्हीं पर छोड़ दें जिनकी वह जिम्मेदारी है। सब कुछ अपने हाथ में न लें।

दुराचारियों से बचें

कौन सबकी आंखों में नहीं बसना चाहता? यदि यह सच है कि हम चाहते हैं कि सब हमें पसंद करें, चाहें, हमारी परवाह करें तो यह भी सही है कि यह संभव नहीं। क्योंकि जहां हमारा भला चाहने वाले लोग हैं वहीं कुछ ऐसे लोग भी हैं, जो हमारा बुरा चाहते हैं। हमारे बने-बनाए कार्य में रुकावट पैदा करते हैं। न केवल हमारी तरक्की को देखकर जलते हैं बल्कि हमारी खुशियों को मातम में बदलने में लगे रहते हैं। आपके विचारों से हर कोई सहमत हो, आपकी योजनाओं को हर कोई सराहे, आपके फैसलों पर हर कोई हामी भरे यह भी जरूरी नहीं। जो चीज आपके लिए अच्छी, जरूरी या प्राथमिक है, जरूरी नहीं दूसरे भी उसको तवज्जो दें। जिस तरह आपकी पसंद दूसरे से भिन्न होती है ऐसे ही दूसरे की पसंद भी आपसे भिन्न हो सकती है। इसलिए जो चीज आपको सही लगती है वह सबको सही लगे यह जरूरी नहीं। लोग आपके बारे में क्या सोचते हैं और क्यों सोचते हैं, आप उनकी सोच को अपने अनुसार नहीं ढाल सकते।

भाग्य का प्रबल होना ही काफी नहीं

कोई कितना भी भाग्यशाली क्यों न हो उसे भी यह शिकायत रहती है कि उसे अभी सब कुछ नहीं मिला। काश कि मिल गया होता, काश वैसा हो गया होता तो मेरा जीना या जीवन सफल हो गया होता आदि-आदि। इसलिए हमेशा ध्यान रखें कि जीवन सब कुछ हमारे अनुसार मिल जाने का नाम नहीं है। सच तो यह है यहां यदि हम किसी चीज के हकदार भी होते हैं तो वह चीज हमें मिले यह जरूरी नहीं। किस्मत सदा साथ दे जरूरी नहीं। बेशक आपको अब तक सारी चीजें आपके अनुसार आराम से मिली हों पर इसका मतलब यह नहीं कि हमेशा मिलेगी। यहां तक कि हमेशा आपकी इच्छा पूरी करने वाले माता-पिता या प्यार करने वाला साथी आदि भी आपकी इच्छा हमेशा पूरी नहीं कर सकते।

अच्छे का परिणाम हमेशा अच्छा नहीं होता

अक्सर लोगों को शिकायत रहती है कि हम तो दूसरों के लिए भला कहते हैं परन्तु हमारे साथ हमेशा बुरा ही होता है। जीवन सिर्फ वो या उतना नहीं जितना वह दिखता है या हम समझते हैं। जीवन हमें सीख देता है, हमें प्रौढ़ बनाता है। यदि भले के बदले हमेशा भला मिल जाए तो शायद इंसान कभी दुखी ही न हो, संघर्ष ही न करे या अपने से बड़ी परमात्मा या प्रकृति

की शक्ति को समझे ही नहीं। वह स्वयं को ही सर्वोच्च व शक्तिशाली समझेगा। परन्तु जीवन से सीख लेने का सही ढंग है कि हर अच्छाई का परिणाम हर बार अच्छा नहीं होता फिर भले ही हम इसे कर्मों का फल कहें या किस्मत का खेल। यदि हम समझ पाएं कि यहां विपरीत भी मौजूद है तो शायद जीवन में दुख खत्म हो जाए। इसलिए इस बात को गलत या अन्याय कहने से या जीवन की निंदा करने से अच्छा है इस सत्य को समझें व स्वीकारें।

❒

आदतें जो बनाती हैं, आपको असफल

मनुष्य आदतों का गुलाम है। जाने-अनजाने वह कई आदतों का शिकार हो ही जाता है। फिर चाहे वो खाने-पीने की आदत हो, ज्यादा देर गप्पें मारने की आदत हो, किसी की बुराई करने की आदत हो या फिर कोई और शौक हो, उसकी आदतों के कारण कई बार वह प्रशंसा पाता है तो कई बार उसकी यही आदतें उसकी सफलता में बाधक बन जाती हैं। आदतें मनुष्य को एक कारागृह देती हैं, उसे एक बंधन देती हैं, जिसमें कैद होकर वह पूरी तरह से खिल नहीं पाता। इसके कारण वह अपने जीवन में असफलता पाता है या यूं कहें कि अपने जीवन में देर से सफलता प्राप्त करता है। हमारी सफलता प्राप्ति के मार्ग में हमारी ही कई ऐसी आदतें बाधा होती हैं, जिनका हमें भान तक नहीं हो पाता। ऐसी कौन सी आदतें हैं, जिनका हमें एहसास नहीं हो पाता कि ये हमें कितना ज्यादा नुकसान पहुंचा रही हैं तथा हमारे सफल होने के मार्ग में रुकावट की तरह खड़ी हैं। निम्नलिखित आदतें ही वह बाधा हैं जो हमें सफल होने से रोकती हैं।

मेहनत से बचना

आज का युग प्रतियोगिता का युग है। इसमें हर इंसान न केवल एक दूसरे से आगे निकलना चाहता है बल्कि जल्दी आगे निकलना चाहता है। आगे निकलना कोई गलत बात नहीं है लेकिन जल्दी आगे निकलने के लिए शॉर्टकट अपनाना गलत है। जितना ज्यादा हम शॉर्टकट अपनाते हैं उतना ही ज्यादा हमारी सफलता की लाइफ भी छोटी होती चली जाती है। जल्दी सफल होने के लिए हम ऐसे रास्ते या हथियार का प्रयोग करते हैं, जिनसे मिली सफलता ज्यादा दिनों तक नहीं टिक पाती। ये तरीके हैं चापलूसी करना, चुगली करना, इधर की उधर करना, चोरी करना या फिर किसी को खुश करके चाहे वो शारीरिक रूप से या चंदा देकर

या काला धन देकर हम अपने काम जैसे कि परीक्षा परिणाम अपने पक्ष में करवाना, इंटर्व्यू पास करना या प्रश्न-पत्र पहले से निकलवा लेते हैं। इन रास्तों पर चलकर हम थोड़ी देर के लिए भले ही खुश हो जाएं पर सफल नहीं हो सकते और अगर सफल हो भी गए तो इन छोटे रास्तों पर चलकर मिली सफलता लंबे समय तक नहीं टिकती है।

दूसरों में कमी निकालना

हम हमेशा दूसरों की आलोचना करते रहते हैं, उनमें कमियां निकालते रहते हैं। इसकी वजह से हम अंदर ही अंदर जलने व कुढ़ने लगते हैं। जब हम अपने से ज्यादा दूसरों की आलोचना पर ध्यान देंगे तो हमें उनसे जलन होगी ही होगी। इससे अच्छा है कि हम अपनी क्षमताओं पर, अपनी काबिलियत पर और अपने विकास पर ध्यान दें। दूसरों की आलोचना की जगह हमें आत्मालोचना पर ध्यान देना चाहिए कि अगर मैं ऐसा हूं तो क्यों हूं ? अगर मैं सफल नहीं हो पा रहा हूं तो उसके पीछे क्या कारण है या मुझमें ऐसी कौन सी कमी है, जो मुझे सफल होने से रोक रही है। दूसरों की कमी ढूंढने से हम केवल अपना जी जलाकर अपनी ऊर्जा ही कम करेंगे। इसलिए दूसरों की कमियों की जगह अपनी अक्षमताओं पर ध्यान देते हुए स्वयं को सुधारने के प्रयास करने चाहिए।

हमेशा अपनी किस्मत को कोसना

जब भी हम असफल होते हैं या हमारा कोई काम नहीं बनता तो हम अमूमन अपनी किस्मत को दोष देते हैं। हम कहते हैं कि अगर मेरी किस्मत अच्छी होती तो मैं भी सफल हो जाता। मैं भी अच्छे परिवार में पैदा होता, मेरी तबियत खराब हो गई, किसी की नजर लग गई या मेरे ग्रह-नक्षत्र खराब चल रहे हैं, अपनी असफलता पर हम ऐसी चीजों को आगे खड़ा कर देते हैं। हमेशा अपनी किस्मत का रोना रोना भी एक गलत आदत है। हम अपनी किस्मत की तुलना दूसरों से करने लगते हैं, हमें लगता है कि हमने मेहनत तो बहुत की थी पर किस्मत ने साथ नहीं दिया। इन विचारों के कारण हम सफल होने से पहले ही असफलता की ओर बढ़ने लग जाते हैं।

ख्याली पुलाव बनाना

अमूमन अधिकतर लोग व्यावहारिक कम होते हैं। वे असलियत से दूर हमेशा ख्याली पुलाव बनाने में ही व्यस्त रहते हैं। मन ही मन में पूरी कल्पना कर लेते हैं कि हम ऐसा या वैसा करेंगे और फिर उसके बाद यह करेंगे। हम सिर्फ सोचकर ही रह जाते हैं, अपने कार्यों को पूरी तरह से करने के लिए कोई नियोजन या योजना नहीं बनाते। हम अव्यावहारिक तरीके से ही अपने कामों को करने की कोशिश करते हैं। हम अपना काम समय पर शुरू नहीं करते। इससे नुकसान यह होता है कि अगर हमने अपना काम आज शुरू नहीं किया तो कल समय

पर खत्म भी नहीं कर पाएंगे। हम सोचते रहते हैं कि कर लूंगा, कर लूंगा लेकिन काम शुरू ही नहीं करते। सफलता प्राप्ति का सबसे बड़ा मूल मंत्र ही यह है कि हम कोई भी काम व्यावहारिक होकर उसे सही समय पर पूरा करें। उसे आज या कल पर टालना आपकी व्यावहारिकता व काम के प्रति संजीदा होने की निशानी नहीं है। इसलिए कोशिश करनी चाहिए कि हम अपने काम के लिए सही योजना बनाएं और उसी योजना के अनुसार अपने कामों को करते जाएं, तभी सफलता मिलेगी। सिर्फ ख्याली पुलाव पकाते रहने से आपके काम पूरे नहीं होने वाले हैं। किसी भी काम को करने के लिए सोच-विचार या योजनाएं बनाना बहुत जरूरी है। न केवल सोचना है बल्कि उन योजनाओं के क्रियान्वयन के लिए आपको उन्हें अमली जामा भी पहनाना होगा।

लापरवाह होना

खुशमिजाज होना एक अलग बात है लेकिन अपने काम के प्रति संजीदा होना बहुत जरूरी है। ये नहीं कि आप कहते रहें कि काम हो जाएगा, हम कल कर लेंगे। आपने जिस काम को जिस समय तथा जिस प्राथमिकता से निर्धारित किया है, उसे उसी के अनुसार करें। अपनी प्राथमिकता को अपनी सुविधानुसार न बदलें। कोई चीज या कागज रखकर भूल जाना, जरूरी फोन या मेल का उत्तर तुरंत देने की बजाय उसे कल पर टालना। ऐसी कई सारी चीजें हैं, जिनके प्रति हम गंभीर या संजीदा नहीं होते। हमारी यही लापरवाही हमें कामयाबी से दूर कर देती है।

आज का कार्य कल पर टालना

मनुष्य हमेशा कल के भरोसे जीता है। वह सोचता है कि हम इस काम को आज नहीं कल कर लेंगे। जबकि मंजिल पाने की राह में कल जैसी कोई चीज आती ही नहीं है। जो है आज है, अभी है। इसलिए अपना काम कल पर न टालें। क्योंकि जिस दिन भी कल आता है, वो आज बन जाता है। अगर हम काम कल पर टालते हैं तो कल करते-करते परसों आ जाता है, परसों से नरसों हो जाती है पर वो कल कभी नहीं आता। इस इंतजार में कि कल सब कुछ ठीक होगा या कल सब कुछ हमारे अनुसार होगा तो ऐसे में हम आज के महत्त्व को भूल जाते हैं। जब आप आज के महत्त्व को नहीं समझ पाते तो आपमें सफल होने के गुण होने के बावजूद आप सफलता से काफी दूर हो जाते हैं।

अनियंत्रित चीजों को नियंत्रित करने की आदत

हमारे जीवन में बहुत सी ऐसी चीजें होती हैं, जिन पर हमारा कोई नियंत्रण, पहुंच या वश नहीं होता। ऐसे में हमें इनको अपने नियंत्रण में करने की नाकाम कोशिश नहीं करनी चाहिए।

लेकिन हम यही सोचते हैं कि हम इन सभी चीजों को बदल सकते हैं और जुट जाते हैं उन्हें बदलने की कवायद में। हमें ऐसा ही लगता है कि जीवन में ऐसा कुछ भी नहीं है जो हमारे हाथ में न हो, हम चाहें तो अपनी कोशिशों से इन्हें रोक सकते हैं या बदल सकते हैं। माना कुछ चीजों को हम अपनी मेहनत व कोशिश से बदल सकते हैं लेकिन हर क्षेत्र में यह संभव नहीं है। ऐसे में अगर हम उन चीजों को बदलने में अपनी ऊर्जा गंवाते रहेंगे तो हमें सिवाय निराशा या फ्रस्ट्रेशन के कुछ हाथ नहीं लगेगा। इससे हम धीरे-धीरे चिड़चिड़े और असंतुष्ट होते चले जाएंगे। इससे हमारी ऊर्जा जो किसी अच्छे काम में लग सकती थी, वो उसमें न लगकर बेकार की चीजों में व्यर्थ हो जाएगी और हम अपने लक्ष्य की ओर अपना ध्यान नहीं दे पाएंगे। और जब हमारा ध्यान हमारे लक्ष्य की तरफ होगा ही नहीं तो हम सफलता के पास भी नहीं पहुंच पाएंगे।

सही समय के भरोसे बैठना

कई लोग अपने काम को जल्द से जल्द शुरू करने की बजाय सही समय के इंतजार में बैठे रहते हैं। उन्हें लगता है कि अभी काम का सही समय नहीं आया है। जब सही समय आएगा तो समय अपने आप दरवाजे पर दस्तक देकर कहेगा कि सही समय आ गया है, अपना काम शुरू कर दो। यह सिर्फ एक तरह की बहानेबाजी होती है काम न करने के लिए। जिन लोगों में इस तरह की आदत होती है, वो कभी सफल नहीं हो पाते। क्योंकि सफलता का मूल मंत्र यही है कि आज और अभी से बढ़कर कोई शुभ मुहूर्त नहीं है। जो लोग शुभ मुहूर्त के इंतजार में बैठे रहते हैं, उनके लिए अच्छा समय कभी आता ही नहीं है। सही समय का मतलब है आज, अभी और यहीं, क्योंकि समय अच्छा बनाया जाता है, उसके इंतजार में बैठा नहीं जाता। जो सफल लोग होते हैं वे कभी नहीं कहते कि मैं सही समय का इंतजार करूंगा या मैंने कभी सही समय का इंतजार किया था। वो यही कहते हैं कि मैंने अपना समय खुद बनाया।

दूसरों को जिम्मेदार ठहराना

हममें से अधिकतर लोगों को अक्सर अपनी नाकामयाबी का ठीकरा दूसरों के सिर फोड़ने की आदत होती है। हम बड़ी आसानी से दूसरों को अपनी असफलता का जिम्मेदार ठहरा देते हैं। मैं सफल इसलिए नहीं हो पाया कि अमुक व्यक्ति बीमार पड़ गया था, मैं सफल इसलिए नहीं हो पाया कि इसने मेरी सहायता नहीं की, मैं असफल इसलिए हो गया क्योंकि मुझे लोन नहीं मिला था। मैं सफल इसलिए नहीं हो पाया क्योंकि मैं पढ़ नहीं पाया। हमारी हमेशा यही कोशिश रहती है कि हम अपनी असफलता के लिए खुद को जिम्मेदार बनाने से बचते रहते हैं। हम हमेशा किसी बहाने में उलझे रहते हैं या किसी और को अपनी असफलता

को दारोमदार सौंप देते हैं। जो लोग अपनी असफलता के बहाने ढूंढते हैं, वे हमेशा किसी न किसी पर दोषारोपण करते हैं। वे हमेशा खुद को बचाते हैं और सफाई देते हैं कि मेरे अकेले के कुछ करने से कुछ नहीं होने वाला था। अगर इसने मेरा साथ दिया होता तो शायद मैं असफल नहीं होता। अपनी असफलता के लिए दूसरों को जिम्मेदार ठहराने वाली हमारी यह आदत भी हमें सफल नहीं होने देती। क्योंकि हम कमी दूसरे में देखते हैं, अपने दोषों की तरफ हमारा ध्यान ही नहीं जाता, जिस कारण हम अपनी कमियां दूर ही नहीं कर पाते। अंततः हमें असफलता का सामना करना पड़ता है।

बदलाव को न स्वीकारना

परिवर्तन संसार का, प्रकृति का नियम है। यहां हर पल कोई नया परिवर्तन होता रहता है। लेकिन हममें से अधिकतर लोगों में बदलावों को स्वीकारने की क्षमता नहीं होती। हम उन्हें स्वीकार करना ही नहीं चाहते। जैसे दिन के बाद रात आती है ऐसे ही हमारे जीवन में दुख के बाद सुख और सुख के बाद दुख आता ही है। अतः हमें अपने जीवन में हो रहे इन परिवर्तनों को सहजता से स्वीकार करना चाहिए। आशा है तो निराशा भी जरूर आएगी, हमें इसके लिए तैयार रहना होगा। हममें अपने जीवन में आने वाले हर कष्ट को सहने की क्षमता होनी चाहिए। अगर आपको व्यवसाय में कोई नुकसान हुआ हो, आपकी दुकान में आग लग गई या कोई बहुत बड़ा कॉन्ट्रेक्ट आपको नहीं मिला जिसकी वजह से आपको बहुत बड़ा घाटा उठाना पड़ा हो, सभी मित्र दुश्मन बन गए, हमें हर तरह के उतार-चढ़ाव, विपदा या आपदा को स्वीकारना चाहिए। हमें दुनिया, फैशन, सिद्धांत या विचार हर चीज में हो रहे परिवर्तन को स्वीकार करते हुए उनके साथ ही आगे बढ़ना चाहिए, तभी हम सफलता की मंजिल के पास पहुंच पाएंगे। लकीर के फकीर की तरह एक ही ढर्रे पर अड़े न रहें। अगर हमें उन्नति करनी है तो हमें परिवर्तन को स्वीकार करना ही होगा। सफलता की मंजिल वही लोग पा सकते हैं, जो बदलावों को खुले दिल से स्वीकारते हैं। क्योंकि किसी भी परिवर्तन के पीछे एक वजह छिपी होती है। इसलिए हमें परिवर्तन में नुकसान की जगह अपना लाभ देखना चाहिए। इसके लिए हमें अपने दृष्टिकोण को व्यापक व सकारात्मक बनाना होगा।

समझौतों से कतराना

जीवन समझौते का नाम है, फिर चाहे वो समझौता हमें अपने रिश्तेदारों से, मित्रों से, बॉस से या सहकर्मियों से ही क्यों न करना पड़े। जीवन वो नहीं जो हम सोचकर चलते हैं, जीवन वो नहीं जिसे हम अपने सपनों में गढ़कर चलते हैं। जीवन में हमें बहुत कुछ ऐसी चीजों को अपनाना होता है या उनसे हाथ मिलाना होता है, जो हमें पसंद नहीं होतीं। इसे चाहे मजबूरी कह लो या जरूरत कह लो कि हमें परिस्थितियों से समझौता करने के लिए अपने आपको

खुला रखना चाहिए। लेकिन अगर हम समझौता न करने की जिद पर अड़े रहे और एक लकीर खींचकर बैठ गए कि मैं इससे आगे समझौता नहीं करूंगा तो आप कभी कामयाब नहीं हो सकते। मान लीजिए आपको ऑफिस मनपसंद नहीं मिला, आपका वेतन आपकी काबिलियत के अनुसार न हो, आपका ऑफिस किसी अच्छी जगह पर न हो, आपका बॉस आपके जैसा नहीं है या फिर अगर हम संबंधों की बात करें तो हमें खुश रहने का मन है पर हम खुश नहीं हैं क्योंकि हम समझौता नहीं कर सकते। हम ये चाहते हैं कि हमें लोग हमारे अनुसार मिलें, हमारा बॉस हमारी तरह हो या फिर हमारे संबंध हमारी इच्छानुसार चलें तो हमेशा ऐसा नहीं हो सकता। हमें जीवन के हर मोड़ पर किसी न किसी रूप में समझौता करना ही पड़ता है। जन्म से लेकर मृत्यु तक बहुत सी चीजें ऐसी हैं, जो हमें हमारे अनुसार नहीं मिलतीं। जब हमें हमारे अनुसार चीजें नहीं मिलती तो हमें बहुत कुछ बर्दाश्त करना पड़ता है, जिसने यह कला सीख ली, वह अवश्य ही सफल होगा।

दूसरों की न सुनना

मनुष्य अपने आपको बहुत ही समझदार समझता है। इसमें संदेह नहीं है कि इंसान में विवेक व सफल होने के सभी गुण मौजूद होते हैं लेकिन सिर्फ खुद को ही सबसे समझदार समझना गलत आदत है। क्योंकि जहां हम व्यापार या व्यवसाय की बात करें तो इंसान को यह नहीं भूलना चाहिए कि मनुष्य एक सामाजिक प्राणी है। हमें यह समझना होगा कि कभी-कभी हमें दूसरों से सलाह या विचार-विमर्श करने की भी जरूरत पड़ती है। अगर वह दूसरों की सलाह नहीं लेगा तो उसका दृष्टिकोण एकतरफा या अधूरा ही रहेगा। जब वह समूह में बात करता है, जब वह अपने से छोटे या बड़ों की सलाह लेता है तो उस सलाह में उनका अनुभव भी छिपा होता है। अनुभव होने के साथ-साथ हम कैसे इस समस्या से बाहर निकल सकते हैं, इस बात का मार्गदर्शन भी हमें मिल जाता है। इसलिए हमें सिर्फ अपनी ही नहीं चलानी चाहिए। क्योंकि अगर हम सिर्फ अपनी ही चलाएंगे तो दूसरों को सुन नहीं पाएंगे। हमें यह समझना होगा कि हम ही सबसे अक्लमंद नहीं हैं, हमसे भी ज्यादा समझदार कोई हो सकता है। हमें सिर्फ अपनी चलाने की बजाय किसी और की बात पर भी ध्यान देकर देखना चाहिए कि कहीं उसकी सलाह से ही हमें कुछ लाभ मिल जाए।

स्वयं को कम आंकना

माना हमेशा अपनी तारीफ करना या जरुरत ज्यादा आत्मविश्वासी होना गलत है लेकिन साथ ही साथ अपने को कम आंकना या अपनी प्रतिभा को नजरअंदाज करना भी सफलता से दूरी बनाना ही है। ऐसा करके हम अपना ही नुकसान कर बैठते हैं। हमारी इस आदत से हमारे अंदर हीन भावना आ जाती है, जो कि हमारी सफलता के मार्ग में बहुत बड़ा खतरा है। हर

इंसान में अपने आप से बात करने की प्रवृत्ति होती है। जब हम अपने आप से बात करते हुए खुद को कम आंकते हैं तो हमारा व्यवहार भी उसी तरह का हो जाता है। हमारे व्यवहार में सकारात्मक दृष्टिकोण की जगह नकारात्मक तत्त्वों का समावेश होने लगता है और इस रवैये से हम सफल नहीं हो सकते। इसलिए हम जब भी अपने आप से बात करें या अपना विश्लेषण करें तो हमें खुद से कहना चाहिए कि मैं यह कर सकता हूं, मुझमें यह करने की क्षमता है, मैं किसी से कम नहीं हूं। अकेले में ऐसी बातों से अपना विश्लेषण करें, न कि किसी ओर से अपनी तुलना करके खुद को उससे कम आंककर अपना आत्मविश्वास घटाएं। आपके अंदर नकारात्मक विचार नहीं होने चाहिए। अपनी ऊर्जा को, अपनी क्षमता को ठीक पैमाने पर आंकना चाहिए। क्योंकि अगर हम अपना स्वयं का मूल्यांकन ठीक करेंगे, तभी हम काम भी सही तरीके से कर पाएंगे। अगर हम स्वयं ही अपना मूल्यांकन गलत कर रहे हैं तो दूसरे भी हमें कम ही समझेंगे।

स्वयं को हरफनमौला समझना

कई लोगों को किसी पर भी बिल्कुल भी विश्वास नहीं होता। वे सारे काम अपने हाथों में लेकर बैठ जाते हैं। आत्मविश्वास होना अच्छी बात है परन्तु साथ ही साथ हमें दूसरों पर विश्वास करना भी सीखना होगा, क्योंकि जब भी हम किसी काम से जुड़ते हैं तो वहां हमें अपने से जूनियर, सीनियर या अपने स्तर पर कई लोग मिलते हैं। ऐसे में हमें उनकी क्षमतानुसार उनमें काम बांट देना चाहिए। अगर हम सभी काम खुद ही करने लग जाएंगे तो हम अपना काम ठीक ढंग से नहीं कर पाएंगे। यदि हमें सफल होना है तो सभी काम खुद करने की जिम्मेदारी से मुक्त होना होगा और दूसरों पर भी भरोसा करना होगा। ऐसा नहीं होना चाहिए कि हम किसी को कहें कि ये काम तुमसे नहीं होगा या किए हुए काम को हम दोबारा करते हैं। अगर हमें अपनी ऊर्जा व समय बचाना है या अपने स्वास्थ्य को सही रखना है तो यह जरूरी है कि हम अपने सारे काम खुद न करें। कुछ जिम्मेदारियां दूसरों को भी सौंपें।

दूसरों से सहानुभूति की चाह रखना

इस संसार में कौन सा इंसान ऐसा है, जिसके जीवन में परेशानी नहीं आती या संघर्ष नहीं होता। लेकिन इसका ये मतलब नहीं है कि हम जब भी किसी से मिलें तो अपनी परेशानी ही गाते रहें, हर किसी से सहानुभूति की उम्मीद रखें या फिर किसी से भी बात करते समय हम अपने आपको मजबूर साबित करने की ही कोशिश करें। क्योंकि हमें सिर्फ अपनी समस्याएं दूसरों को दिखाने की आदत होती है। हमें लगता है कि हम अगर दूसरों को अपनी समस्याएं दिखाएंगे तो वह हम पर तरस खाकर हमारी मदद करेगा और हम बैठे-बैठे सफलता पा लेंगे, जबकि ऐसा नहीं होना चाहिए। हमें अपनी समस्याओं के पीछे नहीं बल्कि उनको सुलझाने के

पीछे भागना चाहिए। परेशानियों को बढ़ा-चढ़ाकर बताने की बजाय उनका समाधान ढूंढना चाहिए। हमसे पहले जो गलतियां हुई हैं, जिनकी वजह से हमारे जीवन में परेशानी आई है, हमें उस समस्या का समाधान खोजने की ओर ध्यान देना चाहिए।

हर काम का दिखावा करना

हर इंसान की यह फितरत होती है कि वो जो भी कुछ पाता है, उससे ज्यादा का वो दिखावा करता है। वो सफल हो या न हो लेकिन दूसरों की आंखों में वाह-वाही लूटने की कवायद वह जरूर करता है। एक बात का ख्याल रखें कि अगर आप सफल होना चाहते हैं तो वाह-वाही लूटना आपका मकसद नहीं होना चाहिए। अपने उद्देश्य या मंजिल को पाना ही आपका लक्ष्य, जुनून या जिद होनी चाहिए। लेकिन जिन्हें वाह-वाही लूटने की आदत होती है, वह हर काम सिर्फ इसलिए करते हैं कि सामने वाला तारीफ कर दे, वो खुश हो जाए या सामने वाला मेरे काबू में आकर मेरे अनुसार काम करे। ऐसे लोग अपने छोटे काम को भी बड़ा बताते हैं और खुद अपने मुंह मियां मिट्ठू बनते हैं। ऐसे में हम अपने उद्देश्य से भटक जाते हैं, वहां तक पहुंच ही नहीं पाते। दूसरों की तारीफ सुनकर अति आत्मविश्वासी होकर हमारे कदम डगमगा जाते हैं। तारीफों में उलझकर हम अपना काम पूरी मेहनत व सच्चाई से नहीं कर पाते और सफलता पाने से वंचित रह जाते हैं।

काम कम चापलूसी अधिक करना

ये अच्छी बात है कि इंसान को किसी से लड़ाई-झगड़ा नहीं करना चाहिए, सबके साथ बनाकर रखनी चाहिए तथा सबको खुश रखने की कोशिश करनी चाहिए। लेकिन खुश रखने का मतलब यह नहीं है कि हर बात के लिए हां कर दें, अपने नियम-सिद्धांत से ज्यादा दूसरों की खुशी पर ध्यान दें, क्योंकि अक्सर ऐसा होता है कि कई बार लोग हमारा समय बर्बाद करते हैं, हमसे जलते हैं, वो हमें मानसिक दबाव देते हैं कि प्लीज हमारा ये काम कर दो, तो ऐसे में हमें उन लोगों को न कहने की आदत भी डालनी चाहिए। दूसरों को खुश रखने के लिए अपना नुकसान करने में कोई समझदारी नहीं है। सफल होने के लिए हमें दिल के साथ-साथ दिमाग से भी काम लेना चाहिए। अगर आपको पता है कि कल आपकी परीक्षा है पर किसी मित्र ने कह दिया कि पिक्चर देखने चलते हैं और आप उनको खुश करने के लिए चले जाते हैं या फिर अपना इंटर्व्यू छोड़कर अपने मित्र से मिलने चले जाते हैं। ऐसे में हमें सही-गलत का फैसला लेना आना चाहिए। हमें यह समझना होगा कि कौन हमारा भला चाह रहा है और कौन बुरा। ऐसे में आपकी सफलता की राह में बाधा बनने वाले लोगों को आपको न कहना सीखना ही होगा।

नियम व अनुशासन का पालन न करना

जीवन में अगर सफल होना है तो अनुशासनप्रिय होना बहुत जरूरी है, क्योंकि बिना अनुशासन के व्यक्ति सफल हो ही नहीं सकता। पशुओं का भी अपना एक उठने का, सोने का और खाने का अनुशासन होता है। जो इंसान अनुशासन में नहीं रहेगा वह कामयाब नहीं हो सकता। इसलिए हर इंसान को चाहिए कि वो अपने हर काम का एक नियम बनाए। उसी नियम या टाइम टेबल के अनुसार चले, उसके अनुसार खुद को ढाले। यदि वह नियमितता से नियम व अनुशासन में रहेगा तभी वह सफल हो पाएगा।

अपने से अधिक दूसरों के काम पर ध्यान देना

मनुष्य का स्वभाव ऐसा है कि हम अपने काम से ज्यादा हमेशा दूसरों के काम पर ध्यान देते हैं। हम दूसरों की फिक्र में ही लगे रहते हैं कि वो ऐसा है तो क्यों है या फिर वो ऐसा करता तो सफलता पा जाता। हम दूसरों को तो आसानी से सुझाव दे देते हैं, उनकी कमी निकाल देते हैं, उन्हें यह भी सिखाते हैं कि कैसे प्रबंधन करना है, कैसे चयन करना है या तुम ऐसे क्यों नहीं हो और जब खुद पर बात आती है तो हम अपने ऊपर पूरा ध्यान दे ही नहीं पाते। चौबीस घंटे हमारे दिमाग में दूसरा, दूसरा और दूसरा ही चलता है। अगर हम यही ऊर्जा व समय अपने ऊपर लगाएं तो हम कम समय में कम ऊर्जा लगाकर सफलता प्राप्त कर सकते हैं। लेकिन अगर हम यही सोचते रहें कि दूसरे के जीवन में क्या चल रहा है तो हम कभी भी सफल नहीं हो पाएंगे।

❐

विचार जो नकारात्मक बनाते हैं

जीवन नजरिये का खेल है। यदि हमारी सोच सकारात्मक होगी तो हमें हमारा जीवन तमाम कठिनाइयों के बावजूद भी अच्छा लगेगा वहीं दूसरी ओर यदि हमारी सोच नकारात्मक होगी तो उस उपलब्ध सुख एवं संसाधनों में भी हम तकलीफ ढूंढ लेंगे और तो और नकारात्मक नजरिये के कारण अपने जीवन को खराब कर लेंगे। इसलिए मनुष्य के जीवन में उसके विचारों का बहुत महत्त्व है। यह विचार उसके अंदर कभी स्वयं की बुद्धि के कारण उठते हैं तो कभी आस-पास के लोगों व संगति के कारण। कभी कल्पनाओं तथा अनुभवों के कारण तो कभी हालात एवं परिस्थितियों के कारण। यदि यह विचार सकारात्मक होते हैं तो हमें लाभ देते हैं और यदि नकारात्मक होते हैं तो हमें नुकसान देते हैं।

हमारे विचार ही हमें बनाते-बिगाड़ते हैं, इसलिए जरूरी है कि हम ऐसे विचारों से बचें जो हमें नकारात्मकता प्रदान करते हैं तथा हमारे दृष्टिकोण को भी नकारात्मक बनाते हैं। इससे पहले कि नकारात्मकता आप को घेरे आप निम्न विचारों से दूर रहें-

मैं अकेले क्या कर सकता हूं?

अकेला इंसान बहुत कुछ कर सकता है परंतु हर कोई यह सोच बैठा है कि उस अकेले के करने से कुछ नहीं होगा। सभी सोचते हैं कि मैं नहीं करूंगा तो क्या होगा इसी कारण कोई ठोस परिणाम सामने नहीं आ पाता। सामाजिक तौर पर हो या पारिवारिक तौर पर सभी सोचते हैं कि यदि एक मैं नहीं करूंगा तो क्या हो जाएगा, या फिर मैं अकेला कुछ नहीं कर पाऊंगा, या मैं नहीं तो कोई और कर लेगा और कोई नहीं तो कोई और। हम सब अपने महत्त्व को भुलाए बैठे हैं और अकेलेपन का बहाना कर अपना नुकसान कर लेते हैं। यदि सब यह सोच लें कि मेरे करने से कुछ नहीं होगा तो वह सामूहिक श्रम बन जाएगा परंतु हम स्वयं को हमेशा से ही अलग करके देखते हैं। अपने योगदान को नकारते हैं। भूल जाते हैं कि हमारे करने से बहुत कुछ संभव है। हम करेंगे तो दूसरे को प्रेरणा मिलेगी, हम करेंगे तो दूसरे में

साहस जागेगा। बूंद-बूंद से घट भरता है और घट से सागर। इस सकारात्मक विचार को याद रखें और अकेले अपने दम पर कुछ करें औरों की राह न देखें।

मुझमें ही कमी होगी

न तो कोई स्वयं परिपूर्ण होता है न ही जीवन में किसी को सब कुछ मिलता है। जिसे देखो उसे शिकायत है कि उसे यह नहीं मिला, वह नहीं मिला। मनुष्य बहुत अजीब है उसे जो मिलता है वह उसको नहीं देखता परंतु जो उसे नहीं मिलता उस कमी में दुखी होता है या फिर जो दूसरों को मिला है, पर स्वयं को नहीं मिला इस बात का उसे विशेष दुख रहता है या फिर जितना मिला है वह कम है। मनुष्य की नजर हमेशा कम पर होती है। मन में यही विचार चलता है कि कुछ कम है। सुखी रहना है तो हमें इस विचार से ऊपर उठना होगा। सौ में सौ किसी को नहीं मिलता। कुछ न कुछ कम सभी को मिलता है। प्रकृति ने सोने को चमक दी है तो सुगंध नहीं दी और चंदन को यदि सुगंध दी है तो चमक नहीं दी।

मुझे कोई पसंद नहीं करता

हर इंसान को हक है कि वो किसी को पसंद करे या न करे तथा हर इंसान की पसंद एक जैसी हो यह भी जरूरी नहीं। इसलिए इस सोच-विचार में न उलझें कि फलां आदमी को मैं पसंद क्यों नहीं हूं। जैसे हमें हर कोई पसंद नहीं होता ऐसे ही हर कोई हमें पसंद करे यह भी जरूरी नहीं। इस बात को समझें व स्वीकारें इस चिंता में न घुलें कि सामने वाले को मैं पसंद क्यों नहीं? मुझमें क्या कमी है, क्या मैं खराब हूं? जब तक मैं सामने वाले की पसंद नहीं बन जाऊंगा मैं चैन से नहीं बैठूंगा आदि-आदि। ऐसे विचारों को न पालें।

मुझे कोई समझता ही नहीं

हर आदमी की यही शिकायत है कि कोई उसे नहीं समझ सकता। उसे लगता है कि उसके भाव, उसकी संवेदनाएं सबसे अलग हैं। वो चाहे अपने बारे में किसी को कितना भी समझा दे परंतु उसे समझा नहीं जा सकता। पहले से ही यह धारणा बनाना गलत है। यदि कोई हमें समझ भी ले तो हमारा यह विचार मानने को तैयार नहीं होता कि कोई हमें कैसे समझ सकता है? हमारा दुख, हमारी तकलीफ इतनी साधारण कैसे हो सकती है कि किसी को भी आसानी से समझ आ जाए। हम इस नकारात्मक विचार को इतनी गहराई से पकड़ लेते हैं कि हमारा पूरा व्यक्तित्व एवं जीवन प्रभावित होने लगता है। इसलिए जितना हो सके इन विचारों से बचें।

मेरा अपना कोई नहीं

अपना कोई बनाने से बनता है। किसी को सही मायने में अपना बनाना अपने आप में एक तपस्या जैसा है परंतु हम उस तपस्या से बचते हैं और चाहते हैं कि कोई हमारा अपना हो जाए। जरा सी किसी से कहा-सुनी हुई नहीं कि हम रिश्तों को तोड़ देते हैं। हमारे संबंधों में विश्वास कम परीक्षाएं अधिक होती हैं। हम अपने आस-पास के लोगों को जांचने या उनमें कमी निकालने में ही लगे रहते हैं। जो हमें धोखा देते हैं हम उनके साथ कभी भी बुरा करना नहीं भूलते परंतु जो हमारे शुभचिंतक होते हैं उनके साथ हम भलाई करना कई बार भूल जाते हैं। जिस तरह पांचों उंगलियां कभी बराबर नहीं होतीं उसी तरह सब लोग एक जैसे नहीं होते। यदि किसी के साथ हमारे रिश्ते ठीक नहीं होते तो इसका मतलब यह नहीं कि अन्य सभी लोग भी खराब या धोखेबाज होंगे। प्यार, विश्वास और दुलार से तो पशु को भी अपना बनाया जा सकता है मनुष्य तो फिर भी एक बुद्धिमान एवं संवेदनशील प्राणी है, बस जरूरत है तो सही अपनेपन की। जैसे हर कोई प्रेम के योग्य नहीं होता ऐसे ही हर कोई मतलबी नहीं होता। अपने नकारात्मक विचारों को हटाएं और आगे बढ़ें, किसी को अपना बनाएं या फिर किसी के अपने हो जाएं।

लोग क्या सोचेंगे?

कोई किसी की सोच पर रोक नहीं लगा सकता। सबको हक है कि वह क्या सोचे, क्या नहीं। हम चाहे लोगों को कितना भी समझाएं वह वही सोचेंगे जो वह सोचना चाहेंगे विशेष तौर पर दूसरे के बारे में, इसलिए कौन हमारे बारे में क्या और क्यों सोचता है इस सोच में खोए रहने का कोई फायदा नहीं है। हमें अपनी फिक्र करनी चाहिए कि हम कैसे हैं। हमें स्वयं को दूसरों की नजरों एवं विचारों से नहीं आंकना चाहिए। दूसरे हमसे किस बात पर खुश होंगे यह कहना मुश्किल है और सबको खुश रखना नामुमकिन है, क्योंकि सबकी अपनी स्वतंत्रता है, राय व पसंद है। हम उनके नजरिये में फिट हों यह जरूरी नहीं।

अकेले कार्य करना मुश्किल है

बिना किसी की मदद के मैं कुछ नहीं कर पाऊंगा। कार्य तो बहुत दूर की बात है हम अकेले जीने से भी डरते हैं। सच तो यह है कि हम न केवल अकेले जीने से डरते हैं बल्कि किसी के साथ को खोने से भी डरते हैं कि हम उसके बिना कैसे जिएंगे। हमें लोगों की, किसी अपने के साथ की इतनी आदत होती है कि हम उसके बिना आगे जीने की कल्पना भी नहीं कर पाते। जीवन किसी के साथ बंधने या निर्भर होने का नाम नहीं है। अकेले, जीने और आगे बढ़ने का नाम है। इस सत्य को स्वीकारें कि जीवन में हर कोई अकेला है अकेला जाएगा।

हमेशा के लिए हमेशा का साथ किसी को भी नसीब नहीं होता। जो लोग हमेशा किसी के इंतजार में रहते हैं वह कुछ नहीं कर पाते। जो लोग इस विचार को अपने अंदर बसा लेते हैं वह हमेशा सुखी रहते हैं।

क्या हर काम मैं ही करूं?

कोई कार्य हो या जिम्मेदारी, मुसीबत हो या चुनौती हम हमेशा यही सोचते हैं कि सारे कष्ट, सारे दुख केवल हमें ही मिलते हैं। सिर्फ हमारी ही किस्मत खराब है, भगवान ऐसे कष्टों के लिए केवल हमें ही चुनता है, जिसे देखो उसे वह मुझे कष्ट देने में लगा है आदि-आदि, ऐसे विचार हमारे मन में रहते हैं परंतु हैरानी कि बात है हर कोई इसी बात से परेशान है। सुख-दुख सभी के जीवन में आते-जाते रहते हैं पर हम सुख को तो भूल जाते हैं पर दुखों को याद रखते हैं। सुख का समय कैसे चला जाता है पता नहीं चलता दुख के दिन रह-रहकर चुभते हैं और जब दुख के दिन आते हैं तब हमें ऐसा लगता है कि यह सब सिर्फ मेरे साथ ही हो रहा है। परंतु यह प्रकृति का नियम है। सब के जीवन में संघर्षों के, तकलीफों के दिन आते हैं, बचता कोई नहीं है। इसलिए इस विचार को त्यागें कि हमेशा मैं ही क्यों?

मेरा क्या फायदा?

माना फल की इच्छा सबको होती है। बिना फल को ध्यान में रखे कोई मेहनत नहीं करता परंतु इसका मतलब यह नहीं कि ध्यान हमेशा फल पर हो कार्य पर नहीं। कार्य करेंगे तो परिणाम मिलेगा चाहे देर से ही मिले पर हर कार्य से आपको तुरंत लाभ मिले यह जरूरी नहीं तथा हर कार्य को लाभ की ही दृष्टि से न करें। हमेशा यही न सोचें कि आपको मिलेगा क्या या आपके हिस्से में क्या आएगा तथा फल को हमेशा किसी रुपये-पैसे या वस्तु में ही नहीं तोलें आत्मसंतुष्टि के स्तर पर भी सोचें। कुछ कार्य आपसी प्रेम व मित्रता वश भी किए जाते हैं। समाज तथा देश की या अपनों की भलाई के लिए भी किए जाते हैं। ऐसे में हर बार यह भाव रखना कि मुझे मिलेगा क्या? यह विचार आपको कष्ट दे सकता है।

कुछ कार्य नि:स्वार्थ भाव से भी करें, नेकी की दृष्टि से करें। जो मिलना होगा मिल जाएगा, सब्र करें। और यदि न मिले तो मलाल न रखें कुछ जगह मिलने से ज्यादा संबंध महत्त्वपूर्ण होता है इसलिए हर जगह लाभ, फल या अपने हिस्से की ही कामना न करें।

अगर मैं यह कार्य नहीं कर पाया तो?

कोशिश करना, मेहनत करना ही हमारा ध्येय होना चाहिए। सब कुछ ठीक करने की कोशिश में हम सब कुछ गड़बड़ कर देते हैं। हम करने से पहले ही परिणाम पर पहुंच जाते हैं।

अंदाजे लगाने लगते हैं कि मेरा कार्य पूरा हो पाएगा कि नहीं, होगा तो ठीक ढंग से होगा कि हीं, कहीं मैं बीच में ही हिम्मत न हार जाऊं, कहीं कोई अचानक समस्या न आ जाए? आदि। कार्य से पहले ही इस तरह के नकारात्मक विचार अंजाम से पहले ही हमें तोड़ देते हैं। कर पाया, नहीं कर पाया जैसे काल्पनिक विचारों को भीतर बसने न दें। वरना आपकी हार निश्चित है।

❐

कैसे बनाएं अपने नज़रिये को सकारात्मक?

आज के युग में जहां जीवन सभी तरह के तनावों और मानसिक विकारों से भरा हुआ है, वहां सकारात्मक सोच की जरूरत और महत्त्व और भी बढ़ जाता है। ऐसा नहीं कहा जा सकता कि कुछ विशेष आयु या वर्ग के व्यक्तियों को ही सकारात्मक सोच की आवश्यकता होती है। हम सभी को चाहे वे बच्चे हों, किशोर या विद्यार्थी हों, नौकरीपेशा हों, विवाहित हों, अधेड़ हों या बुजुर्ग हों- सभी का हर परिस्थिति एवं हर आयु में सद्बुद्धि एवं सद्विचार ही मार्ग प्रशस्त करते हैं।

अपने दैनिक जीवन में हम कई प्रकार के कार्य करते हैं। कुछ काम सोच-विचार कर तो कुछ काम दिनचर्या के अनुरूप जीवन निर्वाह के लिए किए जाते हैं। कुछ काम आदर्शों और नैतिकता के अनुसार किए जाते हैं, कुछ काम किसी विशेष उद्देश्य की पूर्ति के लिए या फिर कुछ काम मन की मौज के मुताबिक भी किए जाते हैं। यह सभी कार्य यदि सद्बुद्धि से किए जाते हैं तो शुभ होते हैं और यदि दुर्बुद्धि से किए जाते हैं तो अशुभ होते हैं। कार्य वे ही युक्तियुक्त और सार्थक होते हैं, जो आप विवेक का उपयोग करते हुए करते हैं।

सकारात्मक सोच का फायदा सबसे अधिक विद्यार्थी उठा सकते हैं। परीक्षा में अपनी सफलता का सामना यदि वे सकारात्मक सोच के साथ करें तो परिणामत: सफलता की ओर बढ़ सकते हैं। उचित पढ़ाई, मन की एकाग्रता और संघर्ष की प्रतिभा के साथ ही जरूरी है विद्यार्थी का अपनी संपूर्ण विद्या और परिश्रम को सकारात्मक नजरिये से देखना। उसे पढ़ाई केवल रटकर परीक्षा पत्र में उड़ेलने के लिए नहीं बल्कि अच्छी सोच विकसित कर अपने ज्ञान को जीवन की दिनचर्या में सम्मिलित करने के लिए करनी चाहिए। एक ही कक्षा में लगातार कई बार अनुत्तीर्ण होने वाला विद्यार्थी यदि अगली बार सकारात्मक संकल्प लेकर एक बार फिर कोशिश करे तो नि:संदेह वह उत्तीर्ण हो सकता है।

विवाहित जीवन में कई ऐसे मोड़ आते हैं जब संबंधों की मधुरता कुछ फीकी सी पड़ने लगती है। शायद ही कोई ऐसे दंपति होंगे जिन्होंने कभी झगड़ा न किया हो। परंतु वह उनकी सकारात्मक सोच ही है, जो इन झगड़ों को आपसी रिश्ता तोड़ने के लिए नहीं बल्कि गलती सुधार कर आगे बढ़ने के लिए कार्य करने के लिए प्रेरित करती है। झगड़ा करें, बुराई झगड़ा करने में नहीं है। झगड़े से सीख लेकर जीवन में सुधार न कर पाने में है। अगर पति–पत्नी के रिश्ते में नकारात्मक सोच हावी रहेगी तो रिश्तों की गर्माहट भी जाती रहेगी।

वैवाहिक जीवन में एक दूसरे का आदर, भावनाओं और जरूरतों का सम्मान सकारात्मक सोच की पहचान है। झगड़े के बाद माफ करना और माफी मांग लेना सबसे बड़ा गुण है। ऐसा करना आपको शुरू में कष्टकारी जरूर लग सकता है, परंतु यदि यह आपके रिश्ते को हर संकट से उबार सकता है तो झिझक कैसी। आशावादी और सकारात्मक लोगों के रिश्ते हमेशा मजबूत रहते हैं और लंबी दूरी तक चलते हैं। इसका कारण बिल्कुल सीधा है– आशावादी ही हमेशा सफल होते हैं और सफल व्यक्ति का ही हर कोई साथी बनना चाहता है। आशावादी अपने विचारों में खुलापन रखते हैं, तभी उनकी वाणी भी नियंत्रण में रहती है और उनसे जीवन में गलतियां भी कम होती हैं। एक मशहूर प्रेरक दार्शनिक डेल कारनेगी का मानना है कि यह नजरिये का ही प्रभाव है कि आशावादी लोग हमेशा दूसरों को अपने समकक्ष रखकर देखते हैं। जब फर्क का दायरा हट जाता है तो रिश्ते बराबरी के दर्जे पर आकर संतुलित हो जाते हैं।

आज की तेज भागती जिंदगी में आपकी नौकरी या व्यवसाय भी काफी तनाव लाता है। पैसा कमाने के लिए कोई व्यक्ति व्यवसाय करता है, कोई उद्योग लगाता है तो कोई मेहनत–मजदूरी करता है। यदि उनसे पूछा जाए कि वह यह सब किस लिए करते हैं तो वे कहेंगे–पैसा कमाने के लिए। यदि पूछा जाए कि पैसा क्यों कमाते हैं तो उत्तर मिलेगा पेट भरने के लिए और जीवन निर्वाह करने के लिए। फिर पूछा जाए कि पेट किस लिए भरते हैं, जीवन निर्वाह किस लिए करते हो तो वे कहेंगे– जिंदा रहने के लिए। अंततः यदि पूछें कि जिंदा किस लिए हो ? तो इसका सही उत्तर आपको शायद ही मिले। अधिकतर लोग पैसा कमाने की होड़ में जीवन का सही अर्थ और उद्देश्य भूल जाते हैं। यदि जीवन का उद्देश्य सिर्फ इसका यूं ही निर्वाह करना है तो वह तो पशु–पक्षी भी बखूबी कर रहे हैं। फिर उनमें और हममें क्या अंतर रहा ? अंतर है हमारी सोच और विवेक का जिन्हें सदैव सकारात्मक रहना चाहिए।

अगर नौकरी में आपको अपने से उच्च अधिकारी से डांट पड़ती है तो इसे नकारात्मक न लेकर सकारात्मक तरीके से लें कि यह आत्म सुधार का मौका है। बॉस की डांट सुनकर उसे कोसे नहीं या तुरंत नौकरी छोड़ने का मन न बना लें। यह समझ लें कि किसी दूसरी जगह भी ऐसी परिस्थिति आ सकती है। जरूरत है अपने आशावाद को जगाकर अपनी कमियों को ढूंढने की। आपको यह सोचना चाहिए कि ऐसी परिस्थितियां ही क्यों हुईं कि बॉस को डांटने की जरूरत पड़ी।

सकारात्मक विचार रखें

नकारात्मक सोच की सबसे बड़ी पहचान है जो व्यक्ति के पास है वह उससे खुश नहीं है, परंतु जो नहीं है उससे दुखी जरूर है। हम अक्सर अपने फायदे को नहीं नुकसान को देखकर कुढ़ते हैं और दुखी होते हैं। इसमें हम यह भी भूल जाते हैं कि वास्तव में कौन सा नुकसान है और कौन सा फायदा। नकारात्मक सोच इतनी बलवती हो जाती है कि व्यक्ति फायदे को भी नुकसान समझकर रोने बैठ जाता है। आप ध्यानपूर्वक अपने जीवन में घटित दुखों का अवलोकन कीजिए। हमें जीवन में जाने कितने दुख और कष्ट झेलने पड़ते हैं, अवमानना सहनी पड़ती है, उनकी तीव्रता से जूझना पड़ता है, उन्हें दूर करना होता है। यदि हम अपने जीवन में आने वाले कष्टों का विश्लेषण करें तो पाते हैं कि कुछ कष्ट या कोई कष्ट विशेष जीवन में सबसे ज्यादा पीड़ित करता रहा, लेकिन साथ ही ये भी पाते हैं कि इस एक बड़े कष्ट के कारण हम असंख्य छोटे-छोटे कष्टों को भूल गए अर्थात् हर कष्ट अपने से छोटे कष्टों को गौण कर देता है। हर परेशानी दूसरी परेशानियों को समाप्त कर देती है। जिसे हम बड़ी परेशानी मानते हैं यदि वह न होती तो इससे छोटी परेशानी भी तब कम कष्टदायक न होती लेकिन बड़ी परेशानियों के कारण हम छोटी परेशानियों से उबर जाते हैं, जो कि हमारे आनंद के लिए ही नहीं उन्नति के लिए भी अनिवार्य है। कष्टों से जूझने की क्षमता का विकास कर देता है दुख। जितना बड़ा दुख उतना ही क्षमतावान मनुष्य। हम कष्टों और समस्याओं से पलायन कर स्वयं अपने सुखों से दूर होते चले जाते हैं। आइए, मोटे तौर पर जानें सकारात्मक सोच के क्या फायदे हैं-

सकारात्मक सोच आपको-

1. खुद के प्रति जागरूक बनाती है।
2. स्वयं को शाबाशी देने और आगे बढ़ने की शक्ति देती है।
3. आपकी सोच के हर कार्य में प्रभाव दिखाती है। आप जान पाते हैं कि आपके क्या करने से क्या हुआ।
4. आपकी सुनने और समझने की शक्ति को बलवती करती है।
5. जिंदगी की सरल और सुंदर चीजों की कद्र करना सिखाती है।
6. असफलताओं, हानियों, झल्लाहटों और झटकों से उबरने में मदद करती है।
7. जीवन के उन पहलुओं की पहचान कराती है, जो आपके लिए सबसे महत्त्वपूर्ण हैं और आपको खुशी देते हैं।
8. प्यार करना सिखाती है-चाहे वह अपने जीवन साथी से हो या अपने दोस्तों से या मां-बाप से या बच्चों से या फिर अपने काम से।
9. धीरे-धीरे सफलता की नई ऊंचाइयों पर पहुंचाती है।
10. जीवन में ज्ञान के नए द्वार खोलती है। आप वह सब सोचने-समझने लगते हैं जिन पर आपका कभी ध्यान नहीं था।

अपने विचारों को सकारात्मक कैसे बनाएं

सकारात्मक सोचना उतना मुश्किल नहीं है जितना आप सोच रहे हैं। निराशावादी से आशावादी होने में आपको समय लग सकता है लेकिन यकीन मानिए यह असंभव बिल्कुल भी नहीं है।

जो लोग मन के नकारात्मक विचारों पर बचपन से ही उचित नियंत्रण रखने का अभ्यास कर लेते हैं उन्हें फिर जीवन भर आशावाद से जीवन गुजारने में कोई कठिनाई नहीं होती। फिर भी यह एक ऐसी जीवन शैली है या सोचने का ढंग है जिसे आप जीवन में कभी भी अपना सकते हैं।

अपने जीवन और सोच को आशापूर्ण और सकारात्मक बनाने के लिए याद रखिए यह सूत्र-

1. अपनी सोच और विचारों में खुलापन लाएं। संकीर्ण विचारों के साथ आपका व्यक्तित्व सकारात्मक नहीं हो सकता।
2. अच्छी संगत में रहें। ऐसे लोगों से घुलें-मिलें जो सदैव अच्छा और सर्वहित में सोचते हों।
3. अपने कार्य के प्रति समर्पित रहें। उन्नति के शिखर पर पहुंचने के लिए अत्यधिक मेहनत करें।
4. असफलता को निराशा से न लें। अपनी कमियों में सुधार कर पुनः नई उमंग से जुट जाएं।
5. अपने मन में अपने संकल्पों और उद्देश्यों को साफ रखें। तीर की तरह उन्हें ध्येय पर लगने वाला ही बनाएं।
6. जीवन में अपनी नजर नुकसान पर नहीं फायदे पर रखें। गिलास आधा खाली नहीं, आधा भरा है।
7. यदि कोई वस्तु, कोई बात, कोई व्यक्ति बहुत बुरा लगता हो तो मन को यथासंभव उसके अनुकूल बनाने की चेष्टा करें। यदि कहीं भी बदलाव की संभावना नहीं है तो उसे भूलना या नजरअंदाज करना सीखें।
8. दूसरों पर विश्वास रखें, उनके विश्वास पात्र बनें।
9. भावनात्मक बनें। दूसरों का सम्मान करना सीखें।
10. हंसे और हंसाएं।
11. खुद से बात करें जिसे अंग्रेजी में सेल्फ टॉक कहते हैं। जब हम सकारात्मक तरीके से खुद से बात कर समस्या का निदान खोजते हैं, तो हमारी भावनाएं हमें सफल बनाने में मदद करती हैं।
12. अंतिम परंतु सबसे महत्त्वपूर्ण बात, ईश्वर पर भरोसा रखें। अपने आपको सारी धरती का कर्ता-धर्ता न समझकर प्रभु की शरण में आइए। शीघ्र ही आपको लगेगा आपके सभी नकारात्मक विचार भाग रहे हैं, आप संतोषी बन रहे हैं और आशावाद आपके जीवन में खुशियां ला रहा है।

सदा प्रसन्नचित्त और आशावादी रहें। इससे आपका शरीर तंदुरुस्त और हृष्ट-पुष्ट रहेगा। स्वास्थ्य सबसे बड़ा धन है और इसकी रक्षा तभी होगी जब इसे लुटाने वाला कोई कार्य ही न किया जाए। नकारात्मक विचार आपके मानसिक और शारीरिक स्वास्थ्य को खराब करने के लिए चिन्गारी का काम करते हैं। चिता तो मुर्दे को जलाती है परंतु चिंता और नकारात्मक विचार जीते जी ही जिंदा जला डालती है। सकारात्मक विचार ही अच्छे जीवन की पहचान है। तो आइए, आगे बढ़िए और प्रण कीजिए कि आज से आपका हर विचार सकारात्मक होगा और आप इसी को अपना आधार बनाएंगे।

❐

कैसे निकलवाएं अपना काम?

प्रत्येक व्यक्ति सर्वगुण संपन्न नहीं हो सकता, इस सच्चाई से तो आप और हम वाकिफ ही हैं। आज के समय में जब बेशक विज्ञान और तकनीक के क्षेत्र में बेतहाशा उन्नति हुई है और मनुष्य के ज्ञान व शिक्षा के स्तर में भी आशातीत बढ़ोतरी हो रही है, बावजूद इसके इस बात से इन्कार नहीं किया जा सकता कि आज भी मनुष्य को अपने कुछ कामों के लिए दूसरों पर आश्रित रहना ही पड़ता है। आज के समय में भी चाहे कोई व्यक्ति कितना ही प्रतिभावान या किसी हुनर में माहिर क्यों न हो या फिर कोई कितना ही कार्यकुशल, विशेषज्ञ या कितना ही अनुभवी क्यों न हो, उसे भी अपने कुछ कामों के लिए दूसरों की मदद की जरूरत पड़ती ही है। वह भी अपने सारे काम स्वयं नहीं कर सकता। छोटे से छोटा काम चाहे वह जूते सिलवाने का ही क्यों न हो से लेकर बड़े से बड़े कामों के लिए हमें अपने आस-पास के लोगों की जरूरत पड़ती ही है। आज के समय में जब मनुष्य बहुत अधिक प्रैक्टिकल, अपने तक ही सीमित रहने वाला तथा प्रतियोगिता की भावना से ओत-प्रोत रहने वाला हो गया है, तो ऐसे में किसी से काम निकलवाना एक कला है। आज के समय में हर कोई व्यस्त है, व्यस्तता के अलावा उनमें एक अहं भाव भी है कि मैं किसी का काम क्यों करूं, इससे मुझे क्या फायदा होगा, मनुष्य की इस संकुचित सोच के कारण आज के समय में किसी से काम निकलवाना और भी मुश्किल हो गया है। ऐसे में जरूरी हो जाता है कि आपको दूसरों से काम निकलवाने की कला आनी चाहिए और इसमें आपका प्रभावी व्यक्तित्व व मिलनसार स्वभाव ही आपकी मदद कर सकता है।

यहां एक प्रश्न जो हम सभी के दिमाग में उठता है, वह यह कि क्या किसी से अपना काम निकलवाने की कला सीखना हमारी स्वार्थी प्रवृत्ति को नहीं दर्शाता। तो आप यह जान लें कि इसमें कोई स्वार्थ नहीं है, आपको अपने काम के लिए किसी और की जरूरत पड़ती है तो किसी और को अपने काम के लिए आपकी जरूरत भी पड़ सकती है। इसे स्वार्थी नहीं व्यवहार कुशल होना कहते हैं। इसे समझदार या अंग्रेजी में प्रैक्टिल होना भी कहते हैं। आज के समय में व्यवहार कुशल होना बहुत जरूरी है। अगर कोई इसे स्वार्थ भी कहे तो

कोई बात नहीं क्योंकि आपके लिए अपना काम निकलवाना सबसे ज्यादा जरूरी है। यहां हम आपको अपना काम निकलवाने की कला सीखने के कुछ आसान तरीके बता रहे हैं, जिनसे आप बड़ी ही व्यवहार कुशलता से सामने वाले से अपना काम भी करवा लेंगे और उसे अखरेगा भी नहीं।

सामने वाले को एहमियत दें

उससे काम करवाने के बाद आप उसे ये जरूर बताएं कि उनकी वजह से आपका कितना समय बच गया। आजकल तो भाई, भाई के काम नहीं आता, ऐसे में आपने इस मुश्किल समय में मेरा कितना साथ दिया, आपके ये गुण वाकई काबिले तारीफ हैं और मुझे आप जैसा बनने व आपसे कुछ सीखने में वाकई बहुत खुशी होगी। उनके काम करने के दौरान आपको उनसे बहुत कुछ सीखने को मिला, भविष्य में भी आपको उनके साथ काम करने में बहुत खुशी होगी। साथ ही काम करवाने के बाद आप उसे उसका यथोचित पारिश्रमिक चाहे वह धन के रूप में हो या किसी उपहार के रूप में, उसे अवश्य दें। इससे उसे खुशी होगी और भविष्य में भी वह आपका काम करने के लिए सहर्ष तैयार हो जाएगा।

ये सभी वे आसान तरीके हैं, जिनसे आप खुशी-खुशी किसी से अपना काम भी निकलवा लेंगे, साथ ही उनके साथ अपने संबंध और प्रगाढ़ कर लेंगे, जो कि भविष्य में आपके लिए काफी लाभकारी सिद्ध हो सकते हैं। अगर आपने काम निकलवाने की यह कला सीख ली, तो आपकी सफलता व उन्नति की डगर और भी आसान हो जाएगी और आप आसानी से कामयाबी की सीढ़ियां चढ़ते हुए शिखर पर पहुंच जाएंगे।

प्रशंसा करें

जिससे हमें काम निकलवाना है, उसकी तारीफ जरूर करें। जाहिर सी बात है कि हम किसी की बुराई करके तो उससे काम नहीं निकलवा सकते। चाहे वो इंसान हमें कितना ही बुरा क्यों न लगता हो, हमें उसके सामने अपनी नफरत, अपना क्रोध या आक्रोश जाहिर नहीं करना है। हमें उससे प्यार से ही बात करनी है और बातों के बीच में उसकी तारीफ करना न भूलें। आप उसके शरीर के किसी अंग जैसे उसके बाल, आंख, नाक या त्वचा की या फिर उसके कपड़ों या ड्रेसिंग सेंस की भी प्रशंसा कर सकते हैं। आप उसके स्वभाव की भी तारीफ करें, उसे जताएं कि आपको उसके बात करने का ढंग, लहजा बहुत अधिक पसंद है। जब हमें उससे अपना काम करवाना है तो हमें उसकी तारीफ करना भी सीखना होगा।

सही समय का इंतजार करें

हमें चाहे अपने मित्र से या अपने सहकर्मी से काम निकलवाना हो, उसके पहले हमें उसका मूड भांप लेना चाहिए कि क्या इस काम को करने में उसे प्रसन्नता होगी या फिर काम सुनते

ही वह झल्ला उठेगा। हमें उसे काम सौंपने से पहले ऐसा वातावरण बनाना चाहिए, जिससे उसे उस काम को करने में मजा आ आए, वह खुशी-खुशी आपका काम करे। इसके लिए आप उससे कुछ देर तक उसके हित या उसके पसंदीदा विषयों पर बात करके उसे अपने विश्वास में ले सकते हैं। किसी को काम देते समय हमें हमेशा इस बात का ध्यान रखना चाहिए कि हम या हमारा काम उसके लिए बोझ या सिरदर्दी न हो। हमें उसे काम सौंपने से पहले ही ऐसी तरकीबें सोच लेनी चाहिए, जिससे वह आपके काम को खुशी-खुशी करे। अगर आप जानते हैं कि यह काम देने पर वह ना-नुकर करेगा तो काम देने से पहले ही ना-नुकर की वजह को खत्म कर उसे काम के प्रति सहज बनाएं। अगर हम खुद को सामने वाले की जगह रखकर देखें कि हमें कोई काम करने में तभी मजा आता है, जब हमें उस काम के बदले सामने वाले से कुछ मिले। चाहे वह तारीफ के रूप में हो या फिर किसी उपहार के रूप में या फिर उस काम से हमारा कोई लिंक बने। हम भी कोई काम तभी मन से करते हैं, जब उससे हमारा कोई फायदा हो। ऐसे ही सामने वाले से काम करवाने से पहले हमें भी उसके लिए सहज, प्रसन्नतादायक व लाभप्रद परिस्थितियां उत्पन्न करनी होंगी। आपको सबसे पहले उसका मन जीतना होगा।

शिष्टाचार का ध्यान रखें

जब आप किसी के पास काम लेकर जाएं और अगर वो पहले से कोई काम कर रहा हो, तो उससे सीधे जाकर न कह दें कि आपको उनसे कोई काम है। उससे बात करने से पहले आप 'कृपा करें', 'मुझे माफ कर दीजिए', 'क्षमा चाहूंगा/चाहूंगी कि मैं आपको कष्ट दे रहा/रही हूं', इसके लिए मुझे बहुत अफसोस है' या फिर 'एक्सक्यूज मी' जैसे शब्द कहकर भूमिका बनाते हुए अपनी बात कहें। उसे लगना चाहिए कि आप उसके एहसानमंद रहेंगे या पहले से ही झुके हुए हैं, तो वह भी सहर्ष आपके काम में दिलचस्पी लेगा। अगर आप अकड़कर या फिर बिना किसी विनम्रता व शिष्टाचार का ध्यान रखे, उसे काम करने को कहते हैं, तो वह कभी आपका काम नहीं करेगा। हमेशा यह याद रखिए कि आपको उससे अपना काम करवाना है, इसलिए झुकना या शिष्टाचार का ध्यान भी आपको ही रखना होगा। भाषा व उच्चारण का भी खास ख्याल रखें, आपकी वाणी में विनम्रता होनी चाहिए। अच्छी बात या सभ्य शब्द भी यदि आप ऊंचे स्वर में कहते हैं, तो वे महत्त्वहीन हो जाते हैं।

रिश्ता कायम रखें

अगर आज आपका काम हो गया और आपको पता है कि वो इंसान आगे भी आपके काम आ सकता है या भविष्य में आपको उसकी जरूरत पड़ने वाली है तो आप उसके साथ रिश्ता बनाए रखें। इसके लिए आप समय-असमय उसे उपहार देते रहें। उन्हें फोन करते रहें,

उनका हाल-चाल जानते रहें। आपकी कोशिश होनी चाहिए कि आप कई बार बिना किसी मतलब के भी फोन करें ताकि जब सामने वाला पूछे कि आज कैसे याद आ गई, क्या काम है बताओ? तो आपके पास जबाव होना चाहिए कि आपने बिना किसी काम के सिर्फ उनके बारे में जानने के लिए कॉल किया है। उन्हें अपनेपन का एहसास होना चाहिए। बेशक आपके मन में उनसे करवाने के लिए काम है, लेकिन उसका जिक्र आप पांचवीं-छठी बार में करें। पहले रिश्तों को प्रगाढ़ बनाएं उसके बाद काम की बात छेड़ें ताकि वह आपको 'न' न कह पाएं। आपके काम आने वाले लोगों को समय-असमय फोन करके उनसे मित्रता बढ़ाएं। ऐसे लोगों का जन्मदिन व शादी की सालगिरह जरूर याद रखें और उन्हें शुभकामनाएं भी भेजें ताकि आपका रिश्ता और मजबूत हो। उन्हें लगना चाहिए कि आप उनके दुख व खुशियों के अवसर दोनों पर ही उनके साथ हैं। किसी ने याद रखा नहीं रखा, पर आपको याद है, इससे आपका अच्छा प्रभाव पड़ेगा। उन्हें लगेगा कि आपका स्वभाव बहुत अच्छा व मिलनसार है। अगर आप रोज मिलते हैं तो उनका हाल-चाल जरूर जानते रहें और यदि उपहार का कोई मौका हो, तो उसे उपहार देना भी न भूलें। जिससे हमें काम लेना है, हमें उसे खुश रखने की भरपूर कोशिश करनी चाहिए।

सामने वाले के दिल में जगह बनाएं

आपको जिस किसी से भी कोई काम निकलवाना है, उससे सीधे उस काम के लिए न कहें। पहले भूमिका बनाएं। उससे पहले अपनापन व मेल-जोल बढ़ाएं। इसके लिए आप कभी उसका हाल-चाल पूछ सकते हैं तो कभी उसमें रुचि ले सकते हैं। आप उससे उसके चुप रहने या स्वभाव में बदलाव आने का कारण पूछें, उससे पूछें कि बड़े दिनों बाद दिख रहे हैं, कहीं बाहर गए हुए थे, जिंदगी में क्या नया चल रहा है, सब ठीक तो है, आज तो आप बहुत अच्छे लग रहे हैं, ऐसी कुछ बातें करके आप अपने सामने वाले के दिल में पहले अपनी थोड़ी सी जगह बनाएं। ये सारी बातें आप उसे काम देने से कुछ दिन पहले ही करनी शुरू कर दें। अगर आप किसी से सीधे ही बोल देंगे कि आपको उनसे कुछ काम है तो हो सकता है कि जिनसे आपका कोई रिश्ता नहीं, यहां तक कि बातचीत तक नहीं, तो वह आपके काम को सीधे व सपाट तरीके से मना कर दें। इसलिए उसे काम बताने से पहले उससे दोस्ती या मेल-जोल जरूर बढ़ाएं ताकि उसके लिए आपको न बोलना आसान न रह जाए। काम सीधे न निकलवाएं, भूमिका जरूर तैयार करें, चाहे वह भूमिका संबंध की हो या बातचीत की। आप दोनों के बीच भूमिका तैयार होने के बाद आप भी उसे बिना संकोच के कोई काम करने को कह सकते हैं और इसके बाद वह भी आपको मना नहीं कर पाएगा।

अपने नकारात्मक विचार प्रकट न करें

अंदर से भले ही नहीं, पर ऊपरी तौर पर आप उसे उसकी भूल या गलती का एहसास न कराएं। चाहे आप उसे कितना ही नापसंद करते हों, लेकिन फिर भी अपनी भावनाएं उसके सामने जाहिर न करें। कई बार हमें उसका व्यवहार, उसके देखने का ढंग, छूने का ढंग, बोलने का ढंग या फिर उसकी बहस करने की आदत, आपको उसका स्वभाव पता है तो आपको अंदर से चाहे कितना भी गुस्सा आ रहा हो, उसे उसके सामने बिल्कुल प्रकट न करें। उसकी गलतियां और कमजोरियां उसे गिना दीं, तो जाहिर सी बात है वो हमारा काम नहीं करेगा। आप अपना गुस्सा कभी भी जाहिर न करें। किसी ने कितना भी झूठ बोला या हेरा-फेरी की हो, आपको अगर पता भी है, तो भी उन बातों से अनजान बने रहें। आप सामने वाले से चिढ़े हुए हैं, उनसे गुस्सा हैं या उन्हें पसंद नहीं करते, ये उस पर जाहिर न करें, क्योंकि अभी आपको उससे अपना काम निकलवाना है। आप हर बात को नजरअंदाज कर दें, इसी में आपकी भलाई है।

सामने वाले की उन्नति को सराहें

अगर आपको किसी से अपना काम करवाना है तो आप उसकी तारीफ तो करें ही साथ ही उसकी उन्नति व संघर्ष को भी सराहें। आप उन्हें एहसास कराएं कि जिस तरह का संघर्षमय जीवन जीते हुए उन्होंने यह कामयाबी हासिल की, वो वाकई काबिले-तारीफ है और आप तहे दिल से उनके इस परिश्रम, लगन, कर्मठता और साहस की इज्जत करते हैं। इससे आप उनके दिल में शीघ्र ही एक अलग जगह बना पाने में कामयाब हो जाएंगे। बातों-बातों में आप उनसे उनकी पहली जॉब और उनके यहां तक के सफर की कहानी को विस्तारपूर्वक जानने की कोशिश करें। उनसे बात करते समय उनसे सहानुभूति अवश्य जताएं। उसे महसूस कराएं कि वो जिस पद पर हैं, आज के समय में उसे हासिल करना बहुत बड़ी बात है। आपमें कुछ खास बात तो है, तभी तो आप इस कामयाबी के हकदार बने हैं, इन शब्दों के साथ उनके संघर्ष की प्रशंसा करते रहें।

बातों में सहमति जताएं

जब आप किसी के पास कुछ काम के लिए जाते हैं तो हो सकता है कि वहां पर पहले से कोई बात चल रही हो या आपके जाने के बाद कोई बात शुरू हो जाए, ऐसे में आप उससे बहस न करें तथा उसकी बातों से पूरी तरह अपनी सहमति जताएं। अगर आप उसकी बात से सहमत नहीं भी हैं तो भी आप उसके पक्ष में ही रहें। कई बार जब आप किसी के पास काम के लिए जाते हैं तो वहां उस काम के अलावा अन्य बेकार की बातें भी हो सकती हैं, तो आप उसे भी धैर्य से सुनें। अगर कोई आपके विचारों के खिलाफ बात हो रही है तो भी

उस समय अपनी प्रतिक्रिया न दें, बल्कि उसी को सही कहें। अगर आपने अपनी प्रतिक्रिया जाहिर करके पहले ही उसका मूड खराब कर दिया, तो वो कभी आपके काम के लिए हामी नहीं भरेगा। हर हाल में उसके विचारों से सहमति जताएं, बहस न करें, तभी वह आपका काम करेगा।

निजी प्रश्न पूछें

किसी से भी कोई काम करवाने से पहले थोड़ी-सी उसकी निजी जिंदगी में दिलचस्पी दिखाएं। इसके लिए आप उनसे पूछ सकते हैं कि घर में सब कैसा चल रहा है, आपके परिवार में कौन-कौन हैं, आपका जन्मदिन कब होता है, ये कोर्स आपने कहां से किया, इस क्षेत्र में आप कब से हैं, आपके शौक क्या हैं, ऐसी बातों से पहले उसके बारे में जानें ताकि उसे लगे कि आप उसे भी महत्त्व दे रहे हैं। उसे महत्त्वपूर्ण महसूस कराने के बाद आप अपनी काम की बात उसके सामने रखें। सामने वाले का दिल जीतने के लिए बहुत जरूरी है कि हम बातों-बातों में उसके जीवन में रुचि लें। उससे निजी प्रश्न पूछते हुए उसके संघर्ष व कामयाबी भरी यात्रा की तारीफ जरूर करें। अगर हम खुद को उसकी जगह रखकर देखें तो हम पाएंगे कि अगर हमसे भी किसी को अपना काम कराना है, तो हम भी यह चाहेंगे कि काम करवाने वाला हमारी परवाह करे। अगर हमें यह महसूस होगा कि सामने वाले को हमारी परेशानी से कोई लेना-देना नहीं है, हमारी कोई परवाह नहीं है, वह तो सिर्फ अपना काम निकलवाने यहां आया है तो हम भी उसका काम करने से बचने की कोशिश करेंगे। इसलिए जरूरी है कि हम अपना काम करवाने के लिए सामने वाले व्यक्ति की निजी जिंदगी व उसके घर-परिवार के बारे में दिलचस्पी दिखाएं। जितना हो सके सामने वाले के विषय में बात करें। सामने वाला अगर अचानक से अपनी परेशानी की बात लेकर शुरू हो गया तो आप बिल्कुल भी मुंह न बनाएं कि यह ये सब क्या लेकर शुरू हो गया। यदि उसकी बात घंटों चलती है तो भी आपको उसे सुनना ही पड़ेगा। अपना काम करवाने के लिए आपको उसके विषयों में दिलचस्पी लेनी ही होगी।

सदैव खुश रहें

जीवन में चाहे आप कितनी ही परेशानी में क्यों न हों, लेकिन अगर किसी से अपना कुछ काम करवाने गए हैं, तो उसके सामने मुस्कुराते हुए ही जाएं। जब भी आपको काम निकलवाना है तो अपने गम की पोटली खोलने की बजाय उसके साथ हंसमुख बने रहें। अगर आपका काम कुछ दिनों तक चलने वाला है तो आप उसके सिर पर न खड़े रहें कि काम हो गया क्या? कब तक हो जाएगा? काम जल्दी करने को लेकर उस पर कोई दबाव न बनाएं। आप कितने ही दुखी क्यों न हों, उसका असर सामने वाले पर नहीं पड़ना चाहिए, आप उससे

हंसकर ही बात करें। अपनी परेशानी बताने की जगह उसकी परेशानी जानें। यह समझने की कोशिश करें कि आज उसका काम करने का मूड है या नहीं और अगर नहीं है तो क्यों नहीं है। अगर वह काम नहीं कर रहा है तो बार-बार काम के बारे में पूछकर उसका मूड और खराब न करें। इसकी बजाय आप उससे प्यार से उसकी परेशानी जानने की कोशिश करें। उसे कहें कि अगर आज मूड नहीं है तो कोई बात नहीं कल कर देना, मुझे अपने काम की चिंता नहीं है, वो तो होता रहेगा, मुझे तो तुम्हारी चिंता है। तुम बस बताओ कि हुआ क्या है? अपनी परेशानियां उसे न बताएं, बल्कि उसकी समस्या जानने की कोशिश करें। सामने वाले के साथ भावुक रहें तथा उसके पास हमेशा मुस्कुराता हुआ चेहरा लेकर ही जाएं।

नजरअंदाज करना सीखें

जिससे आपको काम करवाना हो, उसने आपके साथ या किसी और के साथ कुछ भी गलत किया हो, तो कुछ समय के लिए उसकी गलती को भूल जाएं। उसे उसकी गलतियां न गिनाएं। उसके सामने जाहिर न करें कि आप उससे चिढ़े हैं या उससे गुस्सा हैं। उसे उसकी भूल न गिनाएं। आप हर बात को पचा जाएं। बाल की खाल न निकालें। अगर आपकी उससे कुछ कहा-सुनी हो भी गई है तो उसे भूल जाएं, क्योंकि अभी आपको उससे काम करवाना है। अगर आप उसकी गलतियां नजरअंदाज करने की बजाय उसे अभी से गिनाना शुरू कर देंगे, तो वह कभी भी आपका काम नहीं करेगा।

संयम से बात करें

जिससे आप अपना काम करवाने गए हैं, उसकी बात को ध्यान से सुनें। गलती से भी उसकी किसी बात को न काटें। जब आप उसके पास कुछ काम लेकर जाएं तो हो सकता है कि वह आपसे अपनी कुछ बातें कहे, अपने जीवन का दुख-दर्द बांटे। ऐसे में आप संयम न खोएं और न ही उसे जताएं कि आप आए तो थे अपना काम करवाने पर यह तो कोई और ही बात लेकर बैठ गया है। आपको उसकी हर बात में रुचि दिखाते हुए 'हां-हां', 'आप ठीक कह रहे हैं', ऐसे शब्द कहते रहना है, ताकि उसे लगे कि आपको उससे कोई सरोकार है। गर्दन हिलाकर हामी भरते हुए उसकी बात ऐसे सुनें ताकि उसे भी लगे कि आप उसकी बात ध्यान से सुन रहे हैं। अगर वह कोई बात कर रहा है तो उसकी बात को काटकर कभी न कहें कि मैं तो यह कहने आया था/आई थी। उसको संतुष्ट कराना बहुत जरूरी है कि आप तो उसके पास ऐसे ही गए थे, तब भी आप उसकी बातों में दिलचस्पी दिखा रहे हैं। उससे कभी ये न कहें कि मैं तो यहां किसी और काम से आया था/आई थी और तुम ये क्या लेकर बैठ गए। आपको उसकी बातें उसके प्रति हमदर्दी का हाव-भाव रखते हुए सुननी पड़ेंगी। इसलिए किसी से काम निकलवाने से पहले आप खुद एक अच्छे श्रोता बनें।

सामने वाले का भरोसा जीतें

अगर आपको किसी से अपना काम करवाना है, तो इसके लिए सबसे जरूरी है कि आप उसका विश्वास जीतें। इसके लिए उसके सामने उन लोगों की बुराई जरूर करें, जिन्हें वह पसंद नहीं करता। अगर हमें किसी को अपना बनाना है, तो पहले उन लोगों के खिलाफ होना होगा जिनसे उसकी नहीं बनती। तभी वह हमारे नजदीक आ पाएगा। आपके ऐसा करने से वह जल्द आपके विश्वास में आ जाएगा और उसे लगने लगेगा कि आप उसी की तरफ हैं। उसे महसूस कराएं कि वह सही है और उसके विरोधी गलत। आप उनके सामने उनके विरोधियों की कमी गिनाएं, उन पर छींटाकशी करें, इससे वह खुश होगा। यह एक दिल जीतने का तरीका है। अगर आप उसके सामने उसके शत्रुओं व विरोधियों की निंदा करेंगे तो वह जल्द ही आपके नजदीक आ जाएगा और तब आपको उनसे अपना काम करवाने में आसानी होगी।

काम को सराहें

आप अगर किसी से अपना काम निकलवाने गए हैं, तो उसके काम करने के ढंग पर कोई सवाल न उठाएं। साथ ही उसके काम में कोई दोष भी न निकालें। आप उससे भाषणबाजी न करें कि यह काम तूने ऐसे क्यों कर दिया। प्यार से काम लें, नहीं तो वह आपका बाकी बचा हुआ काम पूरा नहीं करेगा। किसी भी काम में जल्दबाजी न करें, क्योंकि आप जानते हैं कि आपका काम सिर्फ वही कर सकता है, तो ऐसे में ऐसी कोई बात न कहें, जिससे वो आपसे नाराज हो जाए। उससे कभी यह न कहें कि आपकी जगह मैं होता/होती तो इस काम को जल्दी या बेहतर तरीके से कर लेती। मैं आपकी शिकायत कर दूंगा/दूंगी। आपको उसे किसी तरह का भाषण नहीं देना है, इससे बात बिगड़ भी सकती है। आपको भाषण नहीं देना, क्योंकि अभी तो हमने कहा कि हमें उसके संघर्ष की प्रशंसा करनी है और अचानक अगर हम उनके काम में मीन-मेख निकालना शुरू कर देंगे तो एक तो वह आपका काम करने से मना कर देगा और दूसरा वह समझ जाएगा कि अभी थोड़ी देर पहले तो अपना काम निकलवाने के लिए आप उसकी कितनी तारीफ कर रहे थे और अब अचानक आपका रवैया बदल गया। आपका यह ढंग उसकी नजरों में आपकी छवि भी खराब कर सकता है। कई बार आप उसे यहां तक कह देते हो कि आप ही इतने नखरे दिखा रहे हो, कोई और होता तो कब का इस काम को कर चुका होता। यह सब कहने से पहले आप एक बार उसके बारे में भी सोचें कि वह किस मूड में बैठा है। क्या पता उसे कोई परेशानी हो, ऐसे में आपकी यह बातें उसका दिल दुखा सकती हैं। इससे नुकसान किसी और का नहीं आपका ही होगा। किसी को भाषण देना या दोष देना आसान है लेकिन कोई काम करना उतना ही मुश्किल। इसलिए आप संयम बनाए रखें, तभी आप किसी से अपना काम करवा पाएंगे।

कृतज्ञ बनें

आपने जिस किसी से भी काम करवाना है या करवाया है, आप उसके प्रति एहसानमंद रहें। बातों के बीच में उसे धन्यवाद देते रहें तथा उसे जताते रहें कि वह सचमुच बहुत अच्छा व नेक दिल इंसान है और अगर वह नहीं होता तो शायद आपके कई महत्त्वपूर्ण कार्य संपन्न भी न हो पाते। काम करवाने से पहले भी उसको धन्यवाद दें तथा काम खत्म होने के बाद भी आप उसे बहुत-बहुत मेहरबानी, शुक्रिया, धन्यवाद, अगर आप न होते तो मेरा बड़ा काम रुक जाता, मेरा नुकसान हो जाता या मुझ पर कोई मुसीबत आ जाती, आपने मुझ पर बहुत बड़ा उपकार किया है, ऐसे शब्दों से उसका आभार जरूर व्यक्त करें। आपकी वजह से मेरा काम हो गया, वरना आजकल तो लोग बहुत स्वार्थी होते हैं, कोई किसी के काम नहीं आता, आप जैसे लोग तो दुनिया में बहुत कम होते हैं, ऐसी बातों से उसे महत्त्वपूर्ण महसूस कराएं। धन्यवाद पूरे दिल से दें, उसमें कोई बनावट या चालाकी नजर नहीं आनी चाहिए।

❐

एक दिन खुद के लिए जिएं

कहते हैं कि आदमी बहुत स्वार्थी है वह सिर्फ अपने लिए ही जीता है। एक अर्थ में बात सही भी है। परन्तु यदि यह सच है तो वह इतना दुखी क्यों है ? अपनी करके या अपने लिए जी के भी वह इतना तनहा और हताश क्यों है ? क्योंकि जिसे हम आदमी का स्वार्थी होना या अपने लिए जीना कहते हैं वो उसका अपने लिए जीना नहीं है। आदमी या तो समाज के लिए जीता है या घर-परिवार-रिश्तों के लिए। पैसों के लिए जीता है या फिर उनसे खरीदे जाने वाले सुख-साधनों को जुटाने के लिए। दूसरों को खुश करने के लिए की गई उसकी कोशिश में उसने स्वयं को भुला दिया है। दूसरों को खुश करना या सुख के लिए कमाना गलत नहीं परन्तु स्वयं के लिए वक्त न निकाल पाना बहुत गलत है। यह न भूलें कि यह जीवन बस एक बार मिलता है। हम दूसरों को खुश तभी कर पाएंगे जब खुद को खुशी दे पाएंगे। इसलिए कभी अपने लिए भी वक्त निकालें। खुद को भी एक दिन देकर देखें, फिर देखें अपने जीवन व जीवन ऊर्जा में बदलाव।

स्वयं को खुश रखने का मतलब स्वयं को मात्र मनोरंजन से जोड़ना नहीं है बल्कि हर कार्य को ऐसे करना है कि कार्य ही मनोरंजन बन जाए। फिर वह नाच-गाना और मौज-मस्ती ही नहीं अपनी पुरानी तस्वीरें देखना, चुपचाप खामोश किसी पेड़ के नीचे बैठना या दरिया के किनारे बैठना भी हो सकता है। फिर इन कार्यों को आप कुछ घंटे दें या पूरा दिन, यह आपकी मर्जी है पर जितना भी वक्त दें उसमें पूरी ईमानदारी बरतें यानी कार्य को तसल्ली से, धैर्यपूर्वक व मन से करें। उस कार्य को मस्ती से करें, बोझ समझ कर निपटाने के लिए नहीं। जिंदगी आगे बढ़ने व सामने देखने का नाम है परन्तु कई बार पीछे देखना, रुकना और ठहरना हमें जोश-शक्ति, नव जीवन और ताजगी देता है। इसलिए भागती जिंदगी के साथ भागें नहीं, थोड़ा ठहरें और जीवन का स्वाद लें।

एकांत में योजनाएं बनाएं

कुछ क्षण एकांत में बैठें और अपने आप से एक सवाल करें कि ऐसा कौन-सा कार्य है जिसे आपको करने में मजा आता है और जिसमें आप इतना खो जाते हैं कि समय के बीतने का भी

पता नहीं चलता। ऐसा कौन सा कार्य है जिसे करने में ही आपको संतुष्टि मिलती है, आपको उसके परिणाम एवं लोगों के प्रतिक्रिया की बिल्कुल चिंता नहीं होती। ऐसा कौन सा कार्य है जिसको करके आपको थकावट महसूस नहीं होती बल्कि आप स्वयं को और भी तरोताजा एवं ऊर्जावित पाते हैं। ऐसा कौन सा कार्य है जिसको करना ही आपको उसकी मंजिल या उसका उद्देश्य लगता है। ऐसा कौन-सा कार्य है जिसको करने के बाद यदि आपको पैसा नहीं भी मिले तो भी आपको कोई मलाल नहीं होगा।

हर इंसान के जीवन में ऐसा कार्य अवश्य होता है जिसे वह पहचान नहीं पाता। यदि आप इन सवाल के उत्तर ढूंढ लें तो वह कार्य भी पहचान लेंगे। ऐसा कार्य आपको आत्मसंतुष्टि के साथ मान-सम्मान भी दिलाएगा। जरूरत है तो लगन एवं धैर्य की क्योंकि ऐसा कार्य आपको करना नहीं पड़ता, आप से होता है, फिर जीवन जीने के लिए, खुश रहने के लिए कोई बहाने नहीं ढूंढने पड़ते। फिर हर दिन नया दिन बन जाता है और हर पल उत्सव। फिर जीवन से कोई शिकायत नहीं रह जाती, बस धन्यवाद रह जाता है और रह जाता है एक आनंद का भाव। जहां हर पल नया सूर्य उगता है, हर पल नया वर्ष होता है जो न तो कभी डूबता है और न ही कभी पुराना होता है।

अपने मन का कहा सुनें

अमूमन हम अपने आपको वक्त नहीं दे पाते। हमारे कई शौक ऐसे होते हैं जो बदलते समय के साथ दबते चले जाते हैं या कई बार हम उन्हें चाहकर भी प्राथमिकता नहीं दे पाते। चाहे आपका वह शौक गिटार बजाने का हो, पेंटिंग बनाने का, मॉडलिंग या फिर कुकरी का हो, आप उसे अहमियत जरूर दें। अक्सर हम सोचते हैं कि जब हम पैसा कमा रहे हैं तो कुछ और करने का क्या फायदा? अपने कॅरियर पर ध्यान देते-देते हम अपने शौक को भूल जाते हैं, अपने शौक को मार देते हैं। ऐसे में जरूरी है कि हम खुद को एक दिन जरूर दें और अपने शौक के बारे में सोचें। फिर चाहे वह शौक ऊंचाई पर चढ़ना हो या झूला झूलना हो या फिर कुछ और, उसे पूरा जरूर करें। इसके अलावा आप बागवानी करके काफी अच्छा समय गुजार सकते हैं। बागवानी करने से न केवल आप व्यस्त रहेंगे बल्कि अपने अंदर एक नई ऊर्जा का संचरण भी अनुभव करेंगे। साथ ही साथ अपने घर के पालतू पशुओं जैसे गाय, घोड़ा, कुत्ता या बिल्ली आदि के साथ भी वक्त बिताएं इससे भी आपको खुशी मिलेगी। इनके काम नौकरों पर न छोड़कर खुद से करें, इससे आपको जीवन में नए अनुभव मिलेंगे और ये अनुभव आपकी जिंदगी को खुशनुमा बना सकते हैं। इसके अलावा घर के पौधों और साज-सज्जा पर भी ध्यान दें। अपना रूम साफ करें। अपने घर के इन्टीरियर पर भी ध्यान दें। इससे आपको व्यस्तता भी मिलेगी और आपके घर को एक नया लुक भी। और घर का ये नया लुक आपको भी प्रसन्नता से भर देगा। इससे आपकी जीवन शैली भी रोज की दिनचर्या से कुछ अलग होगी।

अपने कबर्ड को साफ कर व्यवस्थित करें

एक दिन निश्चित कर अपना समय अपने कबर्ड या रैक को दें। एक-एक पेपर/वस्तु को छांटें, काम की वस्तुओं को अलग करें, बेकार की वस्तुओं को फेंकें। ऐसा करने से न केवल आपके कबर्ड/रैक की सफाई होगी बल्कि आपको कई खोई हुई वस्तुएं भी मिल जाएंगी तथा उन वस्तुओं से जुड़ी यादें भी ताजा हो जाएंगी। हर वस्तु को फेंकने एवं संजोने से पहले सोचें कि आप तक यह वस्तु कैसे पहुंची थी। उन वस्तुओं से जुड़े लोगों एवं घटनाओं को याद करें। यदि उनसे कुछ सबक मिलता हो तो अवश्य लें ताकि भविष्य में वह घटना फिर न हो। जो फोन नंबर या पते आपने कभी जल्दबाजी में उतारे हों उन्हें एक साफ पेज या कॉपी पर उतारें ताकि उनसे पुनः संपर्क साधा जा सके।

हो सके तो बचपन से लेकर अब तक मिले सर्टिफिकेट (प्रमाण पत्रों) एवं उपलब्धियों आदि पर भी नजर डालें। वह आपको क्यों व किन कारणों से मिले थे, सोचें। ऐसा करके आप स्वयं को ऊर्जांवित महसूस करेंगे तथा अपने भीतर छुपे गुणों को फिर से निहार सकेंगे। आपकी सोच भी सकारात्मक बनेगी तथा जीवन में फिर कुछ नया करने का उत्साह भी पैदा होगा।

ज़रूरी बातों एवं चीज़ों का पुनः निरीक्षण करें

अगर आज भी आप अपनी अलमारी खोलें या जांचें तो आपको कई उपहार, पत्र एवं ग्रीटिंग काड्र्स अवश्य मिलेंगे। पर जरूरत है आज उन्हें इत्मीनान से धैर्य के साथ देखने की। बचपन से लेकर वर्तमान अवस्था तक, स्कूल, कॉलेज एवं ऑफिस आदि अभी तक संपर्क में आए लोगों का स्मरण करें। उनके पत्र एवं काड्र्स में लिखी हुई पंक्तियों को पढ़ें, आप स्वयं को नया एवं जवां पाएंगे। कौन सा मित्र आपके कितना निकट था अथवा कितना दूर, किससे संबंधों में अपनापन था, किस में दिखावा या औपचारिकता, किसने किस भावना से यह पत्र/कार्ड या उपहार आपको कब, कहां और क्यों दिया था आदि सभी का मूल्यांकन करें। आपको अच्छे-बुरे, अपने-पराये की परख तो होगी ही साथ ही आपको समय की गति का पता भी चलेगा कि समय कैसे बीत जाता है, पता ही नहीं चलता। यह पत्र/कार्ड एवं उपहार आदि आपका कुशल व्यवहार, सामाजिक दायरा, आत्मविश्वास, मिलनसार स्वभाव एवं जन प्रियता आदि को दर्शाता है। इन सब पर गौर करें और आज स्वयं में आए परिवर्तन से अपनी तुलना करें। पत्र/काड्र्स की पंक्तियों में आपको अपनी तारीफ एवं छिपे गुण भी नजर आएंगे। आपको पता चलेगा कि दोस्तों को आपमें क्या पसंद था तथा वह किस तरह के आचरण की आपसे इच्छा रखते थे। आपके उपहार, पत्र एवं काड्र्स आदि आपके लिए आईने के समान हैं, जिसमें आप अपने अतीत के माध्यम से वर्तमान में झांक सकते हैं और भविष्य के लिए स्वयं को तैयार कर सकते हैं।

प्रत्येक कार्य ध्यान से करें

अक्सर हम अपने ज्यादातर काम औपचारिकताएं निभाने के लिए ही करते हैं। लेकिन अपनी जिंदगी का कुछ वक्त स्वयं को स्वयं के अनुसार काम करने के लिए भी दें। चाहे वे आपके रोज के काम हों या फिर कोई नया काम, जो भी करें, अपने ढंग में अपनी मर्जी से पूरे मन से ही करें। फिर चाहे वो घर में उठना-बैठना हो या नहाना। अक्सर हम कभी ऑफिस, कॉलेज तो कभी कहीं ओर किसी काम पर जाने के लिए नहाते भी जल्दी में हैं। इसलिए अपने लिए ऐसा एक दिन चुनें जब आप नाश्ते से लेकर रोज का उठना-बैठना, नहाना-धोना या मित्रों से बातें करना, सब कुछ फुर्सत से, पूरे आनंद के साथ कर पाएं। हो सकता है कि आपको शावर के नीचे देर तक बैठकर या फिर पानी से खेलते हुए नहाने में आनंद आता हो, तो अपने इस शौक को महत्त्व दें। आप कुछ भी ऐसा करते रहें जो कि आपको खुशी दे। इसके लिए आप अपने आप को आईने में निहार भी सकते हैं और खुद को सजा-संवार कर भी खुशी दे सकते हैं।

अपनी पसंद की फ़िल्में देखें

समय के अभाव के कारण हमें इतनी भी फुर्सत नहीं मिलती कि हम अपनी पसंदीदा फिल्म देख पाएं। लंबे समय से सोचते आ रहे हैं कि समय मिला तो यह फिल्म देखेंगे। इसके लिए आपने डीवीडी या पेन ड्राइव के जरिये फिल्मों की अच्छी कलेक्शन भी कर ली है पर आपके पास उसे देखने का समय नहीं है। ऐसे में आप अपने ऑफिस या काम से एक दिन की छुट्टी लेकर निश्चय करें कि आज आप सभी कामों को छोड़कर अपनी पसंदीदा एक, दो या तीन फिल्म जरूर देखेंगे। फिल्म देखते समय कोई बाधा न आए इसलिए आप अपना मोबाइल भी बंद कर सकते हैं साथ ही घर के लोगों को भी हिदायत दे सकते हैं कि आज आपको कोई डिस्टर्ब न करे। कोई नया काम उस दिन न लें। उस फिल्म को आप उतने ही मजे से देखें, जैसे आप स्कूल या कॉलेज के समय में देखते थे या फिर गाने सुनकर भी अपने मन को हल्का कर सकते हैं। वैसे तो हम सफर करते समय अक्सर कार, बस या मेट्रो में गाने सुनते ही हैं लेकिन वो सिर्फ टाइम पास करने का माध्यम भर होता है। इससे आपको सुकून नहीं मिलता। इसलिए जरूरी है कि आप खाली समय निकालकर गाने सुनें और उनमें पूरी तन्मयता से डूब जाएं। गानों को सुनकर आपके भाव बाहर आएंगे, उन्हें आने दें। पुराने गानों की सीडी निकालें, उन्हें गाएं व गुनगुनाएं।

पुरानी यादें तजा करें

फोटो हमारे सुनहरे पलों को कैद करने का सबसे सरल एवं अच्छा माध्यम है। बचपन से लेकर अब तक की सभी तस्वीरों का अवलोकन करें। एक-एक तस्वीर को ठीक से देखें।

तस्वीर में अपने को ही नहीं अपने साथ जुड़े अन्य चेहरों को भी देखें। तस्वीर में उपस्थित वातावरण एवं वस्तुओं को भी देखें। हर तस्वीर से जुड़े लोग एवं उस पल को ताजा करने की कोशिश करें कि कैसे, किस समय, किस स्थिति में, किन कारणों आदि से आपने यह तस्वीर खिंचवाई थी।

तस्वीर देखने से न केवल आपकी यादें ताजा होंगी बल्कि आप जीवन के सत्य से भी रु-ब-रु होंगे, कि समय सदा एक सा नहीं रहता, यहां कुछ भी शाश्वत नहीं, जो आज जवान है कल बूढ़ा अवश्य होगा। प्रेम और विरह सृष्टि का नियम है। जो जन्मा है वह मरेगा ही, समय सबके जीवन में परिवर्तन लाता है, समय से बड़ी कोई औषधि नहीं आदि। यह जागरूकता एवं अनुभव आपको फोटो को देखने से भी हो सकता है।

आप फोटो के माध्यम से लोगों के चेहरे पढ़ने का हुनर भी सीख सकते हैं। जो लोग आपके जीवन में बचपन से लेकर अभी तक जुड़े हैं उनके चेहरे को तस्वीरों के माध्यम से पढ़ना सीखें। जो दिखने में कितने अलग लगते थे और आज बाद में वे कैसे दिखते हैं एवं स्वभाव के कैसे निकले हैं। यह सब निरीक्षण आप फोटो के साथ-साथ आपसी संबंध से भी कर सकते हैं।

आप तस्वीरों में मौजूद अपने घर, कपड़े, स्थान एवं अवस्था आदि को देखकर अपनी जीवन यात्रा का मूल्यांकन कर सकते हैं कि कैसे आपने कितनी तरक्की की है। कैसे व किन संघर्षों का आपने सामना किया। जीवन में क्या खोया क्या पाया? आप जीवन में आए परिवर्तनों एवं उपलब्धियों को ठीक से देख सकते हैं। अपनी आज की स्थिति से तुलना कर सकते हैं और यदि आपके बीते दिन सुनहरे रहे हैं तो आप उनको पुनः याद करके फिर से ऊर्जा से भर सकते हैं। आपको अपनी खोई एवं सोई ताकत पुनः प्राप्त हो सकती है, जिससे आप अपने आज को सुखद एवं सुंदर बना सकते हैं।

कहीं पिकनिक पर जाएं

अक्सर हम घर से स्कूल, कॉलेज या ऑफिस और फिर वहां से घर, इन सबके बीच ही अपना जीवन गुजार देते हैं। रोजाना एक तरह की ऐसी जिंदगी जीते-जीते मन उबाऊ हो जाता है। ऐसे में खुद को तरो-ताजा महसूस कराने तथा जीवन में नयापन लाने के लिए जरूरी है कि आप समय निकालकर कहीं बाहर घूमने जाएं। हालांकि हम बाहर तो रोज जाते हैं लेकिन वो बाहर जाना हमारी मजबूरी होता है। इसलिए कभी-कभी ऐसा एक दिन जरूर तय करें जब आप मन से बाहर जाएं तथा पूरे मन से उस जगह का आनंद लें। इसके लिए आप अकेले भी जा सकते हैं और किसी दोस्त या संबंधी के साथ भी। जब भी आप कहीं बाहर जाएं कोशिश करें कि ऐसी जगह जाएं जहां आप पुराने दिनों में जाते थे। इससे न केवल आपकी पुरानी यादें ताजा होंगी बल्कि आपको भी एक नई ताजगी मिलेगी। वहां

जाकर आपको एहसास होगा कि एक समय में आप कितने अलग और खुशमिजाज इन्सान थे। इसके लिए आप पुराने स्कूल, कॉलेज, कोई पुरानी इमारत या फिर कोई पुराना टी या कॉफी स्टॉल भी चुन सकते हैं, जहां आपने अपनी जिंदगी का खूबसूरत वक्त बिताया था। पुरानी जगहों पर जाकर खुद को नव ऊर्जा से भरें व खुद को महसूस कराएं कि अभी भी आप खुद के लिए समय निकाल सकते हैं।

अपने दोस्तों को अपना समय दें

जिंदगी की आपाधापी में हम अक्सर अपने दोस्तों को भूल जाते हैं। हमारी जिंदगी बहुत व्यस्त होती है, ऐसे में हमारे दोस्त तो बन जाते हैं लेकिन वह सिर्फ व्यावहारिक दोस्त होते हैं। यानी सिर्फ काम के लिए, जब हमें उनसे किसी काम की दरकार होती है, हम तभी उनसे संपर्क करते हैं। उनसे मिलकर हमें सुकून या संतुष्टि नहीं मिलती। इसलिए हमें खाली समय में अपने स्कूल व कॉलेज के दोस्तों से मिलने जाना चाहिए। आप चाहें तो उनके घर जा सकते हैं या उन्हें अपने घर बुला सकते हैं या फिर घर के बाहर भी कोई कार्यक्रम बना सकते हैं। अपने दोस्तों को घर बुलाने से घर में चहल-पहल होगी। साथ ही उनकी फेवरेट डिश बनाएं या मंगवाएं, इससे आपको खुशी होगी। साथ ही जब आप पुराने दोस्तों के साथ बैठेंगे तो आपको पुराने दिन याद आएंगे और यह याद आपको मुस्कुराने को मजबूर कर देगी।

फोन लिस्ट चेक करें

यूं तो हम अपनी फोन लिस्ट जरूरत पड़ने पर रोज देख ही लेते हैं परंतु एक दिन आप अपना कुछ समय बिना किसी जरूरत के फोन लिस्ट को शुरू से लेकर अंत तक देखने में लगाएं। कॉन्टेक्ट लिस्ट को पहले नाम से शुरू करें। हर उस समय एवं शख्स को याद करें जिसकी वजह से वो इंसान एवं उसका नंबर आपके लिस्ट का हिस्सा बना। फिर सोचें कितने लोग आज आपके संपर्क में हैं और क्यों? जो आज भी संपर्क में हैं वो क्यों व किन कारणों से हैं तथा जो आज आप के संपर्क में नहीं हैं वह क्यों व किन कारणों से नहीं हैं। इस विषय पर चिंतन-मनन करें। भूले-बिसरे कुछ पसंदीदा दोस्तों को फोन करें तथा फिर से बीते दिनों एवं संबंधों में विचरण करें।

ऐसा करने से आपको अपने जीवन में आए परिवर्तन के साथ-साथ उन तमाम लोगों का स्मरण भी आएगा, जिन्होंने आपके जीवन में अहम भूमिका निभाई है। आपका किसने, कब, कितना साथ दिया एवं मार्ग प्रशस्त किया, सब कुछ फिर ताजा हो जाएगा। ऐसा करके आप अपने भीतर दया, करुणा, संवेदनशीलता एवं कृतज्ञता के भाव को पनपता देखेंगे और यदि आपको लगता है कि आपका कभी किसी ने साथ नहीं दिया आप आज जो कुछ भी हैं वह अपनी वजह से हैं तो आपके भीतर एक गजब सा आत्मविश्वास पैदा होगा, आप स्वयं को

और भी व्यावहारिक, सहनशील, निर्भीक एवं आत्मनिर्भर महसूस करेंगे। दोनों ही पहलुओं में आप सकारात्मक दृष्टि रखेंगे तो कॉन्टेक्ट लिस्ट आपके व्यक्तित्व विकास का साधन बन सकती है।

ध्यान जरूर करें

दिन भर के सारे मनोरंजन एवं कार्यों से निवृत्त होने के बाद सोने से पहले कुछ समय स्वयं को अवश्य दें। मात्र दिन भर के कार्यों को ही नहीं सोचें बल्कि वर्ष भर के सभी उतार-चढ़ाव के बारे में सोचें। जो जितना व जैसा मिला है उसका प्रभु को धन्यवाद दें, जो नहीं मिला उसके लिए सोचें कि ऐसा क्यों व कैसे हुआ, किन कारणों से आप असफल रहे। बीते दिनों से सबक लें। सत्य को स्वीकारने का साहस जुटाएं एवं अपने भीतर की कमियों को अंगीकार करें। आधे-अधूरे कार्यों के बारे में सोच-विचार करें परंतु उन्हें अपने ऊपर इतना हावी न होने दें कि वह आज आपके सुख-चैन में बाधा बन जाएं।

यदि आप डायरी लिखते हैं तो उसको अवश्य पढ़ें, देखें कि आपके विचारों, कार्यों एवं मन:स्थिति में कितना परिवर्तन आया है। आपकी सोच एवं हालात कितने बदले हैं। अपने किन विकारों पर आपने विजय पाई है और कौन-सी समस्याएं ज्यों की त्यों हैं। आप कहां व कितने गलत थे और क्यों? यह भी सोचिए। डायरी लिखना व उसको लंबे अंतराल के बाद पढ़ना, ध्यान करने की ही एक विधि है जहां आप स्वयं के भीतर झांकते हैं, स्वयं का साक्षात्कार करते हैं। आप स्वयं को अपना मित्र एवं सहयोगी पाएंगे। बिना किसी जोर-जबर्दस्ती के इच्छानुसार सुबह उठें। संकल्प करें, आज मैं कोई एक अच्छा एवं नया काम अवश्य करूंगा।

❑

अपना भविष्य स्वयं सुधारें

सौभाग्य एक ऐसा धन है, जिसे सभी पाना चाहते हैं पर यह केवल कुछ ही लोगों को मिलता है। आजकल हर कोई अपने दुर्भाग्य का रोना रोता रहता है। सभी अपने जीवन में किसी न किसी चीज की कमी महसूस करते हैं और उनके न मिलने पर अपने भाग्य को कोसते हैं। पर क्या आप जानते हैं कि अपनी आदतों में थोड़ा सा परिवर्तन करके आप भी सौभाग्यशाली बन सकते हैं। इसमें सबसे महत्त्वपूर्ण होता है आपका व्यवहार, जिससे आप दुश्मन से भी अपने लिए सुनहरे अवसर प्राप्त कर सकते हैं। जानें कैसे आप अपने हाथ से अपना भाग्य लिख सकते हैं।

कुछ नया करने की इच्छा प्रबल करें

विभिन्न परिणाम प्राप्त करने की आशा के साथ एक ही काम को बार-बार करना उसके प्रति पागलपन या जुनून कहलाता है। अगर आप अपना भाग्य सुधारना चाहते हैं तो आपको अपने जीवन में नई-नई कोशिशें करनी होंगी और देखना होगा कि किसमें कामयाबी मिल रही है और किसमें नहीं। दुर्भाग्यशाली मनुष्य एक ही तरह से काम करने के आदी होते हैं। प्रतिदिन वह अपने काम के लिए एक ही रास्ता अपनाते हैं, एक ही तरह के लोगों से बात करते हैं और एक तरीके की ही जीवनशैली अपनाकर जीवनयापन करते हैं। इनकी तुलना में भाग्यशाली लोग अपने जीवन को कई विभिन्न तरीकों से जीते हैं। वे हमेशा कुछ न कुछ नया करते रहते हैं। इस तरह का व्यवहार आपको जीवन में कई नए अवसर दिला सकता है, जो आपकी उन्नति में सहायक हो सकते हैं।

अपने लक्ष्य की प्राप्ति के लिए अनुकूल प्रयास करें

आप जितनी ज्यादा कोशिश करेंगे उतने ही ज्यादा भाग्यशाली बनेंगे। किसी चीज का इंतजार किए बिना उसे अपनी बनाने की कोशिश में लगातार जुटे रहो। अगर आप अपने काम पर ध्यान केंद्रित करोगे तो आपको जो चाहिए एक दिन आपको वो जरूर मिलेगा। जब तक

आपको पूरी तरह सफलता न मिल जाए आप पूरी तरह से समर्पित होकर उसे पाने के लिए प्रयत्न करो। यदि आपको जिंदगी में भाग्य का साथ चाहिए तो आपको अपना शतप्रतिशत देना ही होगा। मेहनत करने में किसी भी तरह ही कोताही बरतने से बचना होगा। अपने लक्ष्य को पाने के लिए आपको बहुत मेहनत करनी है हमेशा यही मानसिकता रखें और हमेशा मेहनत करने के लिए तैयार रहें।

अपने आज पर ध्यान केंद्रित करें

कहते हैं कि हमारा वर्तमान जीवन अतीत का प्रतिफलन तथा भावी जीवन वर्तमान का परिणाम है। इसलिए आवश्यक है कि आप पहले अपने वर्तमान पर अपना ध्यान केंद्रित करें। दुर्भाग्यशाली लोग हमेशा अपनी अतीत में हुई बुरी घटनाओं और गलतियों के बारे में ही सोचते रहते हैं, वर्तमान पर ध्यान नहीं देते। जबकि भाग्यशाली लोग अपने आज को बेहतर बनाने के बारे में सोचते हैं। जिंदगी आज है। अगर आप अपने अतीत की यादों से ही घिरे रहेंगे तो आप कभी कुछ नया नहीं सीख पाएंगे, नए अवसर नहीं प्राप्त कर पाएंगे। अवसर हमेशा आपके आस-पास ही होते हैं बस आवश्यकता है तो अपने आज पर ध्यान देने की।

हो सके तो दूसरों की सहायता जरूर करें

याद रखिए जिंदगी में आप जो बोते हैं वही काटते हैं यानी जैसे आप कर्म करेंगे आपको वैसे ही फल मिलेंगे। जब आप संघर्ष कर रहे हों तो ऐसे समय में भाग्य किसी की सहायता के रूप में ही हमारा साथ देता है। इसलिए अगर हम किसी से मदद की आशा करते हैं तो हमें भी इस चक्र को पूरा करते हुए किसी की सहायता करनी चाहिए। जीवन में जब भी संभव हो आप किसी न किसी तरह से किसी की मदद जरूर करें। साथ ही जब आप किसी की मदद करें तो बदले में उससे कुछ पाने की आशा न रखें। बल्कि किसी की सहायता करने से जो आनंद मिलता है उसे अनुभव करें और उस व्यक्ति के साथ अपने रिश्ते को और मजबूत बनाएं। यही मजबूत रिश्ता भविष्य में किसी सहायता या भाग्य के रूप में आपका साथ निभाएगा।

अपने भाग्य के प्रति सकारात्मक रहें

भाग्यशाली लोग अपने दुर्भाग्यपूर्ण क्षणों में भी सकारात्मक दृष्टिकोण से सोचते हैं। वे हमेशा इस बारे में सोचते हैं कि कुछ इससे भी बुरा हो सकता है, पर शुक्र है कि ऐसा कुछ हुआ नहीं। इस बात को इस तरह भी समझा जा सकता है। यदि किसी दुर्घटना में कोई व्यक्ति विकलांग हो जाता है तो दुर्भाग्यशाली मनुष्य अपनी इस हालात पर रोएगा जबकि भाग्यशाली खुश होगा कि इतनी बड़ी दुर्घटना में आखिरकार उसकी जान तो बच गई। किसी भी बात के

दो पहलू होते हैं यह हम पर निर्भर करता है कि हम उसे किस रूप में लेते हैं। पानी का एक गिलास एक व्यक्ति के लिए आधा खाली हो सकता है तो वही गिलास दूसरे व्यक्ति के लिए आधा भरा भी होता है। फर्क होता है तो बस उनके नजरिए में। उनका यही नजरिया उन्हें दुर्भाग्यशाली या भाग्यशाली बनाता है। इस बात को हाल ही में ओलंपिक के परिप्रेक्ष्य में भी समझा जा सकता है। ओलंपिक में रजत पदक विजेताओं की सोच थी कि यदि वह थोड़ा और अच्छा खेलते तो स्वर्ण पदक जीत जाते। जबकि कांस्य पदक विजेताओं का दृष्टिकोण था कि यदि उन्होंने अपने प्रदर्शन में थोड़ी और कमी कर दी होती तो शायद वह कुछ भी नहीं जीत पाते। इस तरह कांस्य पदक विजेताओं की खुशी व सौभाग्य रजत पदक विजेताओं से ज्यादा था। इसलिए जब कभी भी खुद को दुर्भाग्यशाली समझो तो अपने आस-पास उन लोगों को देखना जिनके पास कुछ भी नहीं है, हमें खुद एहसास हो जाएगा कि हम कितने भाग्यशाली हैं।

हर रिश्ते को महत्ता दें

अगर आप अपने काम के प्रति सचमुच गंभीर हैं तो आप ऐसे लोगों की तलाश कीजिए जिन्हें आप अपने विचारों और काम के बारे में बता सकें। उन्हें अपने विचारों और अनुभवों से अवगत कराते हुए उन्हें अपने जुनून में भागीदार बनाएं। हो सकता है इनमें से कोई किसी भी रूप आपके लिए सहायक हो। आप ऐसे लोगों को ढूंढने की ज्यादा से ज्यादा कोशिश करें जिनके सामने आप अपनी बात रख सकें और जब आपको ऐसे लोग मिल जाएं तो उनसे संकोच न करें, बिना हिचके उनसे बात करें। आपने जहां उम्मीद भी नहीं की होगी इस तरीके से आपको ऐसी जगहों पर भी खुद को साबित करने के अवसर मिल सकते हैं। इसलिए लोगों के साथ दिल खोलकर अपनी दक्षता व अनुभवों को बांटें। अगर आप पहले से ऐसे लोगों का साथ पा चुके हैं, जो आपके काम में आपके सहयोगी हो सकते हैं तो नए लोगों को ढूंढिए। उनके काम और संघर्ष में उनका उत्साह बढ़ाएं, उनके साथ भी अपने अनुभव बांटें और जहां कहीं भी संभव हो उनकी मदद करें, उनकी सहायता करने से कभी न हिचकें।

जोखिम उठाने की एक निश्चित क्षमता तय करें

भाग्यशाली लोग अपने जीवन में बड़े-बड़े जोखिम उठाते हैं लेकिन इसका यह मतलब बिल्कुल नहीं कि आप किसी की गलत सलाह या गलत व्यवसाय से जुड़कर अपना सर्वस्व लुटा दें। जोखिम उठाने से पहले विवेक से काम लें, सोचें कि आप किस हद तक जोखिम उठा सकते हैं और उसके बाद आगे बढ़ें। अगर यह तरकीब काम नहीं आती है तो दोबारा और थोड़े से जोखिम के साथ आगे बढ़ें, लेकिन उतना ही जोखिम लें जितने आप समर्थ हों, उससे ज्यादा नहीं। जब आप ऐसे खतरे उठाएंगे तो चाहे आप सफल हों या असफल आप

जिंदगी में कुछ नया जरूर सीखेंगे। लेकिन अगर आप कभी कोशिश ही नहीं करेंगे तो आप कभी कुछ हासिल भी नहीं कर पाएंगे।

समस्या को छोटा समझ कर नजरअंदाज न करें

एक बार अपने एक मित्र से चैटिंग के दौरान उसने शिकायत की कि दुनिया में सभी बड़ी चीजों का आविष्कार हो चुका है और अब हमारे लिए कुछ बड़ा करने के लिए नहीं है। उससे बात करके मुझे लगा कि वह बड़ी योजनाओं के बारे में बात कर रहा था, पर जब मैंने उन बड़े विचारों के बारे में सोचा तो मैंने अनुभव किया कि ज्यादातार बड़ी खोज किसी बड़ी योजना के साथ शुरू नहीं हुई थी। उनकी शुरुआत छोटी-छोटी समस्याओं को सुलझाने के उद्देश्य से ही हुई थी बाद में उनका विस्तार किया गया। जब मैंने बड़ी कंपनियों के बारे में पढ़ा तब मैंने यही जाना कि शुरुआत में उनके उद्देश्य भी सीमित ही थे। गूगल जैसी बड़ी कंपनी के संस्थापक ने भी विश्व की सारी सूचनाएं एकत्र करने के मकसद के साथ कंपनी की शुरुआत नहीं की होगी। उन्होंने पहले छोटी-छोटी समस्याओं को सुलझाने का प्रयत्न किया और उसके बाद धीरे-धीरे अपने उद्देश्यों को व्यापक आयाम दिया और आज इतने सफल हुए। यदि आप भी भाग्यशाली बनना चाहते हैं तो पहले कुछ बड़ा करने की बजाय छोटी-छोटी समस्याओं को सुलझाने की कोशिश करें। बड़ा लक्ष्य अपने आप ही हासिल हो जाएगा।

❐

किसी अवतार या चमत्कार के भरोसे न रहें

भगवद गीता का प्रसिद्ध श्लोक है 'यदा यदा हि धर्मस्य...' जिसके जरिए भगवान श्री कृष्ण याद दिलाते हैं कि 'जब-जब इस पृथ्वी पर धर्म की हानि होगी, धर्म का नाश होगा, तब-तब मैं जन्म लूंगा। इसी श्रद्धा और विश्वास के चलते आज भी मनुष्य इसी भ्रम में जी रहा है कि कोई आएगा अवतार या देवता जो उसका उद्धार करेगा, उसे इस जन्म व जीवन के कष्टों से बाहर निकालेगा। क्या आज धर्म की हानि नहीं हो रही ? या किसी दूसरे महाभारत के इंतजार में भगवान है ? माना हमने पूर्व के युग नहीं देखे परंतु कथाएं व ग्रंथ कहते हैं कि पूर्व के सभी युग आज के युग यानी कलयुग से लाखों दर्जे श्रेष्ठ व सुंदर थे। आज जो धरती पर हो रहा है वह न केवल शर्मनाक है बल्कि कल्पना से भी परे है। फिर अब कोई कृष्ण, अवतार क्यों नहीं लेता। किस प्रलय का इंतजार है उसको ? क्या यह युग तथा इस युग की घटनाएं उस युग की घटनाओं से कमतर हैं ? या फिर महाभारत का आधार रही द्रौपदी तथा उसकी वो चीर हरण की घटना आज की किसी नवजात के साथ हुई बलात्कार की घटना से अधिक दर्दनाक थी ?

सीता के अपहरण पर तो हनुमान थे पर आज जो हजारों लड़कियां अगवा की जा रही हैं, सुबह होने से पहले जिनका आंगन, बिस्तर सब बदल जाता है उनका क्या ? क्या भगवान भी स्त्री-स्त्री में फर्क करता है ? सीता की चीख व पीड़ा तो पवनपुत्र को सुनाई दे गई जो उन्हें वो वापस अयोध्या ले आए पर आज घर से बेघर होती लाखों बच्चियां किसी राम व हनुमान के इंतजार में अब भी कहीं बिलख रही हैं।

बात सिर्फ बलात्कार एवं अगवा होती बच्चियों के बढ़ते स्तर की ही नहीं है हर उस पतन की है, जिसके चलते यह धरती घंटा दर घंटा नरक होती जा रही है। क्या यह वही धरती है जिसका उल्लेख हमें पुराणों एवं अन्य ग्रंथों में मिलता है कि देवता भी इस पर आने को, जन्म लेने को तरसते थे ? यदि यह सच है तो वह अब क्यों नहीं जन्म लेते ?

वो तो अच्छा हुआ कि कृष्ण के ऊपर द्रौपदी का उपकार था। एक बार सुदर्शन चक्र से श्री कृष्ण की उंगली कट गई थी जिस पर द्रौपदी ने अपनी साड़ी के पल्ले को फाड़कर कृष्ण की उंगली पर पट्टी बांधी थी। मैं सोचता हूं द्रौपदी ने ऐसा नहीं किया होता तो भरी सभा में द्रौपदी की चीख-पुकार का क्या होता? उसकी सारी गुहार धरी की धरी रह जाती।

गहराई से सोचा जाए तो धरती पर पूर्व में अवतरित व पैदा हुए देवी-देवताओं या भगवानों से किसका क्या और कितना उद्धार हुआ है? पर युग अपनी-अपनी गाथाओं से भरा है। भले ही कथाएं कहती हों कि वह स्वर्ण युग था, उस युग में सिंह और हिरण एक ही तालाब में एक साथ पानी पीते थे। पर छल-कपट, लूटमार पहले भी थी फिर मंथरा की नीयत हो या शकुनी की चालें। रूप बदल कर ठगना, शक्ति का दुरुपयोग करना स्वयं को सबसे ताकतवर व श्रेष्ठ समझना हमेशा से रहा। जहां तक काम वासना मोह माया, क्रोध-लोभ की बाते हैं तो ऐसे हजारों किस्से हैं जो इस बात को रेखांकित व प्रमाणित करते हैं कि पहले के युगों में ऐसी घटनाएं अब के युग से कुछ कमतर नहीं थीं। ऋषि-मुनियों एवं देवताओं आदि के श्रापों, अहंकार छल, प्रपंच एवं स्वांग आदि से कौन बचा है? इस धरा पर इतनी पुण्यात्माओं ने दिव्य गुणों से संपन्न देवताओं ने जन्म लिया है परंतु उनके आस-पास की गुंथी घटनाएं बताती हैं कि कुछ पुण्य नहीं हुआ कुछ भी शांति घटित नहीं हुई, बल्कि युद्धों ने और बड़ा भयंकर रूप लिया है।

चलो एक बार को मान भी लें कि पहले के युग आज के युग से बेहतर थे परंतु गुरुओं एवं विद्वानों कि वाणी हमेशा से यही ज्ञान देती रही है कि हमारा आज हमारे भविष्य को तय करता है। हमारा आने वाला कल हमारे वर्तमान की छाया है। जैसा हम आज करते हैं वैसा ही हम भविष्य में पाते हैं आदि-आदि। यदि उनके उस ज्ञान की मानें , जो कि सच भी है तो प्रश्न उठता है कि फिर कलयुग आ कैसे सकता है। पूर्व के युगों में ऐसे कौन से कर्म किए गए हैं कि आज कलयुग आ गया है। यदि वास्तव में पहले के युग सुंदर थे तो आज के युग को तो अति सुंदर होना चाहिए। कहां गया उन देवताओं ऋषियों-मुनियों का त्याग, तपस्या व योगदान? यदि उन्होंने उद्धार किया था तो आज स्थिति पतन की कैसे उत्पन्न हो गई?

आज भी जब हम किस्मत का लेखा जोखा लेकर बैठते हैं तो कर्म के सिद्धांत के साथ-साथ प्रारब्ध के कर्मों और पूर्व के जन्मों को भी जोड़ देते हैं। जहां हमारे तर्क व सिद्धांत या तथाकथित दिव्य दृष्टि नहीं पहुचं पाती वहां हम अपने को प्रारब्ध के कर्मों व पूर्व के जन्मों का जामा पहना देते हैं। जिसकी सहमती में सभी धर्म व भविष्य दृष्टा एक हो जाते हैं यानी सभी मानते हैं कि यह सच है कि हम पूर्व जन्मों के कर्मों को भी भोगते हैं। साथ ही इस बात की भी हामी भरते हैं कि आत्मा कभी नहीं मरती वह बस अपना शरीर रूपी चोला बदलती है। यदि उपर्युक्त सभी बाते सही हैं तो फिर प्रश्न यह उठता है कि पूर्व की आत्माओं ने ऐसे कौन से कर्म कि होंगे कि आज के युग की यह हालत है कि इसे कलयुग यानी कष्टों

का युग कहकर पुकारा जाता है। यदि हमारे प्रारब्ध के कर्म हमारे आज को निर्मित करते हैं तो हम इस बात का अंदाजा लगा सकते हैं कि पूर्व जन्मों व युगों में हमने कैसे कर्म किए होंगे। जिन युगों को हम सतयुग या द्वापर युग कह कर सुख और शांति का, पुण्य और उद्धार का युग कहकर संबोधित करते हैं उन युगों में जन्में लोगों ने क्या कुछ नहीं किया होगा कि आज इस पृथ्वी पर इतना पाप और अत्याचार बढ़ गया है।

आज इस धरती की ऐसी हालत का जिम्मेदार फिर कौन सा युग हुआ? जिस धरती पर देवता जन्म लेने के लिए तरसते थे आज उस पर आम आदमी भी पैदा होने से क्यों घबराता है? किसके कर्मों का फल भुगत रही है यह पृथ्वी? पर हम हैं कि युगों के यज्ञों की, ऋषि-मुनियों के तप की, देवताओं द्वारा किए गए उद्धार की, अवतारों की प्रशंसा किए जाते हैं कहां हैं उनका योगदान? किस युग में दिखेगा उनके उद्धारों का असर?

कहते हैं इस युग के बाद पुनः सतयुग आएगा। यह युग अंतिम पराकाष्ठा पर हैं। विज्ञान भी कहता है कि किसी भी चीज का सृजन किसी विध्वंस के बाद ही होता है। धरती पर पाप तना बढ़ जाएगा कि इस युग का अंत निश्चित है। परंतु आस-पास किसी नए युग का प्रादुर्भाव होता नजर नहीं आ रहा। यदि आज पाप अत्याचार अपनी पराकाष्ठा पर नहीं पहुंचा है तो और कब पहुंचेगा? या जिस दिन पहुंचेगा तो इस जगत की क्या स्थिति होगी। वो कौन से हाल और हालात होंगे जो प्रलय बन नवयुग का संचार करेंगे? यह सोचने की बात है।

बहरहाल हमें अपनी समस्याएं खुद ही सुलझानी हैं। हमें अपने दुख तकलीफों का सामना खुद ही करना है। किसी के भरोसे नहीं बैठना, कि कोई अवतार लेगा और हमें इस सृष्टि से तारेगा। हमें अपना उद्धार स्वयं ही करना होगा। धर्म के ठेकेदार तो हर चीज को परमात्मा की लीला कहते रहे हैं, कहते रहेंगे। चाहे उनके लीलाधरों का जीवन खुद ही कई कष्टों से क्यों न भरा हो। वे कहते हैं सब कुछ पहले से ही तय है।

यदि सब कुछ पहले से ही तय है, लिखा जा चुका है और मनुष्य सिर्फ इस संसार के रंगमंच पर अपना पात्र निभा रहा है तो युगों-युगों से देवता ऋषि-मुनि, गुरु-संत किसको सुधारने में जुटे हैं। कोई युद्ध करके, तो कोई योग करके क्या जीतना या क्या दिखना चाहता है? इतने प्रवचन, इतने दर्शन, किसके लिए हैं? क्यों इतना भटकना-भागना, जन्म लेना और मोक्ष के लिए तरसना?

पर हम हैं कि टक-टकी लगाएं हैं, किसी के आने की, किसी के अवतरित होने की। हम दीवारों पर कलेंडरों को टांगे बैठे हैं, जिसमें बड़े-बड़े काले अक्षरों में लिखा है-

यदा-यदा ही धर्मस्य ग्लानिःर्भवति भारत।
अभ्युथानम् अर्धमस्य तदात्मानम् सृजाम्यहम॥

पता नहीं अभी कौन सा अधर्म होने को और बचा है।

❐

सहनशक्ति नहीं समझशक्ति बढ़ाएं

हमें हमेशा सिखाया जाता है कि सहन करो, बर्दाश्त करो। सहन करने से बहुत सारे झगड़े सुलझ जाते हैं। यदि हम ऊपरी तौर पर देखें तो यह बात सच है कि यदि एक इंसान सह ले तो कई सारे झगड़े शांत हो सकते हैं। दो लोग जब लड़ रहे होते हैं तो हम एक को कहते हैं कि तू चुप हो जा, अगर तू चुप हो जाएगा तो सामने से जबाव नहीं आएगा, तू सह लेगा तो तेरा क्या चला जाएगा, आदि-आदि। दूर से देखने में तो बात सही लगती है। परंतु यह सहना अपने आप में एक तरह का दबाव बनने लगता है। कोई डर से चुप हो जाता है तो कोई झगड़ा आगे न बढ़ाने के मकसद से चुप हो जाता है। लेकिन सहना एक गलत शब्द है। हमें 'सहना' नहीं 'समझना' है। मान लीजिए हम सहते जा रहे हैं। पांच बार किसी ने गाली दी, हमने सह ली, कोई प्रतिक्रिया नहीं दी। पर क्या इससे आपका मन शांत होता है ? नहीं न, बल्कि आपके मन में गुस्सा और बढ़ता चला जाता है, आपकी चिंता बढ़ जाती है, आपको नींद नहीं आती, मन चिड़चिड़ा होने लगता है बदले कि लिए सही मौके को तलाशने में जुट जाता है तो इससे यह साबित होता है कि सहन करने का परिणाम गलत हुआ। लेकिन इसका यह मतलब भी नहीं है कि आप कुछ सहन न करें। अगर सामने वाले ने आपको एक गाली दी तो आप उसे दो गाली दे दें। नहीं, इसका यह मतलब बिल्कुल नहीं है। अपनी सहनशक्ति को हमें दबाव से नहीं बल्कि समझ से बढ़ाना है। उदाहरण के लिए जब बच्चे का कोई खिलौना या उसका कोई हिस्सा टूट जाए तो बच्चा पूरी रात रोता है कि मुझे जब तक नया खिलौना नहीं मिल जाता, तब तक मैं चुप नहीं होऊंगा। लेकिन क्या उसको देखकर उसके माता-पिता रोते हैं ? नहीं, कभी नहीं। तो क्या ऐसे में हम यह कहेंगे कि उसके मां-बाप ने कितना सहा होगा। क्या वो सह रहे हैं ? नहीं, वो सह नहीं रहे, बल्कि वो समझ रहे हैं कि खिलौना ही टूटा है, इसमें कोई बड़ी बात नहीं है, दूसरा आ जाएगा। यहां हमने सहा नहीं,

बल्कि अपनी समझ बढ़ाई। ऐसे ही जब हम सहते हैं तो कभी न कभी देर-सबेर जरूर फूट पड़ते हैं। इसलिए हमें सहने की जरूरत नहीं बल्कि अपनी समझ शक्ति बढ़ाने की जरूरत है। जब हम समझकर कोई चीज करते हैं तो उसके परिणाम अच्छे होते हैं। मान लीजिए हमारे साथ किसी ने गलत किया तो हम सहन करके उसे माफ तो कर देते हैं। लेकिन साथ ही उसकी चुगली करते हैं, रोते हैं, उससे बदला लेने की योजना बनाते हैं, तो यह गलत है। हमें सहना नहीं है अपनी समझ बढ़ानी है। जब हम किसी को सहने की बजाय उसे समझकर माफ करते हैं तो स्वयं को भी काफी हल्का महसूस करते हैं। जहां समझ है, वहां सहने की आवश्यकता ही नहीं पड़ती। ऐसे ही हम अपने जीवन में ऐसा बहुत कुछ देखते हैं, जिनसे हम अपनी सहनशक्ति नहीं बल्कि समझशक्ति बढ़ा सकते हैं।

जीवन को खुली आंखों से जिएं, समझकर जिएं न कि सहकर, क्योंकि जितना हम सहेंगे एक न एक दिन हमारे अंदर का ज्वालामुखी फट जाएगा। किसी गुब्बारे में भी यदि उसकी क्षमता से अधिक हवा भरी जाए तो वह भी एक दिन फट जाता है। ऐसे ही मनुष्य भी है, उसकी भी सहने की एक सीमा है। समझ एक ऐसी चीज है जो प्रज्ञा और बुद्धिमत्ता के साथ आती है, उसमें आपको कुछ अलग से नहीं करना पड़ता। लेकिन जहां सहना है वहां घुटन है, बदला है, भय है व बोझ है। जहां समझ है वहां स्वीकार है, धैर्य है, क्षमा है, आनंद है और कोई पछतावा या बदला नहीं है, इसलिए अपनी समझशक्ति को बढ़ाना बहुत जरूरी है।

सिर्फ सोचने में वक्त जाया न करें

हम जब कोई भी काम करते हैं या जिंदगी में किसी भी काम से असंतुष्ट होते हैं तो हमारी पूरी कोशिश होनी चाहिए कि हम उस असंतुष्टता, उस दुख या विरोध के प्रति कुछ करें। क्योंकि हम सिर्फ सोचते रहते हैं, जबकि सिर्फ सोचने से कभी किसी समस्या या बात का कोई हल नहीं निकला है। मान लीजिए हम किसी व्यक्ति से सहमत नहीं हैं, तो उसके प्रति अपने विचार प्रकट करें, उसमें परिवर्तन करने की कोशिश करें। सिर्फ सोचें नहीं, बल्कि उसके लिए कोई उचित कदम भी उठाएं। कानून चाहे देश के हों या किसी इंसान के, हमें उसे बदलने के लिए अपने कार्य को व्यवहार में लाना ही होगा। अगर हमें कोई परीक्षा भी पास करनी है तो उसके लिए भी हमें योजनाबद्ध तरीके से अपनी योजनाओं को क्रियान्वित करना ही होगा। सिर्फ सोचते रहने से ही परीक्षा में कामयाबी नहीं मिलने वाली। अगर हम सिर्फ सोचते ही रह जाएंगे तो यथोचित सफलता न मिलने पर हमारी सहनशक्ति कम होती चली जाएगी। किसी बात को सिर्फ ख्याली पुलाव बनाकर अपने मन में बढ़ने या पनपने न दें, बल्कि उसके प्रति कोई कदम उठाएं। इससे आपको लगेगा कि आपने कुछ तो किया। अगर आप कोई कदम नहीं उठाएंगे तो आपको सिर्फ गलतफहमी रहेगी कि हम कर तो बहुत

कुछ रहे हैं, पर वास्तव में हम कर कुछ नहीं रहे होते। ऐसे में अपेक्षित परिणाम न मिलने पर मन में चिढ़ और गुस्सा ही बढ़ेगा। इन सारी बातों का निचोड़ यही है कि हमें अपने विचारों को उचित कदम उठाकर व्यवहार में कार्यान्वित करना है ताकि हमारी सहनशक्ति हमारी समझशक्ति में परिवर्तित हो सके।

सज्जन लोगों की संगत करें

जीवन में आपके रिश्ते आपके लिए मददगार साबित होने चाहिए न कि वे आपको ठेस या चोट पहुंचाने वाले हों। इसलिए जब भी समय मिले, अपना समय ऐसे लोगों के साथ बिताएं जो आपकी सोच को सकारात्मक बनाने में आपकी सहायता कर सकें। उन बौद्धिक व सज्जन लोगों की संगत में रहें जिनके साथ से आपके जीवन को एक नई दिशा मिल सके।

अधिक सोने से बचें

मनुष्य के लिए जितनी खतरनाक अनिद्रा है, उतना ही ज्यादा सोना भी है। ज्यादा सोने से आप थकान और आलस का अनुभव करते हैं। एक थका हुआ और आलसी मनुष्य कोई नया काम या उसकी शुरुआत सफलतापूर्वक नहीं कर सकता। थका हुआ दिमाग कुछ नया नहीं सोच सकता, इसलिए जरूरत से ज्यादा न सोएं और स्वयं को ऊर्जावान और तरोताजा महसूस करते हुए आगे बढ़ें।

सकारात्मक विचार रखें

हमारे मन-मस्तिष्क में सदैव ही कोई न कोई विचार चलता रहता है। कई बार हम विचारों के अंतर्द्वन्द्व में बुरी तरह फंस भी जाते हैं, जिनसे निकलना आसान नहीं होता और यह भाव हमें नकारात्मक रूप से सोचने को विवश कर देता है। अक्सर हम खुद से बातें भी करते रहते हैं और हमें ध्यान ही नहीं रहता कि हम खुद से क्या सब कह जाते हैं। खुद से की जाने वाली बातों के प्रति सतर्क रहें। हमें इस बात का ख्याल ही नहीं रहता कि हम जो बातें खुद से कर रहे हैं, उनका हमारे ऊपर क्या प्रभाव पड़ रहा है। अपने विचारों को ध्यान से सुनें। यदि अपने आप से विचार करते हुए आपके मन में कोई नकारात्मक विचार आता है तो तुरंत उस विषय पर सोचना बंद कर दें। अपने उन नकारात्मक विचारों को सकारात्मक विचारों में बदलने का प्रयास करें।

संबंधों को गहरा बनाएं

घनिष्ठ संबंध एक पूर्णतः समर्पित अनुबंध की तरह होते हैं, जहां विश्वास का भाव होता है। सभी आंख बंद करके एक-दूसरे पर भरोसा करते हैं। लेकिन यदि रिश्तों के बंधन में दोनों

पक्ष पूरी तरह अपने रिश्ते नहीं निभा पाते और एक-दूसरे के प्रति अविश्वास का भाव रखते हैं तो वह संबंध कभी भी मजबूत नहीं बन सकता। ऐसे में अपने संबंधों को मजबूत बनाने के लिए अपनी समझदारी का दायरा बढ़ाएं, क्योंकि आपके संबंध ही आपके जीवन की वह अमूल्य पूंजी है, जो जीवन के हर मोड़ पर आपका साथ निभाएगी।

व्यवस्थित रहने की आदत बनाएं

हममें से ज्यादातर लोगों को अपना सामान इधर-उधर फैलाकर रखने की आदत होती है। हमारे काम करने या पढ़ने की जगहों पर किताबों और फाइलों का ढेर लगा रहता है। सब तरफ अव्यवस्था होती है। इसलिए यह आवश्यक है कि सबसे पहले अपनी सारी वस्तुओं और जगहों को व्यवस्थित करें। अपने काम करने की जगह को साफ-सुथरा करें। जिन्हें आप इस्तेमाल नहीं करते ऐसे सामान को अपने आस-पास से हटा दें। अपने आस-पास की चीजों को सही करके जीवन में संगठित व व्यवस्थित रहना सीखें।

लक्ष्य की तरफ सक्रिय रहें

अपने जीवन से निष्क्रियता के भाव को पूर्णतः समाप्त करें तथा अपने लक्ष्य की तरफ सक्रिय होकर आशान्वित रहें। अपने लक्ष्य के लिए अल्प ही सही परन्तु प्रयास अवश्य करें। आपका यही प्रयास आपके अंदर छिपे भावों या सपनों को मूर्त रूप देने का कार्य करेगा। अपने लक्ष्य तक पहुंचने के लिए कदम उठाएं तथा उपलब्ध अवसरों से लाभ उठाने की कला सीखें। जीवन में आप बहुत सी चीजें बदल नहीं सकते। आपके साथ जो होना है, वह होकर ही रहेगा परन्तु अपने जीवन को बेहतर बनाने के बारे में सोचकर शायद आप अपने जीवन में बहुत बदलाव लाने में कामयाब हो जाएंगे।

आलसी न बनें

अपने कामों को तय समय पर पूरा करने के लिए अपने नियत समय से आधा घंटा पहले उठ जाएं और तसल्ली से अपने सभी काम निपटाएं। किसी भी काम को करने में आलस्य या शिथिलता न दिखाएं। रोजाना आधा घंटा पहले उठने से आप पागलों की तरह जल्दी-जल्दी अपना काम निपटाने की प्रवृत्ति से बच जाएंगे। यह आधा घंटा आपके जीवन में काफी महत्त्वपूर्ण भूमिका निभा सकता है। इससे आप स्वयं को शिथिल महसूस नहीं करेंगे और बेकार की कई तरह की सिरदर्दी या अन्य परेशानियों से भी निजात पा लेंगे।

स्वास्थ्य का ध्यान रखें

स्वास्थ्य ही आपका सबसे बड़ा खजाना है। यदि आप शारीरिक रूप से स्वस्थ व चुस्त नहीं हुए तो कोई भी काम कुशलतापूर्वक नहीं कर पाएंगे। इसलिए अपने शरीर के प्रति लापरवाही

नहीं बरतें। अपने स्वास्थ्य का ख्याल रखने के लिए संतुलित भोजन व व्यायाम करें और अपनी नियमित स्वास्थ्य जांच भी अवश्य कराएं।

पूर्ण निद्रा लें

आज के व्यस्त जीवन में सबके साथ यह समस्या रहती है कि उसे सोने के लिए पर्याप्त समय नहीं मिल पाता। आज के समय में जो भी अच्छा काम करना चाहता है, वह सिर्फ अपने काम के पीछे ही भागता है, उसमें अच्छा करने व सफलता प्राप्त करने की होड़ में वह अपनी रातों की नींद खुद उड़ा लेता है। जो लोग भी अच्छा काम करना चाहते हैं, चाहे वह गृहिणी हो, परीक्षा देने वाले विद्यार्थी हो, ऑफिस जाने वाले लोग हों या फिर संगीत, राजनीति, खेल या किसी अन्य क्षेत्र से जुड़े लोग हों, अपने क्षेत्र में अपना बेहतर देने के चक्कर में वह पूरी तरह सोते नहीं हैं। अपनी जीवनचर्या को अस्त-व्यस्त कर देते हैं। सभी अपने आपको अपने कार्य में दक्ष बनाना चाहते हैं और वह तभी संभव है जब हम एक गहरी नींद लें। माना हम कितने ही फल-फूल, हरी-सब्जियां या विटामिन्स ले लें, पर अच्छी नींद नहीं लेते तो सब व्यर्थ हो जाता है। अगर हम पूरी नींद नहीं लेंगे तो हमें हमेशा थकान महसूस होगी और हम चिड़चिड़े भी हो जाएंगे। अगर ऐसे में हमें कोई मानसिक कार्य करने को दिया जाए या फिर कोई जिम्मेदारी वाला काम करना हो तो हम उसे बोझ समझकर करते हैं। मानसिक तनाव की स्थिति में हम कुछ भी सह नहीं पाते। अपने कार्य में पूर्ण रूप से दक्ष होने के लिए आवश्यक है कि हम अपना मानसिक स्तर या मानसिक संतुलन बनाए रखें। इसके लिए सबसे ज्यादा जरूरी है कि हम गहरी व अच्छी नींद लें ताकि हमारे अंदर चिड़चिड़ापन या उनींदापन न रहे। ऐसे में हमारे सामने जो भी परिस्थितियां आएंगी, हम उनको सहने व समझने के लिए मानसिक रूप से तैयार रहेंगे।

बात को घुमा-फिराकर न कहें

आप जो कहना चाहते हैं, वही कहें। जो कह रहे हैं उसका अभिप्राय समझें। जो भी कहना चाहते हैं खुलकर स्पष्ट शब्दों में कहें। घुमा-फिराकर अपनी बात न कहें। इसके अलावा यदि आपको किसी और की कोई बात या उसका अभिप्राय समझ में नहीं आता है तो आप सामने वाले से प्रश्न पूछें। जब तक आपको सामने वाले का अभिप्राय समझ न आए आप बार-बार प्रश्न करके उन बातों को स्पष्ट करें। मन में कभी कोई संदेह न रखें।

पुनरावृत्ति से खिझें नहीं

हमारे जीवन में कई बार ऐसा होता है कि एक ही तरह की परेशानियां बार-बार हमारे सामने आती हैं। बार-बार हमें एक ही तरह की परिस्थितियों का सामना करना पड़ता है। रोज-रोज

ऑफिस में एक ही तरह का काम करने को दिया जाता है। जिंदगी में कई बार कई चीजों की पुनरावृत्ति हो जाती है, जिससे हम झल्ला जाते हैं। मान लीजिए आपके एक मित्र का बार-बार आपसे रूठना-मनाना चलता है या बॉस से आप बार-बार एक ही बात कह रहे हैं कि आपका वेतन नहीं बढ़ा और बॉस भी बार-बार आपको एक ही सांत्वना दे रहा है कि जल्द ही आपका वेतन बढ़ जाएगा। जिंदगी में ऐसी कई चीजें बार-बार हमारे साथ होती हैं। घर में भी हमें शिकायत रहती है कि हमारे माता-पिता हमारी कोई बात नहीं मानते। एक ही बात का रोना रोज-रोज लगा रहना, रोज-रोज एक ही काम, एक ही परेशानी तथा एक ही भोजन से हमारा मन ऊबने लगता है। हमसे यह सब सहन नहीं होता। हम अगर रोज एक ही खाना खाते हैं तो हम झल्ला जाते हैं। खाने की बात तो हमारे हाथ में है लेकिन कई चीजों पर हमारा नियंत्रण नहीं होता। जिंदगी में हमें जब भी पुनरावृत्ति का सामना करना पड़े तो उसे सहने या उस पर झल्लाने की बजाय उस चीज को समझने की कोशिश करें कि आखिर यह पुनरावृत्ति क्यों हो रही है? जब हम अपनी समझने की क्षमता का विकास कर लेते हैं तो हमारी झल्लाहट व उलझन खुद-ब-खुद कम होती चली जाती है।

जीवन में परिवर्तन जरूरी है

जिंदगी में हमेशा परिवर्तन होते रहते हैं, परिवर्तन या बदलाव मनुष्य जीवन का महत्त्वपूर्ण अंग है। जीवन का हर पल या हर दिन अलग ही होता है। हर दिन एक नई शुरुआत और एक नया अंत होता है। इन सबसे डरें नहीं, बल्कि खुद को इन बदलावों के आगोश में महसूस करके अपने हर बदलाव के क्षण को सर्वोत्तम बनाने का प्रयास करें। जीवन में एक दिन सब कुछ बदलता है। हम इस बात से ज्यादा डरते हैं कि कल का दिन हमारे लिए कैसा होगा? कल का दिन हमारे हिसाब से होगा या नहीं? कल जैसा भी होगा हम खुद को उसके अनुसार ढाल पाएंगे या नहीं, यह डर हमेशा हमें सताता रहता है। हमें यह डर भी सताता रहता है कि आज तो हमने अपनी मर्जी से अपना जीवन जी लिया लेकिन अगर कल का दिन हमारे हिसाब से नहीं होगा तो हम क्या करेंगे। हमें अपने मन से इस तरह के डर को निकालना है। हमें समझना होगा कि जीवन सदा एक जैसा नहीं रहता, इसमें हमेशा परिवर्तन होते रहते हैं। आज सब कुछ हमारे हित में हुआ है तो कल चीजें हमारे अहित में भी हो सकती हैं। परिवर्तन तो होना ही है। हमें अपने जीवन में घटित होने वाली घटनाओं को सहना नहीं बल्कि समझना है। जीवन में जो कुछ भी हो रहा है, उससे भागें नहीं। उसे सहज रूप से स्वीकार करना सीखें। चीजों को स्वीकार करने के लिए अपनी सहनशक्ति की बजाय अपनी समझने की ताकत को बढ़ाने की कोशिश करें।

प्रत्येक समस्या के लिए सजग रहें

जीवन निश्चित है, यहां कोई पहले से अनुमान नहीं लगा सकता कि अगले पल क्या होने वाला है? जीवन की समस्याओं से डरने और उनका सामना करने के लिए तैयार रहने में

बहुत फर्क है। आपको जीवन की हर आकस्मिक विपदा का सामना करने के लिए हमेशा तैयार रहना चाहिए। किसके जीवन में कब, क्या घट जाए, यह कोई नहीं जानता, इसलिए उनसे घबराने की बजाय हमेशा उनका सामना करने के लिए मानसिक रूप से तैयार रहकर अपनी समझदारी का परिचय देना चाहिए।

मितव्ययी बनें

हमारे जीवन में जब भी खर्चे या उधार बहुत ज्यादा बढ़ जाते हैं तो भी हमारी सहनशक्ति कम होती चली जाती है। कई बार हम मजबूरी में, तो कई बार अपने शौक पूरे करने के लिए उधार लेते चले जाते हैं। किसी चीज के प्रति शौक रखना बुरी बात नहीं है पर उस शौक को पूरा करने के लिए अपनी आमदनी से बढ़कर खर्चा करना और खुद को कर्ज के बोझ के तले दबा देना गलत है। हमें अपनी आमदनी के हिसाब से अपनी प्राथमिकता तय करते हुए खर्च करना चाहिए। मान लीजिए आपको जूते और स्वेटर दोनों की जरूरत है और बजट सिर्फ एक चीज का है, तो ऐसे में दोनों को लेने के लिए उधार न लें बल्कि प्राथमिकता तय करें कि सर्दी के इस मौसम में मुझे स्वेटर की ज्यादा जरूरत है तो मुझे वही खरीदना चाहिए। आपको खाने की कोई चीज लेनी है या किसी को कोई गिफ्ट देना है, उसमें भी पहले अपनी प्राथमिकता तय करें। कुछ भी दिखावे के लिए न करें। बिना किसी पूर्व योजना के सिर्फ बाहरी दिखावे के लिए अपने खर्चे को बढ़ाने में कोई समझदारी नहीं है। हम बिना सोचे-समझे इतना खर्च कर देते हैं कि हम पर बेहताशा कर्ज चढ़ता चला जाता है। जब कर्ज चुकाने की बारी आती है तब कहीं जाकर हमें अंदाजा होता है कि हमने कितना ज्यादा कर्ज ले लिया है। इससे आपका मानसिक तनाव बढ़ता है और उस दबाव में आपकी सहनशक्ति क्षीण होने लगती है। हमें समझ नहीं आता कि हम यह सब कैसे सहन करें। ऐसे में हमें अपनी समझ शक्ति से ही काम लेना चाहिए। जिंदगी में कभी खुद के लिए ऐसी परिस्थितियां न बनाएं जो आपकी समस्याओं को बढ़ा दे, जिसकी वजह से आपको सिर्फ कर्ज लौटाने व कर्जदारों का सामना करने की ही चिंता सताती रहे। आपके पास जितने संसाधन हैं, उसी में अपनी जिंदगी को बेहतर तरीके से जीने की कोशिश करें। कहते हैं न कि 'जितनी चादर हो उतने ही पैर फैलाने चाहिए।' इससे आपकी कई समस्याओं का समाधान हो सकता है।

अपने व्यवहार अनुसार घर की व्यवस्था करें

यदि आप अपने घर में खुद को सुरक्षित अनुभव नहीं करते, आपके मन में किसी भी प्रकार की असुरक्षा का कोई भाव है तो आप दुनिया के किसी भी कोने में खुद को सुरक्षित महसूस नहीं करेंगे। इसलिए जरूरी है कि आप अपने घर को अपनी समझदारी व अपने प्यार से एक सुरक्षित व आदर्श जगह बनाएं। जिसे आप अपना घर कहने में गौरवान्वित अनुभव करें

तथा जहां आपको किसी प्रकार का कोई भय न हो, सच्चे अर्थों में वही जगह आपका घर कहला सकता है।

असंतुष्ट न रहें

अक्सर हमारे पास जो कुछ भी होता है, हम उससे असंतुष्ट रहते हैं। हमें अपने पास उपलब्ध सभी चीजें दूसरों के मुकाबले में काफी कम लगती हैं। अगर बात हमारी खूबसूरती या छवि की हो तो हम उसे लेकर भी अक्सर चिंतित रहते हैं। हम हमेशा यही सोचते हैं कि हम कैसे दिख रहे हैं। हम खूबसूरत दिख रहे हैं या नहीं, किसी को आकर्षित कर पाएंगे या नहीं और अगर कर पाए तो सामने वाला कितनी देर तक हमारे आकर्षण से प्रभावित रहेगा। हमें हमेशा अपनी छवि और लुक्स को लेकर डर रहता है कि हम उतने आकर्षक नहीं हैं। लोग हमें उतना पसंद नहीं करेंगे। हमें खुद पर आत्मविश्वास या गर्व होना चाहिए कि हम जैसा पहन रहे हैं, जैसे चल रहे हैं या जैसे दिख रहे हैं उसमें कोई कमी नहीं है। हम किसी से कम नहीं हैं, हम भी काफी आकर्षक हैं। अगर हम खुद से ही संतुष्ट नहीं रहेंगे और दूसरों से अपनी तुलना करेंगे कि हमसे अच्छा तो वह है, उसने हमसे अच्छे कपड़े पहने हैं, उसकी आंखें हमसे ज्यादा खूबसूरत हैं, उसके बाल हमसे अच्छे हैं या उसने हमसे ज्यादा अच्छे ब्रांड के कपड़े पहने हैं तो वहीं हमारी सहनशक्ति खत्म होनी शुरू हो जाएगी। कभी भी अपनी उपेक्षा न करें। अपनी कम खूबसूरती या अपने अंदर की और किसी कमी को खुद पर हावी न होने दें। अपनी कमी को स्वीकार कर उन पर गर्व करना सीखें। आप जो हैं, जैसे हैं, सबसे अलग हैं। आप किसी से कम नहीं हैं, आपमें कोई कमी नहीं है, भगवान ने आपको जो दिया है, वो बहुत अच्छा है। अगर हम अपने अंदर कमियां ही निकालते रहेंगे तो किसी के कुछ भी कह देने पर जल्दी उससे चिढ़ जाएंगे। इससे धीरे-धीरे आपकी सहनशक्ति घटती चली जाएगी। आप स्वयं आत्मविश्वास से परिपूर्ण रहें कि आपमें कोई कमी नहीं है, फिर इसके बाद लोग आपको जो कुछ भी कहेंगे, आप पर उसका कोई प्रभाव नहीं पड़ेगा और आप बिना किसी तनाव या उलझन के जीवन में आगे बढ़ जाएंगे।

अधिक चालाक न बनें

हम हमेशा सोचते हैं कि हमसे ज्यादा चालाक कोई नहीं है। किसी भी मामले में चाहे कोई समझदारी की बात करनी हो, तोल-मोल करना हो या रूठना-मनाना हो, हम खुद को ही सबसे ज्यादा चालाक समझते हैं। लेकिन सच्चाई यह है कि हम किसी से चाहे कितनी ही चालाकी दिखाएं, किसी को धोखा दें या किसी के साथ कोई बेवफाई करें, एक दिन वो चीज आपके पास जरूर लौटकर आएगी। हम जितना ज्यादा चालाकी दिखाएंगे, मानसिक रूप से उतना ही परेशान रहेंगे। मान लीजिए हमें किसी के ज्यादा पैसे लौटाने थे, पर चालाकी

से कम लौटाए। बेशक उसने ध्यान नहीं दिया। लेकिन अंदर से आपको यह चीज कचौटती रहेगी। आपका दिलो-दिमाग वहीं लगा रहेगा। अगर हम किसी कमजोर या सीधे इंसान पर अपना रौब दिखाकर उसे शांत कर देते हैं या उसे सही बात बोलने से रोक देते हैं, तो उस समय तो आप अपने मकसद में कामयाब हो जाएंगे। लेकिन उसके बाद आपका मन शांत नहीं रह पाएगा। न चाहते हुए भी आप सिर्फ उसी बारे में सोचते रहेंगे। हम किसी भी तरह से किसी के साथ अन्याय करते हैं तो उससे हमारी मानसिक शांति खत्म हो जाएगी। प्रेम संबंधों में भी हम दूसरों से हमेशा साथ निभाने के वादे करते हैं लेकिन बाद में अपने साथी के साथ बेवफाई कर जाते हैं। ऐसे में भी आप हमेशा अंदर से एक बेचैनी महसूस करेंगे। हमें हमेशा मानसिक तनाव से बचने की कोशिश करनी चाहिए। हम जितना ईमानदारी व सच्चाई से काम करेंगे, उतना ही ज्यादा खुद को शांत महसूस करेंगे और हमें दूसरों की तारीफ भी मिलेगी। साथ ही अशांत रहने से होने वाली चिड़चिड़ाहट से भी बच जाएंगे। इससे आपकी सहनशक्ति के साथ-साथ समझशक्ति का भी विकास होगा।

अपने कार्य पर गौरवान्वित हों

हमारे जीवन में सभी के पास हर समय काम होता है। चाहे वह स्कूल का बच्चा हो, गृहस्थ हो या फिर ऑफिस जाने वाला कोई इंसान, सभी के जीवन में कोई न कोई कार्य अवश्य लगा रहता है। हम अपने कामों को लेकर काफी चिड़चिड़े रहते हैं, कामों को लेकर अक्सर हमें शिकायत रहती है कि सुबह से शाम हो जाती है लेकिन हमारे काम खत्म नहीं होते। घर, स्कूल या ऑफिस के काम खत्म ही नहीं हो रहे, यह सोच-सोचकर हम अपनी सहनशक्ति खत्म करते चले जाते हैं। हमें लगता है कि हमें जीवन में सिवाय काम के करना ही क्या है? जिंदगी में कोई उत्साह, आनंद या उल्लास नहीं बचता। हमें अपने काम को मस्ती के साथ करना चाहिए। अपने जीवन के हर पल व अपने काम से आनंदित रहें, उनमें हमेशा नई खुशियां तलाशें। अपने काम के दौरान हो सके तो थोड़ा-बहुत हंसी-मजाक करके उसे और रुचिपूर्ण बनाने का प्रयास करें। अगर आप मुस्कुराते हैं तो उससे आपके आस-पास का पूरा वातावरण प्रभावित होता है और आपको भी महसूस होता है कि आप कुछ सही कर रहे हैं। अगर आप अपने काम को तनाव से करेंगे तो और ज्यादा चिड़चिड़े होते जाएंगे। कहीं न कहीं हमारे काम का दबाव, काम के प्रति नकारात्मक सोच हमारी सहनशक्ति को प्रभावित करती है। अगर आप काम को लेकर चिंतित हैं तो उसे ज्यादा बड़ा न समझकर योजनाबद्ध तरीके से अपने सभी कामों को करें, इसके लिए आप अपने काम का बंटवारा भी कर सकते हैं। ❐

कैसे मिलें नए लोगों से?

यूं तो बात करना एक कला है, जिससे आप कुछ ही पलों में किसी को अपना बना सकते हैं। जब हम किसी से बात करते हैं तो सिर्फ हाय-हैलो या अभिवादन ही नहीं करते। हम अपने व अपने परिवार के बारे में, अपने हुनर व प्रतिभा के बारे में आदि बहुत कुछ सामने वाले के सामने प्रदर्शित व परिलक्षित भी करते हैं। इसलिए कहते हैं कि बात करना एक हुनर है। लेकिन बात करना तब और भी बड़ा हुनर बन जाता है जब हम किसी अजनबी से बात करते हैं। हमें ये भी नहीं मालूम कि जिससे हम बात कर रहे हैं, उसका स्वभाव कैसा है, उसे किस बात पर गुस्सा आएगा, किस बात को वह कौन से तरीके से लेगा, वो बात करने के मूड में है या नहीं, क्या उसमें हमारे झूठ-सच को पकड़ने की काबिलियत है वगैरह-वगैरह। इसलिए किसी अजनबी से बात करते समय हमें एक-एक कदम फूंक-फूंक कर रखना होता है यानी हमें उससे बात करते समय काफी सावधानी बरतनी पड़ती है। क्योंकि हमारी कई छोटी-छोटी आदतें व हरकतें जो कि हमारे बात करने के तरीके को प्रदर्शित करती हैं, वे सामने वाले को हमारे प्रति आकर्षित भी कर सकती हैं और हममे एक विकर्षण व खिंचाव भी पैदा कर सकती हैं। जैसा कि कहा जाता है कि फर्स्ट इंप्रेशन इज द लास्ट इंप्रेशन, इसलिए पहली बार किसी से भी बात करते समय कुछ बातों का ध्यान अवश्य रखें, क्योंकि कोई भी संबंध चाहे वह दोस्ती का हो, प्रेमी-प्रेमिका का हो या किसी प्रकार का व्यावसायिक संबंध, वह हमेशा किसी पहली मुलाकात से ही शुरू होता है। अगर हमारी पहली मुलाकात ही अच्छी नहीं हुई तो आने वाले समय में हमारा रिश्ता कभी भी अच्छा नहीं बन सकता। हर इंसान हमारे लिए पहली मुलाकात में अजनबी ही होता है। इसलिए पहली मुलाकात में हमेशा कोशिश करनी चाहिए कि बातचीत इतने अच्छे ढंग से की जाए ताकि उस बातचीत का सिलसिला आगे भी बना रहे और आपका रिश्ता मजबूत बन सके।

शिष्टाचार का ध्यान रखें

वैसे तो सभी से बात करते समय इस बात का ध्यान रखना चाहिए लेकिन खासतौर से जब आप किसी अजनबी से बात कर रहे होते हैं तो अगर आप च्यूइंग गम, तंबाकू या टॉफी

इत्यादि कुछ भी खा रहे हैं तो पहले उसे खा लें और फिर बात करें या फिर उसे थूक दें। खाते-खाते बात बिल्कुल न करें, क्योंकि अगर आप उसे चबाने की आवाज के साथ बात कर रहे हैं तो यह असभ्यता की निशानी कही जाती है। खाते-खाते आपके मुंह से अगर उस चीज के छींटें बाहर आने लगें तो यह आपके सभ्य होने का प्रमाण नहीं देतीं।

सरल स्वभाव से बात करें

जब भी आप किसी से पहली बार बात करें तो अपने बातचीत के लहजे पर खास ध्यान दें। आपकी आवाज में विनम्रता होनी चाहिए। बात करते समय आवाज में आ रहे उतार-चढ़ाव पर भी खास ध्यान देना चाहिए, क्योंकि हमारी आवाज की गति से ही हमारे मूड का पता चलता है। हो सकता है कि हम किसी से लड़कर आ रहे हों, गुस्से में हों या चिंतित हों लेकिन अजनबी से बात करते समय इन बातों को भूलकर पूरे धैर्य से बात करनी चाहिए। पूरी शालीनता, सभ्यता, सौम्यता व नम्रता से बात करें, क्योंकि हमारे बात करने का ढंग हमारे स्वभाव व चरित्र को अभिव्यक्त करता है।

स्पष्ट रूप से बात करें

बातों को सीधी व साफ तरीके से कहें। जब हम किसी अजनबी से बात करते हैं तो उससे सीधे व साफ तरीके से ही हर बात करनी चाहिए। बात को घुमा-फिराकर कहने से बात करने में समय भी ज्यादा खर्च होता है और सामने वाले पर भी आपका अच्छा प्रभाव नहीं पड़ता। अजनबी को लगता है कि इसे बात करने की तमीज और सलीका नहीं है। अजनबी से काफी सहज ढंग से बात करें। आपकी बातें व उसका तरीका ऐसा होना चाहिए जिससे कि वो अजनबी भी स्वयं को आपकी बातों में भागीदार बना सके। अजनबी की रुचि आपकी बातों में होनी चाहिए, तभी वह बातें करते समय आपका भागीदार बन पाएगा। बातों-बातों में आप उसका नाम, शौक व व्यवसाय के बारे में पूछ सकते हैं, जिससे वो भी आपकी बातों का भागीदार बन जाएगा। हल्के विषयों पर बात शुरू करें। अजनबी को आपकी बातों से यह एहसास बिल्कुल नहीं होना चाहिए कि आप उसके पीछे पड़ गए हैं या उसकी निजी जिंदगी में दखल दे रहे हैं। आप जो भी बात करें टू द प्वॉइन्ट करें। हो सकता है कि सामने वाला जल्दी में हो, आपकी लंबी बातों के कारण उसे असुविधा महसूस हो रही हो।

केवल जरूरी बातें करें

न तो बेवजह उसके निजी जीवन में दखल दें और न ही उसे अपने निजी जीवन की बातें बताएं। जो बातें निजी हैं चाहे वह उसके घर-परिवार, संबंध या आय के बारे में हो, उसके बारे में ज्यादा जानने की कोशिश न करें। पहली मुलाकात में सिर्फ उनसे अपना रिश्ता बनाएं

न कि उनकी निजता में दखल देना शुरू करें। कुछ सवाल पहली मुलाकात में नहीं पूछे जाते, इस बात का खास ध्यान रखें। पहली मुलाकात में जब हम सामने वाले से उसकी निजी जिंदगी से जुड़े सवाल पूछते हैं तो उसे लगने लगता है कि यह तो बेवजह मेरी जिंदगी में हस्तक्षेप कर रहा है या दखल दे रहा है। हमें उसके जीवन में दखलांदाजी करने से बचना चाहिए। ऐसा ही व्यवहार हमें अपने प्रति भी रखना चाहिए। हमें भी सिर्फ उनसे काम की ही बात करनी चाहिए। पहली मुलाकात में अपनी निजी जिंदगी उनके सामने खोलकर न रखें। अपने घर-परिवार की बात न बताएं या फोन नंबर न लें और न दें। अपनी निजी बातों का एक दायरा बनाएं और उसे न खुद लांघे और न ही अजनबी को लांघने दें।

किसी की बुराई न करें

अपने पुराने लोगों की बुराई न करें। कई बार अजनबी से बात करते हुए आपको लगता है कि ये तो मुझे नहीं जानता, इसे मेरे बारे में कुछ भी नहीं पता, इसलिए मैं इससे कुछ भी कह सकता/सकती हूं। ये सोचकर हम अजनबी से अपने किसी पुराने परिचित या फिर मित्र की बुराई करना शुरू कर देते हैं। ऐसा बिल्कुल न करें। इससे सामने वाले को लगेगा कि जो इंसान अपनी जिंदगी में शामिल लोगों की किसी से पहली मुलाकात में ही इतनी बुराई कर सकता है, तो हो सकता है कि जब हमारा रिश्ता पुराना होगा तो यह मेरी भी ऐसे ही दूसरे लोगों के सामने बुराई करेगा। अपनी पहली ही मुलाकात में अजनबी से निंदा, आलोचना या छींटाकशी जैसी बात नहीं करनी चाहिए, ताकि सामने वाले के मन में आपको लेकर कोई नकारात्मक भाव न आए।

अपनी सोच पर संयम रखें

अपनी पहली मुलाकात के बाद ही सामने वाले के प्रति कोई राय न बनाएं। पहली मुलाकात के बाद ही तय न कर लें कि उसका चरित्र अच्छा या बुरा है। या फिर वो बहुत दयालु और अच्छा है या बुरा है। ये न सोचें कि इससे हमें मिलना ही चाहिए या ये किसी लायक नहीं है इसलिए हमें इससे मिलना ही नहीं चाहिए। पहली मुलाकात में जरूरी नहीं है कि आप या सामने वाला क्या कह पाते हैं। आप सच कह पाते हो या झूठ। अगर आप सच कह देते हो तो क्या सामने वाला आपको समझ पाएगा? कहीं मैं गरीब हूं ऐसा जानकर वो मुझसे दोस्ती न करें, ये सब सोचकर भी हम या सामने वाला कई बार सच नहीं बोल पाता। इसलिए पहली ही मुलाकात में न कोई निर्णय लें और न ही उसे कोई आश्वासन दें। पहली मुलाकात के बाद उसकी ज्यादा तारीफ न करें। हो सकता है कि आने वाले समय में आपको उसके बारे में कुछ गलत पता चले और आपको उसकी बुराई करनी पड़े और न ही उसकी बहुत ज्यादा बुराई करें ताकि आने वाले समय में आपको उससे संबंध बनाने में कोई असहजता न हो।

बड़ी-बड़ी बातें न करें

ज्यादा लंबी-लंबी न फेंकें। कई बार आप किसी पार्टी या आयोजन में जाते हैं तो कई परिचित लोगों से आप मिलते हैं और कई बार कुछ ऐसे चेहरे भी नजर आते हैं, जिन्हें आपने पहली बार देखा हो या अगर पहले देख भी चुके हैं तो बातचीत नहीं हो पाई है। ऐसे में आपकी नजरें भीड़ में किसी एक चेहरे पर जाकर टिक जाती हैं, जो अजनबी है, लेकिन आकर्षक भी। ऐसे में आप उसे इंप्रेस करने के लिए बड़ी-बड़ी बातें करने लगते हैं, ज्यादा डींगें मारते हैं। आप अपने कारनामों की पूरी दास्ता बयां कर देते हैं। ऐसे में इस बात का खास ध्यान रखें कि पहली मुलाकात में सामने वाले को आपके कारनामों में कोई विशेष रुचि नहीं होती। वो आपको जानता ही नहीं है। ऐसे में उसे कोई फर्क नहीं पड़ता कि आप क्या हो और क्या नहीं। आपकी क्या प्रतिष्ठा है, आपके घर में कितने नौकर-चाकर हैं, पहली मुलाकात में ये सारी बातें बेमानी होती हैं। इसलिए बात करते समय सामने वाले को नहीं लगना चाहिए कि आप केवल अपनी तारीफों के पुल बांध रहे हैं या फिर उस अजनबी को नीचा दिखाने की कोशिश कर रहे हैं।

सामने वाले को बात ख़त्म करने का मौका दें

आप जिससे भी बात करें, उसे उसकी बात पूरी करने दें। उसकी बात के बीच में उसे बिल्कुल न टोकें। अगर आपने किसी को बोलने का मौका दिया है तो उसे वो मौका पूरी तरह से दें। अगर वह अपने साथ हुई किसी घटना या किसी जगह का जिक्र करें तो आप बीच में बिल्कुल न कहें कि अच्छा ऐसा तो मेरे साथ भी हुआ है, मैं भी उस जगह गया था। अपनी बात कहें, अपना अनुभव भी बांटें पर पहले उसकी बात सुनें। उसे बीच-बीच में टोक कर उसका रोमांच खत्म न करें। उसके बाद चाहें तो आप अपनी पूरी बात विस्तार से रख सकते हैं।

शारीरिक हाव-भाव का ध्यान रखें

बातों के दौरान हाव-भाव या बॉडी लैंग्विज का भी खास ध्यान रखें। कान खुजाना, सिर खुजाना या नाक में उंगली डालना जैसी हरकतें न करें। हिचकी आना, डकार आना या फिर दांतों के नीचे उंगली डालकर चबाना इन सब आदतों से परहेज करें। अगर आपको छींक या हिचकी आ जाए तो सॉरी जरूर कहें। अपनी शारीरिक स्थिति को बार-बार न बदलें। जैसे कि कभी कमर पर हाथ रखकर खड़े हो गए तो कभी कांख में हाथ डाल दिया। ऐसा न करें, स्वयं को स्थिर रखें। नहीं तो इससे सामने वाले को महसूस होता है कि आपको उसमें कोई रुचि नहीं है। इसलिए अजनबी से बात करते समय अपनी बॉडी लैंग्विज पर खास काम करें।

हर्षित व्यवहार अपनाएं

यह जरूरी है कि जब भी हम किसी अजनबी से बात करें तो अपने चेहरे पर एक खुशी बनाए रखें। हमारा चेहरा दुखी या परेशान नहीं लगना चाहिए। साथ ही बातों-बातों में उस अजनबी की तारीफ भी करें। लेकिन तारीफ, तारीफ ही लगनी चाहिए। वो तारीफ विषय से हटकर या आपकी असभ्यता का परिचय देने वाली नहीं होनी चाहिए। पहली मुलाकात में उसके शरीर या किसी अंग जैसे आपके बाल बहुत अच्छे हैं, आपकी आंखें बहुत खूबसूरत हैं या आप तो बहुत अच्छे से चलते हैं इत्यादि लाग-लपेट से भरे शब्द आपकी तारीफ करने के ढंग में शामिल नहीं होने चाहिए। आप तारीफ जरूरत से ज्यादा न करें, जिससे अजनबी को यह महसूस न हो कि आप झूठ बोल रहे हैं, बढ़ा-चढ़ाकर बातें कर रहे हैं या फिर फ्लर्ट करने की कोशिश कर रहे हैं। बात करते समय किसी भी चीज की इतनी अति न कर दें, जिससे सामने वाले को आपके अंदर सहजता कम और बनावटीपन ज्यादा लगे। तारीफ की बात हो तो तारीफ जरूर करें लेकिन अति न हो, इसका खास ध्यान रखें। नहीं तो बात बनने से पहले ही बात बिगड़ जाएगी।

सामने वाले की पूरी बात सुनें

जब आप किसी अजनबी से मिलते हैं तो कोशिश करें कि आप बोलें कम और सुनें ज्यादा। सामने वाले को ऐसा नहीं लगना चाहिए कि सिर्फ आप ही बोले जा रहे हैं, उन्हें अपनी बात कहने का मौका ही नहीं दे रहे। आपने सामने वाले को भी सिर्फ सुनने के लिए नहीं रोका है। जाहिर सी बात है कि जब आप किसी अजनबी से बात कर रहे हैं तो कुछ अपनी कहेंगे और कुछ उसकी भी सुनेंगे। उसको ऐसा लगना चाहिए कि आप बोल तो रहे हैं पर साथ-साथ उसकी भी सुन रहे हैं। अगर उसे इस बात का जरा सा भी एहसास हो गया कि आप केवल अपनी ही कह रहे हैं तो उसके अंदर हीन भावना आ सकती है। उसे लग सकता है कि आप उसे कुछ नहीं समझते। इसलिए उसे कुछ भी बोलने का मौका नहीं दे रहे, सिर्फ अपनी ही चला रहे हैं।

सब को एहमियत दें

सामने वाले से बातों के दौरान न तो उसकी टांग खींचें, न उसका मजाक उड़ाएं और न ही उसे नीचा दिखाने की कोशिश करें। अगर उसके मुंह से कुछ गलत या झूठ निकल भी गया है तो भी उसे भूल जाएं। बेमतलब में उसकी ज्यादा खिंचाई न करें। उसे बिल्कुल न जताएं कि उसने ऐसी बात कहकर खुद को आपकी नजरों में गिरा लिया है या झूठा साबित कर लिया है। उसे महसूस न कराएं कि उससे गलती हो गई।

कम शब्दों में पूरी बात कहें

अगर आपको किसी से बात करके लगता है कि उसे आपकी बातों में रुचि नहीं है या यहां आपकी बात नहीं बनने वाली तो उस बात को वहीं खत्म कर दें। बात को आगे खींचने की बजाय अपने काम पर लग जाएं। लेकिन कई बार हम ऐसा नहीं करते, हम जानते हैं कि यहां हमारा काम नहीं बनने वाला, तब भी हम बेतुकी बातें करके किसी न किसी बहाने बात को आगे बढ़ाने की कोशिश करते हैं। इससे सामने वाले को महसूस होता है कि बात तो खत्म हो गई फिर क्यों यह अपना समय बर्बाद कर रहा है। अगर आप वाकशक्ति में प्रखर हैं, अपनी बात रखने का हुनर जानते हैं फिर तो ठीक है लेकिन अगर ऐसा नहीं है तो अपनी बात को जबर्दस्ती न खींचें। अगर सामने वाला सिर्फ 'हां', 'हूं', 'अच्छा', 'ठीक है', ऐसे जबाव दे रहा है तो आप समझ जाइये कि उसे आपकी बातें रुचिकर नहीं लग रहीं। वो बात खत्म करना चाहता है। ऐसे में आप या तो विषय बदल दें या फिर बातचीत वहीं खत्म कर दें।

किसी बात को न दोहराएं

जबर्दस्ती किसी बात को मनवाने या उगलवाने की कोशिश न करें। कई बार हम किसी से कुछ जानना चाहते हैं। लेकिन पहली मुलाकात में ऐसा करने से हमेशा बचें। या फिर अगर सामने वाले ने कुछ कह दिया तो उसको गलत और खुद को सही साबित करने की कोशिश भी न करें। उसे ऐसा न कहें कि उसने ऐसा कैसे कह दिया, ऐसा तो हो ही नहीं सकता, ये गलत बात है। अगर उसने कुछ गलत कह भी दिया या वह आपसे कोई बात बताना नहीं चाहता, उसने बात टाल दी तो ऐसे में उससे बात उगलवाने की या कुछ भी जबर्दस्ती कहलवाने की कोशिश न करें। अगर उसने कुछ टाल दिया तो टालने दें। बार-बार पूछकर उसे ऐसा महसूस न कराएं कि आप उससे पूछताछ कर रहे हैं या उसका इंटर्व्यू ले रहे हैं। उसे पूछताछ, छानबीन या इंटर्व्यू जैसा एहसास गलती से भी नहीं होना चाहिए, नहीं तो आप उसके साथ अपना संबंध ज्यादा समय के लिए नहीं बना पाएंगे।

खाने-पीने की चीज मिल-बांट कर खाएं

अगर आप बस, ट्रेन या किसी भी जगह पर कुछ खा-पी रहे हैं और ऐसे में कोई अजनबी आपके सामने आ जाए या आप चलते-चलते उनके पास पहुंच जाएं तो आप पूरी कोशिश करें कि आप उससे भी खाने-पीने के लिए पूछें। ऐसा नहीं होना चाहिए कि आप सिर्फ अपने खाने में लगे हैं और दूसरे की तरफ ध्यान भी नहीं दे रहे। माना कि कई लोग किसी का जूठा नहीं खाते या फिर किसी से कोई चीज नहीं लेते। लेकिन सभ्यता यही कहती है कि आप उनसे खाने के लिए जरूर पूछें, चाहे वो अजनबी ही है तो क्या हुआ।

शांत भाव से बात करें

बातों के दौरान अपने को सही या किसी और को गलत या फिर किसी विषय को सही या गलत न ठहराएं। आपकी बातें सामान्य बातचीत ही लगनी चाहिए, बहस नहीं। ऐसा कोई भी विषय जैसे राजनीतिक, सामाजिक या फिर कोई अन्य गंभीर मुद्दा न उठाएं जिससे सामने वाले को लगे कि आप अपनी बुद्धिमत्ता दिखा रहे हैं। आप ये दिखाना चाह रहे हैं कि आप कितने बुद्धिमान हैं। पहली मुलाकात में ऐसा कोई भी गंभीर विषय न उठाएं जिससे बहस होने की संभावना हो। क्योंकि अगर ऐसा हो गया तो आपकी यह पहली मुलाकात आगे प्रगाढ़ संबंधों में तब्दील नहीं हो पाएगी। इसलिए हमेशा ऐसे विषयों से बचें जिससे बहस हो।

सावधानी से बात करें

कुछ लोगों को बात करते समय मुंह से थूक या छींटें फेंकने की आदत होती है। ऐसे में किसी अजनबी से बात करते समय आप रुमाल जरूर साथ रखें या फिर कोशिश करें कि आप बहुत नजदीकी से बात न करें। क्योंकि अगर आपको इस चीज की आदत है तो आप बात करते वक्त इस पर ध्यान नहीं दे पाएंगे। ऐसे में यह एहतियात ही आपको किसी अजनबी के सामने शर्मिन्दा होने से बचा सकती है। कोशिश करें कि गर्दन को थोड़ा टेढ़ा या इधर-उधर करके बात करें ताकि आपके सामने वाले को आपसे बात करते समय असहजता महसूस न हो।

पहली मुलाकात में काम की बात न करें

अपनी पहली मुलाकात की बातों के दौरान अगर आपको लगता है कि यह आपके काम का व्यक्ति है, भविष्य में आपके काम आ सकता है या आपकी प्रतिभा उसकी प्रतिभा से मेल खाती है, चाहे वह अजनबी आपके कितने भी काम का क्यों न हो, पहली मुलाकात में भूलकर भी उसके सामने अपने काम की बात न रखें। पहली मुलाकात में अपना काम निकलवाने या अपना उल्लू सीधा करवाने का कोई प्रयास न करें। आप उससे भी अपनी मदद करने का आश्वासन न लें और न ही उसकी मदद करने का आश्वासन दें। ताकि अजनबी को न लगे कि इससे मुलाकात क्या हो गई, ये तो मेरे पीछे ही पड़ गया।

ये सारी वे बातें हैं, जिनका ध्यान रखकर आप किसी अजनबी को अपना बना सकते हैं। न केवल अपना बना सकते हैं उनका दिल जीतते हुए उनसे अपने संबंध काफी प्रगाढ़ कर सकते हैं। हर किसी के बात करने की एक खास शैली होती है, आपकी भी होगी। आप अपनी शैली को न बदलें, परन्तु अजनबी से बात करते वक्त इन सारी बातों का ध्यान रखेंगे तो आप पहली मुलाकात के बाद ही किसी के भी दिल में अपनी जगह बनाने में कामयाब हो जाएंगे।

❐

कैसा हो गलतियों के प्रति दृष्टिकोण?

कहते हैं कि इंसान गलतियों का पुतला है। जन्म से लेकर मृत्यु तक हम गलतियां करते ही रहते हैं। कभी जान-बूझकर तो कभी जाने-अनजाने। यह मानव का स्वभाव है। इंसान चाहकर भी गलतियां करने से नहीं बच सकता। जीवन में प्रत्येक व्यक्ति कोई न कोई गलती अवश्य करता है। इस दुनिया में शायद ही कोई होगा, जिसने कभी कोई गलती न की हो। जीवन में यही गल्तियां हमें बहुत कुछ सिखाती भी हैं। हम यह भी नहीं कह सकते कि हमसे जीवन में कोई गलती नहीं होनी चाहिए, क्योंकि अगर इंसान से कोई गलती होगी ही नहीं तो वह सीखेगा कैसे? अंग्रेजी में गलती का अर्थ है 'मिस्टेक', जहां मिस्टेक है वहां 'लेसन' है अर्थात् जहां गलती है वहां एक 'सबक' है। अगर हम समझदार बनना चाहते हैं तो हमें गलतियों से घबराना नहीं चाहिए, बल्कि उन गलतियों से सीखते हुए जिंदगी में आगे बढ़ना चाहिए।

गलतियां दो तरह की होती हैं। एक जो हम खुद करते हैं और दूसरी जो किसी ओर से होती हैं। जिंदगी भर हम इस बात से दुखी रहते हैं कि हम किसी से संतुष्ट नहीं हैं। हम हमेशा कहते हैं कि यह गलत इंसान है, इसलिए मैं इसके साथ खुश नहीं हूं, यह जॉब गलत है, मैं इस जॉब से खुश नहीं हूं। गलती जब हमसे हो जाए या किसी ओर से हो जाए तो इन दोनों परिस्थितियों में गलतियों के प्रति हमारा क्या नजरिया होना चाहिए? हम किसी को बहुत आसानी से कह देते हैं कि तुमने गलती की, लेकिन जिसने गलती की उसके प्रति हमें कैसा रवैया रखना चहिए। इस लेख से हम यही जानेंगे कि जब हमसे गलती हो जाए या कोई और हमारे साथ गलत करे तो हमें कैसा दृष्टिकोण रखना चाहिए?

जब हो जाए दूसरों से गलती

गलती निकालना बहुत आसान है लेकिन उसे माफ करना उतना ही मुश्किल। कहते हैं कि माफ कर देना सजा देने से बड़ी बात होती है। सजा जहां रिश्ते में दरार लाती है वहीं माफी से बिगड़े रिश्ते भी बन जाते हैं। किसी ने आपकी भावनाओं को ठेस पहुंचाई हो या आपका कोई नुकसान किया हो, तो सच में उसे माफ करना बहुत मुश्किल होता है। किसी को माफ करना हर किसी के बस की बात नहीं होती। इसलिए यहां हम आपको बता रहे हैं कुछ ऐसी ही जरूरी बातें जिनसे आप दूसरों की गलतियों को माफ कर उनके साथ अपने रिश्ते को और भी मजबूत बना सकेंगे।

अपनी बात स्पष्ट कहें

आप सामने वाले से किस बात पर नाराज हैं या नहीं हैं इसे आप पूरी तरह जाहिर कर दें या छिपा लें। लेकिन अपने आप बैठे-बैठे अंदाजा न लगाएं कि सामने वाले को पता होगा कि उसने क्या गलत किया है या हम सामने वाले से नाराज हैं, क्योंकि अधिकतर हम यही सोचते हैं कि सामने वाले को हमारे हाव-भाव एवं व्यवहार आदि से पता चल जाएगा कि हम उससे नाराज हैं और इसी उम्मीद में हम अपने संबंध खराब करते चले जाते हैं और छोटी सी नाराजगी को बड़े मनमुटाव में बदलने लगते हैं। ऐसा न हो इसलिए मौका, मूड और वातावरण को देखकर उचित शब्द एवं लहजे के साथ सामने वाले को समझाएं व बताएं कि उससे क्या गलती हुई है। स्वयं अंदाजा लगाकर रूठे न रहें कि सामने वाले को पता है कि हम नाराज हैं।

सहनशील बनें

आपके जिस भी मित्र या संबंधी से गलती हुई है, उसे उसी वक्त उसकी गलती गिनाना शुरू न कर दें। उसे उसी वक्त सुनाना शुरू न करें कि तुझे ऐसा करते हुए शर्म आनी चाहिए, उसे थोड़ा समय दें। हो सकता है कि अकेले में उसे अपनी गलती का एहसास हो जाए और वह जान जाए कि उसने क्या गलत किया है। लेकिन अगर आप अचानक से उसके ऊपर बरस पड़ेंगे तो उसे यह पता ही नहीं चल पाएगा कि उसने क्या गलत किया है? थोड़ा सब्र से काम लें।

सामने वाले को सोचने का मौका दें

गलती करने वाले को स्वयं सोचने का मौका दें कि उसने क्या गलती की है। बेशक उसे एक इशारा कर दें ताकि वह अपनी गलती महसूस कर सके। आप उसे न सुनाएं कि तुमने यह ठीक नहीं किया। इस बात का मूल्यांकन उसे खुद करने दें कि उसने क्या गलत किया है और क्या सही? आप उस पर सवार न हो जाएं।

उचित समय देखकर बात करें

किसी की भी गलती गिनाने से पहले उसका मूड और उसके आस-पास का वातावरण देख लें। अगर सामने वाले से कोई गलती हुई है तो सबके सामने उसे गलत न ठहराएं। यह बात आप उससे अकेले में भी कर सकते हैं। आपका मुख्य उद्देश्य अगर किसी को उसकी गलती बताना है तो सिर्फ उसे बताएं कि वह गलत है। सबके सामने उसकी बेइज्जती करना आपका उद्देश्य नहीं होना चाहिए। उससे अकेले में व उसका मूड देखकर बात करें। हो सकता है कि उसका मूड बहुत खराब हो या वह भीड़ में हो, ऐसे में आपका उसे बेइज्जत करना उसे आपसे दूर भी कर देगा और वह कभी अपनी गलती भी नहीं समझ पाएगा। कोई भी इंसान जान-बूझकर गलती नहीं करता। हो सकता है आपको या उसे कोई गलतफहमी हुई हो, इसलिए उससे गलती हो गई हो। उसी वक्त सबके सामने गलती गिनाने से वह एक और गलती कर बैठेगा। कुछ समय इंतजार करें, तब उससे बात करें।

सकारात्मक रवैया अपनाएं

किसी को भी उसकी गलती गिनाते वक्त गिल्टी या दोषी महसूस न कराएं। अगर किसी से गलती हुई भी है तो उससे बात करने का एक तरीका होता है। आराम से और प्यार से उसे समझाएं कि उसने जो किया है, उसे वैसा नहीं करना चाहिए था। उसे समझाते वक्त कभी भी अपशब्द या नकारात्मक शब्द न कहें। कभी ऐसे बात न करें कि तूने ऐसा किया, तुझे तो मर जाना चाहिए। इससे व्यक्ति खुद को जिंदगी भर दोषी समझते हुए आत्मग्लानि में जीता है तथा कभी-कभी आत्महत्या जैसे कदम भी उठा लेता है। कभी भी किसी को हीनता का अनुभव न कराएं।

बातों की पुनरावर्ती न करें

गलती बताने के बाद उस बात या गलती को बार-बार न उठाएं। आपने एक बार उसे गलती बता दी फिर चाहे उसने अपनी गलती स्वीकार की या नहीं, आप बार-बार उस बात को न दोहराएं। कई बार हम सामने वाले के गलती मानने के बाद भी उसके पीछे पड़े रहते हैं। हर बात में हम उसे ताना मारकर उसे बार-बार उसकी गलती गिनाते रहते हैं। उसकी गलती को तकिया कलाम बनाकर हम उसे सुनाते रहते हैं। उसने गलती की, आपने उसे उसका एहसास करा दिया, बस बात वहीं खत्म हो गई। हमेशा उस गलती को पकड़कर न बैठे रहें। अपनी गलती मानने के बाद अब वह सुधरना भी चाह रहा हो, तो आपके इस रवैये से वह अब नहीं सुधरेगा। उसे लगेगा कि मैंने गलती मान ली, लेकिन फिर भी मुझे बार-बार बेइज्जत किया जा रहा है, तो अपनी गलती मानने का क्या फायदा? यह तो बस उसी बात को पकड़कर बैठा है, फिर अब सुधरने से कोई लाभ नहीं होने वाला।

एकांत में बात करें

अन्य मित्रों के सामने मित्र की गलती न गिनाएं। बाकियों की नजर में उसकी गलत छवि न बनाएं। हर किसी से न कहें कि उसने कुछ गलत किया है। हम सोचते हैं कि अगर सामने वाले ने गलती की है तो हमें पूरा हक मिल गया है, उसे बेइज्जत करने का। लेकिन यह सही तरीका नहीं है। इस तरह का रवैया कतई न अपनाएं। आपने उसकी गलती पहले एक मित्र से बताई फिर उसने किसी और से और धीरे-धीरे यह बात सबमें फैल गई। आपको ऐसा नहीं करना चाहिए, क्योंकि पहले वह सिर्फ आपकी नजरों में गलत था लेकिन आपके इस रवैये के कारण सब उसको आपकी नजरों से ही देखेंगे। वह दूसरों की नजरों में गिर जाएगा। इससे फिर उसमें नकारात्मक भाव आएंगे और वह सुधरना भी चाहेगा तो अपना इरादा बदल देगा। उसे अफसोस होगा कि उसने तुमसे कुछ कनफेस किया या तुमसे अपनी गलती की माफी मांगी लेकिन फिर भी तुम उसकी बेइज्जती करे जा रहे हो, उसके मन में आपके प्रति द्वेष भाव आ जाएगा।

अपनी नेकी का एहसान न जताएं

यदि आप किसी की गलती माफ कर रहे हैं तो उस पर एहसान न जताएं कि आपने उसकी गलती माफ करके उस पर बहुत बड़ा एहसान किया है। बार-बार उसे न कहें कि तुम हमेशा गलती करते हो और मैं हमेशा तुम्हें माफ कर देता हूं। साथ ही साथ दूसरों के सामने भी न सुनाते रहें कि जब वह गलती कर देता है तो मैं तो उसे हर बार माफ कर देता हूं। अगर आप माफ कर रहे हो, तो उसे दिल से माफ करो, उसे दिखाने, गिनाने या एहसान तले दबाने के लिए या किसी और को दिखाने के लिए माफ मत करो। ऐसे माफ करने से तो माफ न करना ज्यादा अच्छा है। अगर आपने किसी को माफ कर दिया और उसके बाद सबके सामने दिखावा किया कि मैं तो बड़े दिल वाला हूं, मैं तो हर किसी को माफ कर देता हूं। इस तरह की माफी का कोई अर्थ नहीं है। दूसरे दोस्तों के सामने न गाएं कि कोई और होता तो उसे थप्पड़ लगा देता, वो तो मैं था जो उसे माफ कर दिया। आपका यह रवैया संबंधों को और बिगाड़ देगा।

गलती हो जाने पर समझाएं

किसी से भी गलती होने पर सिर्फ उसे इशारा करके उसे उसकी गलती समझा दें। उसकी गलती के ऊपर उसे लंबा-चौड़ा भाषण या प्रवचन न दें। गलती तो उससे हो गई, लेकिन जितना संभव हो सके उसे कम से कम शब्दों में उसकी गलती का एहसास करा दें, इसके लिए लंबा-चौड़ा भाषण देने की कोई जरूरत नहीं है। उससे बिना सिर-पैर की नकारात्मक बातें न करें। उसे उसकी बाकी कमियां गिनाना शुरू न करें। अन्य बातों को लेकर उसे भाषण या प्रवचन देकर बात को लंबा न खींचें।

गलती स्वीकारने का समय दें

सामने वाले को उसकी गलती बताकर उसके सामने से हट जाएं। कभी इस कोशिश में न रहें कि वह आपकी बात को या अपनी गलती को उसी समय मान ले। उसे थोड़ा समय दें। आपको लगता है कि एक तो उसने हमारा दिल दुखाया, फिर भी यह हमसे अभी माफी नहीं मांग रहा। उस पर उसी समय अपनी गलती मानने का दबाव न डालें। उसे कुछ वक्त दें, जिससे वह एहसास कर पाए कि उसने सच में गलती की है। यह उम्मीद न करें कि वह उसी वक्त माफी मांग ले। आप उसे अपना मानते थे, इसलिए आपने उसे उसकी गलती समझा दी, आपकी जिम्मेदारी यहां खत्म हो जाती है। इसके बाद उसे क्या करना है, यह निर्णय उसी पर छोड़ें और इसके लिए उसे कुछ समय जरूर दें। आपका समझाना उस पर किसी तरह का दबाव नहीं होना चाहिए।

एक और मौका दें

गलती करने वाले को अपनी गलती सुधारने के लिए थोड़ा समय और मौका दें। हर किसी के मनोविज्ञान व समझ का अलग तल है। कोई एक दिन में अपनी गलती मान लेता है। किसी को कुछ हफ्तों या महीनों का भी समय लग सकता है। अगर उसने अपनी गलती मानकर यह कहा कि आगे से ऐसा नहीं होगा तो इसका मतलब यह नहीं है कि वह अगले पल से ही आपके अनुरूप ढल गया। आप अगले दिन उससे उम्मीद न करें कि आज ही से यह मेरी समझाई बातों को ध्यान में रखना शुरू कर देगा। उसे समय दें। आपने उसे जो भी समझाया है, उस बात को अपने स्वभाव में ढालने में उसे कुछ समय जरूर लगेगा। अगर उसने आपसे प्रॉमिस किया है कि वह सुधर जाएगा, तो एक रात में ऐसा नहीं होगा, इसके लिए उसे समय लगेगा और यह समय देना आपका फर्ज है। मुंह से माफी मांगने में और जीवन में उसको उतारने में कुछ वक्त लगता ही है।

गलती का कारण समझें

सामने वाले को सलाह देने से पहले स्वयं को उसकी जगह पर रखकर देखें कि अगर आप उसकी जगह होते तो क्या करते। किसी को भी सलाह देना बहुत आसान काम है। उसकी जगह पर खुद को रखकर सोचें कि वह जिस मजबूरी में है, अगर मेरे साथ वह स्थिति होती तो मेरा क्या रवैया होता? क्या मैं जो उसको इतना लंबा भाषण दे रहा हूं, अगर मैं भी उस परिस्थिति से गुजर रहा होता तो मैं खुद के लिए वह सब सोचता। इसलिए दूसरे की गलती को समझने के लिए बहुत जरूरी है कि हम खुद को उसकी जगह पर रखकर देखें।

अपने दिल में कुछ न रखें

कई बार ऐसा होता है कि गलती का एहसास कराने के बाद भी सामने वाला आपसे माफी नहीं मांगता, इसलिए आप उससे नाराज रहते हैं। आप सोचते हैं कि जब तक वह आपसे माफी नहीं मांगेगा, हम उससे बात नहीं करेंगे। यह गलत रवैया है। कई बार सामने वाला हमसे उसी समय माफी मांग भी लेता है, फिर भी हमारे नखरे कम नहीं होते। हम उस पर गुस्सा दिखाते रहते हैं। आप उससे कुछ समय तक बिल्कुल बात नहीं करते, ऐसा न करें। आपने उसे माफ किया या नहीं यह अलग बात है। लेकिन अगर माफ नहीं किया तो भी उससे नाराजगी न दिखाएं।

संवाद बनाए रखें

अक्सर ऐसा होता है कि छोटी-छोटी बातों से दोस्तों के बीच बातचीत बंद हो जाया करती है। हम अपने दोस्तों की गलती को माफ नहीं कर पाते और माफ करने के बाद भी आपकी मित्रता उससे पहले जैसी नहीं रहती। आपके स्वभाव में उसके प्रति परिवर्तन आ जाता है। ऐसा करना बहुत गलत है। ऐसा करने से कुछ हासिल नहीं होता, बल्कि आपके दोस्त आपसे और दूर हो जाते हैं। अगर हम उन्हें सच्चे दिल से माफ करके उन्हें उनकी गलती के साथ अपनाते हैं तो हमारे रिश्ते और भी प्रगाढ़ हो जाते हैं।

व्यवहार में परिवर्तन न करें

अगर आपके दोस्त से गलती हो भी जाती है तो भी अपने व्यवहार में कोई परिवर्तन न लाएं। आप उनके गलती करने से पहले उनके साथ जैसे पेश आते थे, वैसे ही गलती होने के बाद भी पेश आएं। पहले हम उनकी हर बात का ख्याल रखते थे। उनसे मिलते थे, बात करते थे, साथ खाना खाते थे। लेकिन उनसे गलती होते ही आप उनसे दूरियां बढ़ाना शुरू कर देते हैं। बात भी करते हैं तो मात्र औपचारिकता पूर्ति के लिए। हमने सामने वाले को उसकी गलती का एहसास करा दिया लेकिन उस पर अपने विचार न थोपें। उनसे उम्मीद न करें कि वह अब वैसा दोबारा नहीं करेगा। हालात चाहे जैसे भी हों, बात जरूर करें क्योंकि बात करने से ही मसले हल होते हैं। याद रखें खामोशियां या चुप्पी आपसी रिश्तों को खोखला बना देती हैं।

दिल से माफ करें

किसी को भी माफ करना हो तो दिल से माफ करें। किसी का दिल जीतने, अन्य लोगों को दिखाने या उससे अपना काम निकलवाने के लिए औपचारिकता के लिए माफ न करें। अगर आप किसी को दिल से माफ नहीं करते, तो उस माफी का कोई मतलब नहीं रह जाता। अपना उल्लू सीधा करने के लिए किसी को माफ न करें।

मनमुटाव न रखें

एक बार अगर आपने किसी को माफ कर दिया, चाहे वह दिल जीतने के लिए ही सही, उसके बाद उसे फिर से उसकी गलती का ताना न मारें। मान लीजिए कि आपने एक बार तो किसी को माफ कर दिया लेकिन कुछ समय बाद फिर कोई बात निकली और आपने उसे उसकी पुरानी गलती का ताना मारकर फिर से शर्मिन्दा कर दिया। जो बीत गई, सो बात गई। इसलिए पुरानी बातों को बार-बार न दोहराएं। जिस बात पर आपने विश्वास जीतकर उसे उसकी गलती का एहसास कराया है या उससे माफी मंगवाई है, फिर से उसी बात का ताना मारकर खुद को न गिराएं। आप जब किसी को बार-बार उसकी गलती याद दिलाते हैं तो आप यह भूल जाते हैं कि आपके इस बर्ताव से सिर्फ उसकी ही छवि खराब नहीं हो रही, बल्कि उसकी व अन्य लोगों की नजरों में आपकी भी नकारात्मक छवि बन रही है। अगर किसी ने आपके सामने अपनी गलती कबूल की और आपने सबके सामने या अकेले में बार-बार उसे गाया तो अगली बार वह आपके सामने कुछ कबूल करने से भी घबराएगा। इससे धीरे-धीरे आपके रिश्ते में दूरियां आ जाएंगी और आपके बीच का आपसी विश्वास भी खत्म होता चला जाएगा।

कठोर दिल न बनें

सामने वाले को किसी की गलती की इतनी बड़ी सजा भी न दें कि वह जिंदगी भर उस सजा के सदमे से निकल ही न पाए। मान लीजिए किसी बच्चे की छोटी सी गलती पर आपने इतनी बड़ी सजा दे दी कि वह बच्चा जिंदगी भर एक दर्द या डर में ही जीता रहे। अगर कोई बड़ा भी है, तो हो सकता है कि आपका सख्त व दिल दुखाने वाला रवैया उसको अवसाद में ले जाए और इस अवसाद के कारण वह आत्महत्या तक कर सकता है। ऐसे में इस बात का हमेशा ध्यान रखें कि आपके अपने से हुई एक गलती पर आप इतनी ज्यादा नाराजगी न दिखाएं कि आपको हमेशा के लिए उन्हें खोना पड़े।

हम हमेशा सोचते हैं कि हम किसी को कब तक, किस हद तक माफ करेंगे? आप किसी को तब तक और उस हद तक माफ करें, जब तक हम चाहते हैं कि भगवान हमें माफ करें। जब हम कुछ समय के लिए मौन या एकांत में बैठेंगे तो हमें एहसास होगा कि बचपन से लेकर आज तक हमने कितनी ही गलतियां की हैं। क्या हमने कभी अपनी गलतियों के लिए यह चाहा है कि भगवान हमें इसके लिए दंड दे। अगर कोई बहुत अच्छा है तो हमें उसके गुण जरूर लेने चाहिए। इस मामले में हमें भी भगवान के गुण सीखने चाहिए और माफ करने की कला हमें भी आनी चाहिए। जिस प्रकार किसी के मन की बात पूरी होने पर उसे खुशी मिलती है उसी प्रकार यदि किसी से कोई गलती हुई है और उसे अपनी गलती पर पछतावा है तो उसे माफ करके हम उसे भी खुशी दे सकते हैं। किसी को माफ करने से हम खुद को भी काफी हल्का महसूस करते हैं।

जब हो जाए स्वयं से गलती

जिंदगी में कई ऐसे पल आते हैं, जब आप न चाहते हुए भी कोई गलती कर जाते हैं या किसी अपने का दिल दुखा देते हैं। ऐसे में यदि दोनों में से कोई पहल न करे, तो आपसी दूरियां बढ़ती जाती हैं और आप जाने-अनजाने अपने अपनों से कितनी दूर हो जाते हैं, इसका आपको एहसास तक नहीं होता। जब एहसास होता है, तब तक बहुत देर हो चुकी होती है। इसलिए जब स्वयं से भी कोई गलती हो जाए तो आप कुछ जरूरी बातों का ध्यान रखकर अपने रूठे प्रियजनों को बड़ी आसानी से मना सकते हैं।

अपनी गलती स्वयं मानें

इससे पहले कोई दूसरा आपकी गलती गिनाए या आपको उस गलती का एहसास कराए, आप खुद ही अपनी गलती मान लें। अगर आप समझदार व सभ्य हैं तो किसी के टोकने से पहले ही स्वीकार कर लें कि आपको ऐसा नहीं करना चाहिए था। आपको खुद इस बात का एहसास होना जरूरी है कि आपने कुछ गलत किया है।

खुद से सुधरने का वादा करें

अगर आपको एहसास हो गया है कि आपने कुछ गलत किया है तो आप उसे पूरे मन व दिल से स्वीकार करें। आप कभी यह सोचकर गलती स्वीकार न करें कि मैंने ऐसा नहीं किया तो अन्य लोग मुझे ताने देंगे, बुरा समझेंगे। किसी को दिखाने या प्रदर्शन के लिए अपनी गलती न स्वीकारें। अपनी गलती के प्रति स्वयं ग्लानि महसूस करें और खुद से वादा करें कि अब आप दोबारा कभी ऐसा कुछ नहीं करेंगे।

दोबारा वही गलती न करें

जिस बात को लेकर आपने एक बार गलती कर दी है उसी बात को दोबारा न दोहराएं। माना आपने उसके लिए माफी भी मांग ली। लेकिन आपका सॉरी बोलना आपको उसी गलती को दोहराने का लाइसेंस नहीं देता। इसलिए कोशिश करें कि जिंदगी में आप बार-बार एक ही गलती न दोहराएं।

गलती मानने का एहसान न जताएं

अगर आपसे कोई गलती हुई है और आपने उसे स्वीकार कर उसकी माफी भी मांग ली, तो यह बहुत अच्छी बात है। लेकिन बार-बार अपनी इस बात को गिनाएं नहीं। हर बात पर सामने वाले को यह एहसास न कराएं कि आप अपनी गलती की हर बार माफी मांग लेते हैं।

बार-बार किसी से न कहें कि आप ही हर बार माफी मांगते हैं। आपने अपनी गलती स्वीकार की, इसलिए माफी मांगी थी न कि इस वजह से ताकि आप जिंदगी भर उसका एहसान जताते रहें। इसलिए इस तरह की बातों से हमेशा बचें।

माफी मांग कर रूठे को मनाएं

दूसरे की गलती पर जो उम्मीद हम सामने वाले से करते हैं, वही आप खुद से भी करें। अगर किसी दूसरे की गलती पर आप उससे उम्मीद करते हैं कि वह आपसे माफी मांगने के अलावा समय-असमय आपसे बात करे, आपको मनाए। ऐसी ही कोशिशें हम खुद भी करें। अपनी गलती की माफी तो मांगें ही साथ ही जब आपको मौका मिले आप उन्हें एहसास कराएं कि आप अपनी गलती पर शर्मिन्दा हैं और आपको ऐसा नहीं करना चाहिए था। इसके अलावा सामने वाले के दिल से खटास को पूरी तरह दूर करने के लिए भी कई प्रकार की कोशिशें करते रहें। जिससे उन्हें लगे कि आप वाकई अपनी गलती को लेकर शमिन्दा हैं।

अहम् के साथ माफी न मांगें

सामने वाले को सिर्फ दिखावे के लिए नहीं मनाएं, बल्कि आपको आपकी गलती का एहसास है, इसलिए मनाएं और साथ ही आश्वासन दें कि आप दोबारा कभी ऐसा कुछ नहीं करेंगे। आपको सिर्फ मुंह से माफी नहीं मांगनी है, उन्हें मनाना भी है। आप सिर्फ एक एहसान जताने के लिए माफी न मांगे। अगर आपके माफी मांगने के बाद भी सामने वाले की नाराजगी दूर नहीं हुई तो उसे ऐसे ही न जाने दें। माफी मांग लेने से ही आपकी जिम्मेदारी खत्म नहीं हो जाती। सामने वाले के दिल से बीती बातों को पूरी तरह से निकालकर अपने लिए वही पहले जैसी जगह बनाना भी आप ही का दायित्व है, इससे भागें नहीं।

अपने वादों से न फिरें

जिस बात का आप आश्वासन देते हैं, उसे निभाएं जरूर। मान लीजिए आपने बच्चों को समझाने के लिए कहा कि अगर आपने यह गलती दोबारा नहीं की तो आप उसे उसकी मनपसंद कोई चीज लाकर देंगे, तो आप अपने उस वादे को निभाएं। अगर आप वादा नहीं निभाते या अपनी कही बात भूल जाते हैं तो बच्चा फिर चिढ़ से दोबारा यह गलती करेगा कि पापा ने तो कहा था, वो मुझे गलती न करने पर गिफ्ट देंगे लेकिन वो तो भूल गए, तो सुधरने का क्या फायदा? इससे बच्चा उद्दण्डी व विद्रोही स्वभाव का हो जाएगा। इसलिए हमेशा अपनी कही बात पूरी करें, उससे मुकरें या उसे भूलें नहीं।

अपनी गलती का अहसास करें

अगर आपसे कोई गलती हो गई है तो आप उसे खुद ही मान लें। कभी भी उसे छिपाने की कोशिश न करें या फिर एक गलती को छिपाने के लिए और ज्यादा गलती न करें। एक तो आप पहले ही गलती कर चुके हैं, उसके बाद आप उस पर चिल्लाकर या भीड़ इकट्ठी करके दूसरी गलती न करें। साथ ही अपनी गलती में किसी ओर से झूठ बुलवाकर या किसी भी अन्य तरीके से आप अपनी गलती को और न बढ़ाएं। अपनी गलती को छिपाने के लिए दोबारा, बड़ी या नई गलती न करें।

माफी मांगने में देरी न करें

अपनी गलती प्यार व सहजता से मान लें। लंबी बहस, तर्क-वितर्क या छींटाकशी के बाद गलती मानने का कोई मतलब नहीं है। आपको कोई बहुत देर तक समझा रहा है, आपसे बहस कर रहा है, एक-दूसरे के चरित्र पर छींटाकशी की, उसके बाद इन सबसे बचने के लिए सॉरी न कहें। आपको माफी मांगनी है तो सरलता से मांग लें। किसी के नीचा दिखाने के बाद माफी मांगने का कोई औचित्य नहीं रह जाता। कई बार आपकी लड़ाई के समय आस-पड़ोस के लोग इकट्ठे हो जाते हैं, तो आप उनका सामना करने के डर से भी माफी मांग लेते हैं। ऐसी माफी का कोई मतलब नहीं है। माफी दिल से मांगी जानी चाहिए।

आत्मप्रशंसक न बनें

अगर आप किसी से अपनी गलती की माफी मांग लेते हैं तो यह आपकी अच्छाई है। हर किसी के सामने खुद ही अपनी इस अच्छाई का बखान न करें। दूसरों को खुद ही न बताएं कि आपका दिल कितना बड़ा है कि आप किसी को भी जल्दी माफ कर देते हैं और खुद भी गलती करते हैं तो आगे बढ़कर सहजता से माफी मांग लेते हैं।

रिश्ते को पूर्वत बनाएं

सामने वाले को मनाना आपका लक्ष्य व ध्येय होना चाहिए जबकि स्वयं को सुधारना आपकी कोशिश। आपको सामने वाले को सिर्फ सॉरी बोलकर नहीं मनाना, बल्कि अपने रिश्ते को पूर्ववत करने के लिए आपको जो भी कोशिश करनी पड़े, उसे करने के लिए आप तैयार रहें। आपका ध्येय सामने वाले को ऊपरी तौर पर नहीं बल्कि दिल से मनाना होना चाहिए। साथ ही खुद में भी बदलाव लाने की कोशिश करें। आप जो गलती कर चुके हैं, आपकी कोशिश होनी चहिए कि आप जीवन में फिर ऐसा कुछ नहीं करेंगे और यह कोशिश ऊपरी तौर पर नहीं बल्कि दिल से होनी चाहिए।

सामने वाले को माफ करने का समय दें

हर व्यक्ति के मानसिक स्तर का तल भिन्न होता है। हर इंसान के मानने व माफ करने की एक सीमा होती है। किसका गुस्सा ज्यादा है, कम है, कौन कितने दिनों में मानेगा, सबका अपना-अपना स्वभाव है, इसलिए गलती करके मनाने पर भी अगर सामने वाला नहीं मान रहा तो आप भी गुस्से में ऐंठ न जाएं कि मैंने तो माफी मांग ली, फिर भी इसने मुझे माफ नहीं किया। उसे थोड़ा समय दें, मानने के लिए। उससे उम्मीद न करें कि वह आपके मनाते ही मान जाएगा। कोई तो बात को उसी समय भूल जाते हैं, तो कई लोगों को समय लगता है। ऐसे में आप ऐंठकर न बैठ जाएं, सरल रहें और अपनी कोशिशें जारी रखें। पीठ पीछे भी यह बात नहीं करनी है कि मैंने गलती की तो माफी मांग ली और यह है कि माफ ही नहीं कर रहा। ऐसे में अन्य लोगों में उसके अहंकार होने की छवि बनेगी जो कि गलत है। इसमें उसका अहंकार नहीं है। यह उसके मनोविज्ञान का स्तर है कि वह थोड़ा समय लेकर आपको माफ करेगा। माफ करने वाले को थोड़ा समय दें।

रिश्तों में एकता जरूरी है

रिश्ता तोड़ना या नजरें चुराना आसान है, पर अपनी कोशिशों से उस रिश्ते को बनाए रखना उतना ही मुश्किल है। अगर आपसे कोई गलती हुई तो आपका यह कहना बहुत आसान है कि हम आपस में अब बात नहीं करेंगे। इससे कोई हल नहीं निकलने वाला। ऐसे में माफी मांगना ही एक ऐसा हल है, जो आपसी मनमुटाव को खत्म कर सकता है। आखिर आप किस-किस से रिश्ता तोड़ेंगे या नजरें चुराएंगे? कहीं न कहीं हम गलती करते हैं, कहीं न कहीं कोई हमारे साथ गलत करेगा। कहीं हम गलत होंगे, कहीं हमारे साथ गलत होगा, तो ऐसे में आप किस-किस से नाता तोड़ेंगे? आप किस-किस से ईगो या अहम् पालोगे। कहीं न कहीं तो आप माफी मांगोगे। इसलिए गलती होने पर रिश्ता न तोड़ें या नजरें न चुराएं, बल्कि अपनी गलती मानकर अपने रिश्ते को सुधारने की कोशिश करें।

❑

सफलता के लिए आलोचना भी जरूरी है

जीवन में आलोचना का होना सामान्य बात है। कोई कितना भी चाहे पर आलोचना से बच नहीं सकता है। आलोचना प्रत्यक्ष रूप से सम्मान पर धावा बोलती है, इसलिए गुस्सा आना स्वाभाविक ही है, क्योंकि इससे हमारे स्वाभिमान पर चोट लगती है। पर विद्वानों का कहना है कि ऐसे अवसर पर हमेशा विचारशीलता से काम लें, आवेश में आकर विग्रह न खड़ा करें बल्कि ये जानने का प्रयास करें कि उन्हें ऐसा करने का मौका किस लिए मिला यानी कि आपके व्यक्तित्व में ऐसी क्या कमी हुई जो कि आप आलोचना का शिकार हुए, इसलिए कुछ बातों का विशेष ध्यान रखें-

1. आलोचना की गई बातों को सत्यता की कसौटी पर कसें कि वो सही भी हैं या नहीं। वैसे अधिकांशत: बातें असत्य ही होती हैं।
2. कभी-कभी आलोचनाओं को मान लेना भी कारगर ही होता है, क्योंकि यदि वो सत्य हों तो आप उसे सुधार कर अपने व्यक्तित्व की कमी दूर कर सकते हैं।
3. निरर्थक आलोचना को कभी भी महत्त्व न दें। अगर आप सही हैं और आलोचना गलत तो कभी भी उन पर ध्यान न दें। स्वयं को हमेशा सन्मार्ग पर ही चलाएं।
4. आलोचना कितनी सही है। इस बात का सही ढंग से आकलन अवश्य कर लें, क्योंकि बहुत बार लोग मात्र आपस में लड़वाने व तमाशा देखने के बाद मजा लेने के लिए ही आलोचना करते हैं।
5. विद्वानों का एक ही मत है कि आलोचनाओं पर कभी भी जरूरत से ज्यादा ध्यान न दें।

सार रूप में इतना ही कह सकते हैं कि आलोचक को कभी भी अपना शत्रु न मानें। आलोचना सुनकर कभी भी अपना धैर्य न खोएं, यदि आलोचना सही है तो अपनी गलती को सुधारकर

उसे दूर करने का अथक प्रयास करें और यदि आलोचना गलत है तो भी अपने क्रोध पर काबू रखें। संभवत: ये सब करना कठिन कार्य है परंतु फिर भी अपनी सहनशीलता से आलोचक का मन जीतने का प्रयास करें ताकि वो कभी फिर आपकी आलोचना करने का प्रयास कर ही न सके बल्कि उसे भी आपकी सहनशीलता के कारण आपकी प्रशंसा करने के लिए बाध्य होना ही पड़े।

आलोचना हमेशा दो तरह की होती है

1. **रचनात्मक**-रचनात्मक उन आलोचनाओं को कहते हैं जिनका प्रभाव व्यक्ति पर सकारात्मक पड़ता है। जिनको सुनने के बाद इंसान कुछ नया सीखता है और जिस चीज की आलोचना हुई है उसे दूर करता है और आलोचक के प्रति मन में किसी तरह का कटु भाव नहीं रखता।
2. **विध्वंसात्मक**-विध्वंसात्मक उन आलोचनाओं को कहते हैं जिसका प्रभाव व्यक्ति पर नकारात्मक पड़ता है। जिसको सुनने के बाद इंसान कुछ नया सीखना तो दूर की बात अपनी वही पुरानी चीज को आलोचना होने के बाद भी दोहराता है और आलोचक के प्रति मन में कटु भाव पाल लेता है।

यह सच है कि आलोचनात्मक टिप्पणियां आत्मविश्वास विकसित करने के मार्ग में बहुत बड़ी बाधक होती हैं। पर ऐसा भी देखने में आया है कि ऐसी ही कड़वी टिप्पणियों की बदौलत कई लोग कामयाबी के शिखर पर पहुंच गए।

प्राचीन यूनान के डेमोस्थनीज की उम्र जब मात्र सात साल थी, तभी उसके पिता की मृत्यु हो गई थी। उस जमाने में एथेंस तथा यूनान के अन्य राज्यों में लोग अपने ग्यारह-बारह साल के बच्चों को व्यायामशाला में भेजना शुरू कर देते थे। ग्यारह साल की उम्र में जब डेमोस्थनीज ने व्यायामशाला में प्रवेश लेना चाहा तो व्यायामशाला वालों ने उसे प्रवेश देने से मना कर दिया। उनका कहना था कि शारीरिक व्यायाम शुरू करने की दृष्टि से वह बहुत कमजोर है।

यही नहीं, जब वह जवान हुआ तो उसे पता चला कि जिस व्यक्ति ने उसे पाल-पोस कर बड़ा किया है, उसने उसकी सारी पैतृक संपत्ति हड़प कर ली!

डेमोस्थनीज बुरी तरह हकलाता था। लोग उसका बहुत मजाक उड़ाते थे। मगर लोगों के ताने सुनकर भी उसने हिम्मत नहीं हारी। इसके विपरीत वह बोलने की कला में माहिर होने की जी तोड़ कोशिश करने लगा।

वह अपने मुंह में कंकड़ रखकर साफ बोलने का अभ्यास करता। इस उद्देश्य की प्राप्ति के लिए उसने कई हफ्तों तक कड़ी मेहनत की। समुद्र के किनारे अकेले टहलते हुए अथवा दुर्गम पहाड़ियों की चढ़ाई चढ़ते हुए वह इसी प्रकार लगातार बोलने का प्रयास करता रहता।

उसने अपने घर के तहखाने को अध्ययन कक्ष में परिवर्तित कर दिया, जहां वह शीशे में अपना चेहरा देखते हुए आवाज की कसरतें करता रहता। बाहर घूमने के लोभ से छुटकारा पाने के लिए उसने अपने आपको आधा गंजा कर लिया। वह हर कीमत पर अपना लक्ष्य पूरा करना चाहता था।

जल्दी ही, उसकी गिनती यूनान के तत्कालीन महान वक्ताओं में होने लगी! यह वही डेमोस्थनीज था जिसने एथेंस को मेसेडोनिया के राजा फिलिप और बाद में सिकंदर महान के खिलाफ उकसाया था। 30 से लेकर 60 साल तक की उम्र तक वह एथेंस का बेताज बादशाह बना रहा।

शेरशाह सूरी के बचपन का नाम फरीद था। वह बिहार का एक मामूली सरदार था। पर नन्हें फरीद पर उसकी सौतेली मां ने जो जुल्म ढाए, उसके साथ जो नाइंसाफियां कीं उन्होंने उसे एक महान शासक बनने के लिए प्रेरित किया और जैसा कि इतिहास के सभी विद्यार्थी जानते हैं, वह अपने उद्देश्य में सफल भी रहा।

कालिदास भेड़-बकरियां चराने वाले एक मामूली गड़रिया थे। जब उनकी पत्नी ने उनका मजाक उड़ाया कि वे अंगूठा छाप हैं तो वे ज्ञान प्राप्ति के लिए निकल पड़े और आज कौन नहीं जानता कि वे कितने बड़े विद्वान बने! उनकी प्रसिद्धि समय की सीमाओं से परे है। आज भी अभिज्ञान शाकुंतलम् और मेघदूतम् जैसी उनकी कृतियां पूरी दुनिया में प्रसिद्ध हैं।

भूषण जब कुछ भी नहीं कमाते थे तो उनकी भाभी ने इसी बात को लेकर उन्हें उलाहना दे दिया था। एक दिन जब उन्होंने अपनी भाभी से शिकायत की कि उनकी बनाई हुई एक सब्जी में नमक नहीं है तो भाभी ने कटाक्ष करते हुए कहा- लाला, सब्जी में नमक न होने के बारे में शिकायत करने का अधिकार तुम्हें किसने दिया? तुम खुद तो कुछ कमाते नहीं हो।

यह उलाहना सुनकर भूषण को बहुत बुरा लगा। उन्होंने उसी समय प्रतिज्ञा की कि वे एक महान कवि बनेंगे और अपनी कविताओं के जरिये पैसा कमाएंगे। जल्दी ही वे बहुत बड़े कवि बन गए। पहले वे छत्रसाल के दरबार में रहे और बाद में शिवाजी के दरबार में।

थॉमस अल्वा एडीसन को बहुत कम उम्र में स्कूल छोड़ देना पड़ा था। अपने अध्यापक की नजर में वे मूर्ख और मंदबुद्धि थे। एडीसन ने प्रण किया कि एक दिन यही दुनिया उन्हें बेहद बुद्धिमान व्यक्ति के रूप में पहचानेगी व आज इस शताब्दी के पूर्वार्द्ध के सबसे बड़े आविष्कारकों में उनका नाम गिना जाता है। ताप दीप्त लैंप, ग्रामोफोन, चलचित्र और स्टॉक टिकर इत्यादि चीजों का आविष्कार उन्होंने ही किया।

विंस्टन चर्चिल युवावस्था में इतनी बुरी तरह हकलाते थे कि उनके अपने घर के सदस्य भी उन्हें बेवकूफ समझते थे। आज वही चर्चिल ग्रेट ब्रिटेन के महान प्रधानमंत्री के रूप में याद किए जाते हैं। लगातार अभ्यास करके न सिर्फ उन्होंने अपनी इस कमी को दूर कर लिया, बल्कि आज वे ब्रिटेन के सबसे बड़े वक्ता के रूप में याद किए जाते हैं।

क्या इन सभी लोगों ने अपने आत्मविश्वास को इस बात की जांच करने के बाद जागृत किया कि उनके सामने वे ईंट किसने रखीं जिन पर अंकित था तुम यह काम नहीं कर सकते या तुम्हें नहीं मालूम कि इस काम को कैसे किया जाए?

बिल्कुल नहीं! किसी बात की जांच-पड़ताल करके किसी ठोस नतीजे पर पहुंचने में काफी समय लगता है, हालांकि यह बड़ा ही प्रभावशाली तरीका है। मैं तुम्हें थोड़ा सावधान भी करना चाहूंगा। अपना विश्लेषण करना बड़ा ही तकलीफदेह काम होता है। भारतीय पुराणों की एक कथा के अनुसार जब असुरों और देवताओं ने अमृत पाने के उद्देश्य से क्षीर सागर को मथना शुरू किया तो सबसे पहले उसमें से हलाहल (प्राणघातक विष) निकला। उस हलाहल को भगवान शिव ने अपने गले में उतार लिया। उसके बाद मंथन जारी रहा और अंत में क्षीर सागर में से अमृत निकला।

दिन में एक घंटे से अधिक अपना विश्लेषण मत करिये। यह आकलन न्यूक्लियर (नाभिक) ऊर्जा की तरह बड़ा ही शक्तिशाली होता है। यदि आपको ठीक से आत्मविश्लेषण करना नहीं आता, तो उससे आपको नुकसान भी हो सकता है।

सो कर उठने के फौरन बाद या सोने से थोड़ी देर पहले कभी आत्म-विश्लेषण न करिये। इस समय के दौरान कभी अपनी कमजोरियों या दुर्गुणों पर विचार मत करें। इस समय को आपको बचाकर रखना चाहिए, अपने उद्देश्य के बारे में विचार करने के लिए, आप अपनी जैसी छवि बनाना चाहते हो उसके बारे में मनन करने के लिए। इससे आत्म-विश्लेषण का नकारात्मक प्रभाव बेदम हो जाएगा।

अपमान भी दिला सकता है सम्मान

मनुष्य का जीवन अपमान और सम्मान का एक तराजू है, जिसमें कभी अपमान का पलड़ा भारी होता है तो कभी सम्मान का। अगर सोचा जाए कि जीवन में सिर्फ फूल ही फूल मिलें तो उन शूलों का क्या होगा जो उन फूलों की सुरक्षा के लिए लगाए गए हैं।

अगर हम गहराई से सोचें तो अपमान भी श्रेष्ठ का ही होता है और परिस्थिति कैसी भी हो मनुष्य को नकारात्मक परिस्थितियों में भी सकारात्मक सोच अपनानी चाहिए, क्योंकि सकारात्मक विचार ही मनुष्य का सच्चा मार्गदर्शन करते हैं। अपमान मनुष्य को सोचने के लिए विवश करता है और यही अपमान हमें शिखर तक भी ले जाता है। अगर मोहनदास करमचन्द गांधी का सामान अंग्रेजों ने चलती ट्रेन से नहीं फेंका होता तो क्या वह व्यक्ति महात्मा गांधी बनते? गांधी जी ने तभी सोचा कि हम चाहे कितने भी सही ढंग से जीवन यापन करें लेकिन हमारा मूल्यांकन पराधीनता के दृष्टिकोण से ही होगा।

मीराबाई, तुलसीदास, संत तुकाराम, संत रविदास न जाने कितने ऐसे उदाहरण हैं जिन्होंने न केवल अपमान का विष ही पिया, बल्कि उन्हें घोर सामाजिक तिरस्कार का सामना भी करना पड़ा।

जब अंगुलिमाल ने भगवान बुद्ध से दीक्षा ली और वह भिक्षा मांगने निकला तो उसे ग्रामवासियों के द्वारा अत्यंत अपमान एवं तिरस्कार का सामना करना पड़ा। भगवान बुद्ध ने जब उससे पूछा कि 'तुम्हें इतना अपमान मिला तुम्हें बुरा नहीं लगा अगर जरा सा उन्हें डराते तो वे डर जाते। इस पर अंगुलिमाल ने कहा भगवन मैंने सोचा कल तक ये होश में थे और मैं बेहोश था, आज मैं होश में हूं और ये बेहोश हैं।'

❐

सबको अब सब कुछ नहीं मिलता

कहते हैं कि मनुष्य के दुख का कारण उसकी इच्छाएं हैं परन्तु बात सिर्फ यहीं पर समाप्त नहीं हो जाती क्योंकि यदि इच्छाएं ही दुख का कारण होतीं तो आदमी कब का सुखी हो गया होता। इच्छाओं के अलावा भी कुछ है, जो आदमी को चैन से जीने नहीं देता, और वो है उसकी दस में से दस की इच्छा। एक–दो या पांच–छह चीजें आदमी की पूरी हो जायें तो भी वह दुखी ही नजर आता है। क्योंकि उसकी नजर उस पर नहीं रहती जो उसे मिल गया है उसकी नजर उस पर रहती है जो उसे नहीं मिला है।

आदमी बड़ा अजीब है वह हर चीज पूरी की पूरी ही चाहता है, उसमें रत्ती भर भी कमी बर्दाश्त नहीं करता। किसी को मनचाहा घर चाहिए तो किसी को मनचाहा साथी। किसी को जॉब चाहिए, तो किसी को गाड़ी। हैरानी की बात तो ये है कि इनमें से किसी को एक भी चीज चाहिए तो वो भी पूरी चाहिए। मसलन अपना घर होना काफी नहीं अपनी इच्छाओं और कल्पनाओं वाला घर चाहिए। साथी होना काफी नहीं सबसे ज्यादा प्यार करने वाला, वफादार, खूबसूरत और समझदार साथी होना चाहिए आदि आदि। ऐसी तमाम इच्छाएं हैं जिन्हें आदमी पूरा का पूरा चाहता है। पूरे की चाहत गलत नहीं पर पूरे से कम का अस्वीकार गलत है। हम तो चाहते हैं कि सब कुछ हमारे लिए हमारे अनुसार हो। हम कुछ सहना, स्वीकारना या समझना क्यों नहीं चाहते? हमें हमेशा दूसरे सुखी लगते हैं और हम दुखी पर सच तो ये है कि दूसरा भी इसी भाव से ग्रसित हैं वह भी स्वयं को दुखी और दूसरे को सुखी समझता है।

हम सब जानते हैं कि जीवन सुख–दुख का नाम है फिर भी हम दुख के आते ही शिकायतों से भर जाते हैं। किस्मत को, परिस्थिति एवं परिस्थिति से जुड़े लोगों को कोसते हैं, क्यों?

किसके जीवन में दुख नहीं आता? तक्लीफों का सामना किसे नहीं करना पड़ता? क्या हम पहले हैं जिसने जीवन में दुख भोगा है? नहीं। फिर वह राम, कृष्ण, जीजस जैसे देवता हो या टाटा–बिरला, सचिन तेन्दुलकर से लेकर अमिताभ बच्चन तक जैसे सफल, समृद्ध

लोग। हर किसी ने कभी न कभी दुख भोगा है। किसी भी महापुरुष की जीवनी उठाकर देख लो, दुख सभी ने झेले हैं हर युग में। जब से मनुष्य ने जन्म लिया है उसने किसी न किसी प्रकार का दुख झेला है किसी ने स्वास्थ्य का तो किसी ने रूप का। किसी ने आय का तो किसी ने संतान का। किसी ने साधन का तो किसी ने साथी का, सब कुछ किसी को नहीं मिलता, न ही कभी मिल सकता है। गुलाब के पास सुगंध है तो चमक नहीं, सोने के पास चमक है तो सुगंध नहीं, गन्ने के पास मिठास है तो घनत्व नहीं, कपास के पास घनत्व है तो मिठास नहीं, कोयल के पास कंठ है पर सौंदर्य नहीं, मोर के पास सौंदर्य है पर कंठ नहीं, कुछ न कुछ कम या अधूरा रह ही जाता है।

हम कोई अलग नहीं हैं। हम भी सब के जैसे हैं फिर हम कोई साधारण मनुष्य हों या कोई विशिष्ट, कभी न कभी तो दुख हमें भी मिलेगा। लेकिन हम हैं कि शिकायतों से भरे रहते हैं हैरानी की बात तो यह है कि अगर हम किन्ही नौ या आठ कारणों से सुखी हैं तो हम यह नहीं देखते कि हम अन्य स्तरों पर हम कितने सुखी भी तो हैं। हम बचे हुए एक दो कारणों को इतना बड़ा व आगे करके देखते हैं कि सारे आठ सुख उसके कारण फीके पड़ जाते हैं और हम इसी कोशिश में लगे रहते हैं कि जब तक हम शेष दो कारणों या विषयों को सुख में तब्दील नहीं कर देंगे तब तक हम खुश नहीं होंगे। ऐसी जिद, ऐसी सोच व दृष्टिकोण हमें कभी सुखी नहीं होने देगा। क्योंकि दस में से दस न कभी किसी को मिला है न मिल सकता है। ऐसी सोच व जिद से, दो दुख दस सुख में कभी तब्दील होंगे, यह कहना मुश्किल है परन्तु यह तो तय है कि आदमी अपने मिले आठ सुख को ऐसी सोच के कारण गंवा सकता है, यानी उन्हें भी दुख में परिवर्तित कर सकता है। और यही हो रहा है।

आदमी की दस में से दस पाने की चाहत का ही नतीजा है कि आज उसके रिश्ते दाव पर लगे हैं। जितना दुखी आज वह अपने सम्बन्धों के कारण है उतना दुखी वह किसी और कारण से नहीं है। वे सम्बन्ध घर-परिवार में अपनों के बीच हों या ऑफिस में अपने बॉस या सहकर्मियों के साथ। जिसे देखो उसे, एक दूसरे से शिकायत है। हम हर चीज में परफेक्शन तलाश रहें है फिर वह पति से हो या पत्नी से, बच्चों से हो या मां-बाप, से ऑफिस में भी हम हर छोटे-बड़े से दस में से दस की उम्मीद लेकर चल रहे हैं।

बहुत आसान है दस में से दस की उम्मीद करना। पर क्या कभी आपने सोचा है जैसे आपको दूसरों से दस में से दस की उम्मीद है ऐसे ही दूसरों को भी आपसे दस में से दस की उम्मीद होगी? अपने आप से पूछें, क्या आप सामने वाले को दस में से दस दे पा रहे हैं? नहीं। आप क्या, कोई भी कभी किसी को दस में से दस नहीं दे सकता हां किसी एक क्षेत्र में आप किसी के लिए दस में से दस हो सकते हैं पर किसी और के लिए आप दस में से दस होने या देने से चूक जायेंगे।

कभी कोई किसी को दस में से दस नहीं दे पाया। कम से कम हमेशा के लिए तो नहीं। पूरी कोशिश करके भी हम जैसे सबको हमेशा सौ प्रतिशत नहीं दे पाते ऐसी ही दूसरों के साथ भी यही समस्या हो सकती है। जैसे हम चाहते हैं कि जितना हम कर पा रहे हैं लोग उसे देखें, उसे याद रखें, ऐसे ही हमें दूसरों का वह याद रखना चाहिए जो उन्होंने व जितना हमारे लिए किया है। वो नहीं जो वो हमारे लिए नहीं कर पाये हैं। हमें जो मिला है उसका धन्यवाद देना चाहिए न कि शिकायतों से भरे रहना चाहिए। जिस दिन हम इस सत्य को गहरायी से समझ जाएंगे कि जब हम सबको सब तरह से अपना सौ प्रतिशत देकर भी संतुष्ट नहीं करपाते हैं उस दिन हम यह भी समझ जाते हैं कि किसी से शिकायत का कोई फायदा नहीं हमें जो मिला है उसके प्रति आभार व्यक्त करना चाहिए तभी हम उसका आनन्द मना पाएंगे जो हमें मिला हुआ है। वर्ना रोने के बहाने आदमी चाहे तो अन्तहीन हैं, जिसे हम खोजने बैठेंगे तो उन्हें दस में से बीस ही पाएंगे। इसलिए जो मिल रहा है उस पर नजर रखें, जो नहीं मिल रहा उसके चक्कर में वह सब न गवाएं जो आपको मिला है। हमेशा ध्यान रखें 'दस में से दस कभी किसी को नहीं मिलता'।

❒

विश्वास ताकत भी है और कमज़ोरी भी

विश्वास किसी बात, विचार, वस्तु, इंसान या परिस्थिति आदि पर दृढ़ होना या सहमत होना है। पर क्या आप जानते हैं कि विश्वास भी कई प्रकार का होता है तभी तो यह कई बार हमारे उत्थान का तो कई बार हमारे पतन का कारण होता है। क्या है विश्वास, यह क्यों और कैसे बनता और टूटता है? कौन सा विश्वास हमारी ताकत बनता है या बन सकता है यह एक जानने योग्य बात है।

इंसान एक सामाजिक प्राणी है, समूह उसकी जरूरत भी है और पहचान भी इसलिए उसका संपर्कों एवं संबंधों से घिरे रहना सहज एवं स्वाभाविक है। ऐसे में उसे दूसरों पर विश्वास करना भी होता है और दूसरों का विश्वास जीतना भी होता है। यह विश्वास करना व कराना उसकी आवश्यकता भी है और मजबूरी भी। इसलिए विश्वास न केवल उसके जीवन का बल्कि एक अच्छे एवं सुखी जीवन का आधार बन जाता है? जिसको जुटाने और जोड़ने में वह पूरा जीवन व्यतीत करता है। तभी तो कहते हैं, 'विश्वास है तो सब कुछ है।' पर विश्वास पाने एवं दिलाने से भी ज्यादा जो सबसे अधिक महत्त्वपूर्ण है वह है स्वयं में विश्वास पैदा करना, जिसे 'आत्मविश्वास' कहा गया है।

विश्वास और आत्मविश्वास में बड़ा भेद है। अमूमन हम विश्वास को बहुत ही सकारात्मक रूप में लेते हैं, जबकि सूक्ष्म तल पर यदि देखा जाए तो विश्वास इंसान की नकारात्मकता का प्रतीक है। विश्वास इंसान की ताकत को नहीं उसकी कमजोरी को परिलक्षित करता है। विश्वास इंसान की निर्भरता को दर्शाता है। तभी तो जहां भी विश्वास होता है, वहां विश्वासघात एवं अंधविश्वास जैसे परिणाम भी देर-सबेर उभर आते हैं। फिर वह कोई चीज हो या संबंध कोई स्थिति हो या विचार।

गहरे में देखें तो हमें कोई धोखा नहीं देता बल्कि हम धोखा खाते हैं। कोई हमारा विश्वास नहीं तोड़ता हमारा स्वयं पर विश्वास कमजोर होता है। हम स्वयं से ज्यादा दूसरे पर, सामने

वाले पर अधिक यकीन करने लगते हैं, लेकिन हम कहते हैं, 'यह हमारा स्वयं का अनुभव है, हमने उसे जांचा-परखा है, तब उस पर विश्वास किया है।' परंतु सच तो यह है कि विश्वास की आड़ में ही धोखा दिया जा सकता है। विश्वास धोखे से पूर्व की आवश्यक तैयारी है।

विश्वास का अर्थ है कि 'अब मुझे तुम पर भरोसा है। तुम जैसा कहोगे, करोगे मुझे सब स्वीकार है। मैं तुमसे सहमत हूं। तुम ठीक हो, मेरा अपना अब कोई मत एवं निर्णय नहीं रहा, आदि।' ऐसी ही स्थिति एवं अवस्था को हम विश्वास कहते हैं। इतना ही नहीं विश्वास की प्रगाढ़ता को हम श्रद्धा एवं आस्था से भी जोड़ देते हैं। पर, खतरनाक है ऐसा विश्वास, क्योंकि यह विश्वास हमें दूसरे पर आश्रित कर देता है। हमें हमसे ही तोड़ देता है। हम अपनी निजता को खोकर दूसरे के आकार में ढलने लगते हैं। इसलिए, इंसान जब किसी पर विश्वास करता है तो उसे देर-सबेर अपना ख्याल भी आने लगता और जब अपना ख्याल आता है तब वह न सिर्फ उसमें कमी ढूंढने लग जाता है, बल्कि जिस पर विश्वास था, उससे शिकायत भी करने लगता है। विश्वास के पीछे रिश्ते टूटने का यही मनोविज्ञान है, जिसका कारण इंसान स्वयं है और जिम्मेदार वह दूसरों को ठहराता है।

जहां विश्वास करना एक कमजोरी है वहीं विश्वास कराना भी एक तरह की इंसान की कमजोरी है। हर इंसान चाहता है कि सामने वाला उस पर विश्वास करे यह चाहत बुरी नहीं, लेकिन इस चाहत में इंसान का दिखावा उसकी चापलूसी, उसका बनावटीपन, दूसरे पर राज करने की जो मंशा है, साफ-साफ झलकती है। इतना ही नहीं इंसान चाहता है कि सामने वाला सिर्फ उसका ही विश्वास करे और किसी का नहीं यानी वह सामने वाले पर कब्जा कर लेना चाहता है और हैरानी की बात तो यह है कि हर इसांन ऐसा ही सोचता, चाहता और करता है। सभी इसी कोशिश में जुटे हैं इसलिए विश्वास जताने की इस प्रतियोगिता में इंसान सदा आगे-पीछे होता रहता है और जुड़ता, टूटता रहता है।

देखा जाए तो इंसान को इस बात से बेहद सुकून मिलता है कि सामने वाले को उस पर विश्वास है, यही विश्वास दिलाने में उसकी जीत होती है। जिस इंसान का सुख दूसरे पर निर्भर हो, वह सदा या अधिकतर दुखी अवश्य रहेगा, क्योंकि दूसरा उसे कब स्वीकारेगा, स्वीकारेगा भी या नहीं, यह उस पर निर्भर है। सब चाहते हैं कि सामने वाला मुझ पर विश्वास करे, मेरे अनुसार चले। सभी मालिक होना चाहते हैं, सभी हुकूमत करना चाहते हैं और जहां हुकूमत है वहां टकराव है, युद्ध है और जहां युद्ध है वहां अशांति है।

अब प्रश्न उठता है कि यदि विश्वास करना या विश्वास दिलाना, दोनों ही गलत है तो सही क्या है? दोनों ही सूरतों में इंसान एक दूसरे से जुड़ा है, यही उसके दुख की जड़ है। वह स्वयं से नहीं जुड़ा। उसका विश्वास दूसरों द्वारा पैदा किया गया विश्वास है, इसलिए वह दूसरों द्वारा आसानी से खंडित भी हो जाता है। दूसरों पर विश्वास कर या दूसरों का विश्वासपात्र बन कर वह स्वयं को समृद्ध समझता है, लेकिन वह यह नहीं समझता कि कहीं न कहीं वह अपने

सुख के लिए दूसरे पर आश्रित हो रहा है। इसलिए इंसान का स्वयं पर विश्वास होना चाहिए और वह विश्वास उसका अपने लिए अपने ऊपर होना चाहिए। किसी को जताने या जीतने के लिए नहीं। ऐसा इंसान जिसको स्वयं पर विश्वास होता है व दूसरों की सुनता है, समझता है उसकी बातों का सम्मान करता है परंतु उसकी बातों में आकर स्वयं के सुख के लिए उस पर आश्रित नहीं होता। अपनी यात्रा स्वयं करता है। उसकी यात्रा में शामिल होता है या उसे अपनी यात्रा में शामिल करता है पर स्वयं चलना नहीं छोड़ता।

आत्मविश्वास वाला इंसान भी डगमगाता है, लड़खड़ाता है, गिरता है मगर उसे पता है कि वह फिर खड़ा हो सकता है और चल सकता है, क्योंकि वह जानता है उसे पहुंचना है और मंजिल तक स्वयं चलकर ही पहुंचा जाएगा। भले ही मार्ग में कितने ही कांटे हों, विलम्ब हो, लेकिन वह आत्मनिर्भर है आज नहीं तो कल पहुंच ही जाएगा, यही उसका आत्मविश्वास है। हां, मार्ग में कोई सहयोगी हो सकता है, पर चाल तो अपनी ही काम आएगी। ऐसे ही हम किसी पर विश्वास करें या कोई हम पर, जीवन जीने में हमारा स्वयं का, स्वयं पर आत्मविश्वास ही काम आएगा।

❐

सफलता के लिए आवश्यक है प्रबंधक

यह जीवन एक खुली किताब है लेकिन कोई किताब भी किताब तभी कहलाती है जब वह कई पन्नों में संग्रहित होकर एकजुट हो जाती है। वरना एक पन्ने की क्या बिसात, वो यूं ही कहीं फड़फड़ाता रहता है, इधर-उधर फाइलों-टेबलों पर डोलता रहता है। फटने और गुमने का डर इसे इधर-उधर भटकता रहता है। लेकिन जैसे ही पन्ने किताब की शक्ल ले लेते हैं तो जैसे बहुत कुछ सिमटकर साफ-साफ होने लगता है। सच तो यह है कि एक धागे में बंधकर लुटे हुए बंजारे पन्ने, पन्ने नहीं रह जाते, किताब का रूप इख्तियार कर लेते हैं। एक धागे से गुजर कर फूल-फूल नहीं रह जाते, माला बन जाते हैं। बंध यदि सुनियोजित हो तो एक साकार रूप ले लेता है ठीक वैसे ही जैसे यदि हाथ सधे हुए हों तो हथौड़ों, छैनी की चोट से पत्थर मूर्ति का रूप ले लेता है। प्रबंधन और कुछ नहीं चारों ओर फैले इस विस्तृत जीवन को एक सुसज्जित ढंग से जीने का नाम है।

कई लोगों को प्रबंधन करना बोझ लगता है उन्हें लगता है प्रबंधन से जीवन में एक तरह की बंदिश लग जाती है, स्वतंत्रता में एक प्रकार का अवरोध पैदा होता है। उन्हें नियम कानून कायदे तथा समय आदि में बंधना अच्छा नहीं लगता। ऐसा करना उन्हें मन की मर्जी के खिलाफ जीना लगता है, जबकि ऐसा नहीं है प्रबंधन शब्द में बंधन का स्वर अवश्य है पर इसका अर्थ किसी बंदिश या रुकावट से नहीं है बल्कि प्रबंधन तो जीवन को नई खिलावट देता। जब भी कोई चीज प्रबंधित होती है वह और भी खूबसूरत और संतुलित हो जाती है।

बैल व घोड़े जैसे पशु ऊर्जा से परिपूर्ण होते हैं परंतु बिना उनकी नाक में नकेल ठोके उनकी ऊर्जा का उपयोग नहीं किया जा सकता। नकेल के माध्यम से बैल की ऊर्जा का प्रयोग खेत जोतने के लिए किया जा सकता वरना बिना नकेल वही बैल किसी खेत कि फसल को तहस-नहस कर सकता है। बिना प्रबंधन के जो ऊर्जा विध्वंस कर सकती है वह सृजन कर सकती थी। इसलिए प्रबंधन का भी अपना महत्त्व है।

प्रबंधन न हो तो यह जीवन सिर्फ बिखराव और भटकाव के सिवा कुछ भी नहीं है। कैन्वास पर उतरने से पहले रंगों और तुलीकाओं का कोई महत्त्व नहीं होता, शीशी में पड़े रंगों को देखकर न तो कोई काव्य रचता है और न ही कोई तारीफ के पुल बांधता है। मेज पर रखी खाली कूचियां न तो किसी को आकर्षित करती हैं न ही इनाम बटोर पाती हैं। खाली कैन्वास एक सफेद कपड़े के टुकड़े से ज्यादा कुछ नहीं होता। यह सभी बिना कलाकार के बांझ और बंजर हैं। लेकिन एक कलाकार इनके संयोजन एवं समायोजन से इन सबको न केवल अर्थ देता है बल्कि एक तस्वीर बनाकर इनके जीवन को सही राह देता हुआ इन्हें सम्मान और ख्याति की श्रेणी में ला खड़ा कर देता है। यह सारा जादू कलाकार का है। प्रबंधन कुछ और नहीं जो चारों ओर बिखरा और छुपा हुआ है, उन सबका एक प्रकट रूप है। इसलिए प्रबंधन करने के लिए गहरी आंख चाहिए, सूझबूझ, धैर्य और ध्यान चाहिए। सही मायनों में जीवन जीना ही प्रबंधन है। क्योंकि यह जीवन हमें सब कुछ देता है इसमें सुख भी छिपे हैं और दुख भी लेकिन इस मिले हुए जीवन से सुख को अलग कर देना ही अच्छे प्रबंधक की पहचान व लक्षण हैं।

❐

जब लगने लगे जीवन बोझिल

हम में से ज्यादातर लोग अपने भूतकाल की बातों को याद करके निराशा से घिरे रहते हैं। मन में हमेशा एक पछतावा रहता है कि काश हमने ऐसा किया होता तो सब कुछ अच्छा होता। यही सोच-सोचकर हम अपने वर्तमान की उपेक्षा कर उसे नष्ट करते रहते हैं। जो हो गया सो हो गया उस पर चिंता करने से कोई फायदा नहीं। बेहतर तो यह होगा कि हम पुरानी बातों को भूलकर अपने वर्तमान और भविष्य को सुधारने में जुट जाएं। हमें अपने बीते जीवन से सबक लेकर ही अपने वर्तमान को सार्थक बनाना है, जिससे हमारा भविष्य भी सुधरेगा। लेकिन ज्यादातर लोग अपने भूत को अपने ऊपर इस तरह हावी कर लेते हैं कि वे वर्तमान की अनदेखी कर देते हैं। वे इस बात पर ध्यान ही नहीं देते कि वर्तमान में उनके पास करने के लिए कितने सारे काम हैं। बस ध्यान रहता है तो यही कि हमारे साथ क्या बुरा हुआ है और यही सोच-सोचकर अपने जीवन को निराशा से भर देते हैं। यहां हम कुछ ऐसी महत्त्वपूर्ण बातें बता रहे हैं, जिनसे आप निराशा से बाहर निकलकर अपने जीवन में आशा का संचार कर सकते हैं।

ध्यान रहे सब कुछ हमारे वश में नहीं

हमारी जिंदगी पर हमारा पूरा वश है, जितनी सच्चाई इस बात में है उतनी ही सच्चाई इस बात में भी है कि कुछ चीजों पर हमारा बिल्कुल वश नहीं है। सभी की जिंदगी में सकारात्मक व नकारात्मक दोनों पहलू होते हैं, यह हम पर निर्भर करता है कि हम किस पर ज्यादा ध्यान देते हैं। कई बार हमारे सामने ऐसी परेशानियां भी आती हैं, जिन्हें हम नहीं रोक सकते। लेकिन उन परेशानियों से खुद को बाहर निकालने का रास्ता हमारे पास जरूर है। यदि आपको बुखार हुआ है तो उसे नकारात्मक दृष्टिकोण से न लेते हुए आप उसके सकारात्मक पक्ष के बारे में भी सोच सकते हैं कि अच्छा है आपको सिर्फ मामूली बुखार ही हुआ है, आपकी जिंदगी पर कोई खतरा नहीं है। आपको कोई खतरनाक बीमारी नहीं हुई है। या फिर आप कभी दोस्तों के साथ खेल में हार जाएं तो उस हार के बारे में सोचने की जगह यह सोचें कि आपको अपने

दोस्तों के साथ बिताने के लिए कुछ समय मिल गया और साथ ही खेलकूद जैसी गतिविधि में समय लगाने से आपका स्वास्थ्य भी बेहतर रहेगा। इससे उन चीजों पर हमारा वश न होते हुए भी हम खुद को उनके वश में होने से रोक पाएंगे।

हार का सामना करें

जीवन में आप हर बार सफल नहीं हो सकते। कभी-कभी हमें हार का सामना भी करना पड़ता है। इस सच को जितनी जल्दी स्वीकार लोगे, उतनी जल्दी तुम बुद्धिमान बन जाओगे। आप अपने किसी काम को लेकर कभी भी सौ फीसदी भरोसा नहीं कर सकते कि आपको उसमें कामयाबी मिल ही जाएगी। हमेशा इस बात को याद रखो कि सफलता तो अपने साथ सिर्फ सुख लेकर आती है पर असफलता अपने साथ दुख के अलावा जीवन के विस्तृत अनुभव भी साथ लाती है। असफलता ही आपको जीने का नया ढंग सिखाती है। कुछ न करने से कुछ करके दस बार असफल होना ज्यादा बेहतर है। इसलिए हार-जीत की भावना से ऊपर उठो और लगातार कोशिश करते रहो। ऐसा नहीं है कि मुसीबत सिर्फ आपके जीवन में आई है, यह जिंदगी का हिस्सा है और यह सब चलता ही रहता है। प्रत्येक मनुष्य के जीवन में कभी न कभी कठिन पल जरूर आते हैं लेकिन साहसी वही होता है, जो इन सबकी परवाह किए बिना अपने काम में जुटा रहता है। लगातार कोशिश करते हुए जब आप जीतोगे तो आप जिंदगी में जीतने का एक नया सबक सीखोगे।

बीते दिनों की याद में न रहें

आपका अतीत कितना अस्त-व्यस्त था या आपके जीवन में कितनी विडंबनाएं थीं, आज इन सब बातों का कोई अर्थ नहीं रह गया है। आपका कल गुजर चुका है, उसकी चिंता में अपना वर्तमान मत बिगाड़ो। अब आपके पास एक नया सवेरा है, नया दिन है, नई ऊर्जा और आपके पास कोरी स्लेट है, जिस पर आप जो चाहो लिख सकते हो। आज यह बात भी कोई मायने नहीं रखती कि कल लोगों ने आपके साथ कैसा व्यवहार किया था, मायने रखता है तो यह कि अब तुम सब कुछ भूलकर अपनी जिंदगी को और खूबसूरत कैसे बनाओगे। आज आप भी वह नहीं रहे जो कल थे। आपमें भी कई बदलाव आए हैं। अपने कल में की हुई गलतियों से सबक लेकर आपके अंदर एक नए मानव का जन्म हुआ है। ऐसा नया मानव जिसके पास कई तरह के अनुभवों का खजाना है, जिसकी कल उसके पास कमी थी। आज आप अपने अनुभवों से सीखकर जान चुके हो कि आप जो कर रहे हो वह सही है। इसलिए आज आप अपनी काबिलियत पहचानो, अपना महत्त्व समझो और खुद को अतीत के झरोखों से बाहर निकालकर एक बेहतर कल का निर्माण करो, इसी में तुम्हारे जीवन की सार्थकता है।

संघर्षरत रहना ही प्रगति का मार्ग है

इस दुनिया में जहां देखो, वहां संघर्ष ही संघर्ष है। आपको कुछ भी हासिल करने के लिए संघर्ष करना ही पड़ता है। संघर्ष से ही उन्नति का मार्ग प्रशस्त होता है। संघर्ष से दूर भागना कायरता है, अकर्मण्यता है। इसलिए उससे भागो मत बल्कि डटकर उसका सामना करो। जहां संघर्ष नहीं वहां जीवन की सार्थकता नहीं है। दुनिया में जितने भी कामयाब लोग हैं तथा उन्होंने जो मुकाम हासिल किया है, वह संघर्ष के दम पर ही हासिल किया है। संघर्ष ही जीवन में आगे की प्रेरणा देता है। आपका संघर्ष देखकर ही ईश्वर भी आपकी सहायता करने को आतुर हो उठते हैं। संघर्ष से आपके अंदर धैर्य, आत्मविश्वास और साहस की उत्पत्ति होती है, जो आपके व्यक्तित्व को और भी सशक्त बनाता है। जीवन में आकस्मिक आई परेशानियां हमारी जिंदगी का एक हिस्सा हैं। इनके बिना मानव जीवन अधूरा है। कई बार लोग अपनी नौकरी गंवा देते हैं, बीमार हो जाते हैं या किसी सड़क दुर्घटना का शिकार होकर काल कवलित हो जाते हैं। हो सकता है जब तुम युवा रहे हो तुम्हारी जिंदगी बहुत खूबसूरत रही हो लेकिन यह जीवन का कठोर सत्य है कि हालात कभी समान नहीं रहते हैं। जीवन में धूप-छांव का आना-जाना तो लगा ही रहता है। लेकिन खुद को मजबूत कर उनका सामना करने में ही वास्तविक जीत है। संघर्ष ही वह हथियार है, जो हमें मजबूत बनाकर मौजूदा हालातों का सामना करने की शक्ति देता है।

सत्य को स्वीकारें

जिंदगी में कई बार ऐसे पल आते हैं जब हम पूरी तरह टूट चुके होते हैं। दुख की अथाह वेदना हमारे भीतर छिपी होती है लेकिन हम यह हर किसी को नहीं दिखाते। बल्कि हर किसी के आगे खुद को खुश दिखाते हैं। ऐसी कोशिशें करते हैं, जिससे दूसरों को लगे कि हमारी जिंदगी में सब कुछ ठीक-ठाक चल रहा है। जबकि ऐसा करने की कोई जरूरत नहीं है। आपको यह नहीं दिखाना चाहिए कि सब कुछ ठीक है। आपको इस बात पर भी ध्यान नहीं देना चाहिए कि आपकी परेशानियों के बारे में जानकर लोग आपके बारे में क्या सोचेंगे? अगर आपको रोने की आवश्यकता महसूस हो तो आप रो लें। रोने से दिल का दर्द हल्का होता है। आंखों से आंसुओं के साथ-साथ आपके हृदय की पीड़ा भी बह जाती है। आप जितनी जल्दी अपने दुखों पर रो लेंगे उतनी जल्दी उनसे बाहर आ जाएंगे और दोबारा मुस्कुराना सीख पाएंगे लेकिन अगर आप अपने दर्द को रोकर आंसुओं में बहाने की बजाय दिल में ही दबाकर रखेंगे तो आप मुस्कुराना नहीं सीख पाएंगे। मुस्कुराने का हमेशा यह अभिप्राय नहीं हो सकता कि आप अपनी तकलीफ भूल गए हैं या आप खुश हैं। कई बार मुस्कुराने का अर्थ यह भी होता है कि आप अपनी परेशानियों का सामना करने के लिए काफी मजबूत हैं और हंसते-हंसते उनसे निपट लेंगे।

हमेशा खुश रहें

जीवन में लोग बदलते हैं उनकी या उनके प्रति हमारी भावनाएं बदलती हैं तथा समय का पहिया भी लगातार घूमता रहता है। ऐसे में आपको भी बदलाव की आवश्यकता है। आप खुश रहकर ही अपने जीवन में बदलाव ला सकते हैं। अतीत को अपने सीने से चिपकाए रहना है या अपनी खुशियां खुद ढूंढनी हैं इसका फैसला आपको ही लेना है। अपनी खुशियों के लिए कभी किसी पर निर्भर न रहें। कभी यह न सोचें कि वह हमारे लिए कुछ करेगा तो हम खुश होंगे। आपकी मुस्कुराहट आप ही चुनेंगे, किसी चमत्कार से आपका चेहरा नहीं खिल उठेगा। यह सोचने की भूल कभी न करें कि कभी आपका कोई अपना आपके लिए कुछ विशेष करेगा, जिससे आपके जीवन में खुशियां आ जाएंगी। सच्ची खुशी कभी किसी की कोशिश से नहीं बल्कि आपके अंदर से ही आती है।

अधिक संवेदनशील न बनें

आप अपनी समस्याओं से कहीं ऊपर हैं। वे आप पर कभी हावी नहीं हो सकतीं। इसलिए अपनी परेशानियों को लेकर ज्यादा भावुक न हों। आप अपनी मुसीबतों से ज्यादा शक्तिशाली हैं। इसलिए ऐसे बुरे वक्त में उनसे घबराकर अपनी कमजोरी का परिचय न दें बल्कि हिम्मत से उनका सामना करते हुए जीवन में आगे बढ़ें। याद रखें कि आपके अंदर ही वह काबिलियत है, जो आपकी जिंदगी को बदल सकती है, आपकी परेशानियों को सुलझा सकती है। लेकिन ज्यादा भावुकता आपकी इस काबिलियत को खत्म कर सकती है। इसलिए अपनी इस कमजोरी से बचें।

भाग्य का शुक्रियादा करें

जीवन में जो नहीं मिला सिर्फ उसी के बारे में न सोचें बल्कि इस जीवन से जो आपको मिला है उसकी अहमियत समझें। आप स्वयं अनुभव करें कि आप कितने भाग्यशाली हैं, जो आपको इतना तो मिला। जब भी आपको निराशा सताने लगे कि आपके पास यह क्यों नहीं है तब आप किसी ऐसे इंसान के बारे में सोचें जिसके पास आपके मुकाबले कुछ भी नहीं है। तब आपको एहसास होगा कि आपको तो कितना कुछ मिला है। जब आपका मन फाइव स्टार होटल में खाना खाने का करे पर जेब में उतने पैसे न हों तो निराश न हों बल्कि उन लोगों के बारे में सोचें जो कि अपना पेट भरने के लिए किसी की जूठन या किसी के द्वारा भीख में दिए गए खाने पर निर्भर रहते हैं। ऐसे लोग जिन्हें दो वक्त के खाने के लिए न जाने क्या-क्या करना पड़ता, इसके बावजूद कई बार उन्हें भूखा ही सोना पड़ता है। तो हम तो उनसे ज्यादा सौभाग्यशाली हैं कि कम से कम हमें घर का खाना तो आसानी से मिल जाता है। आपके पास पीने के लिए साफ पानी है, बीमार होने पर चिकित्सा सुविधाओं का लाभ

उठाने में समर्थ हो, आप पढ़ सकते हो, आप इंटरनेट का प्रयोग कर जमाने के साथ चलना तो जानते हो। क्या यह सब आपके खुश रहने के लिए काफी नहीं है। आपको यह सब तो मिला है, कई लोग तो इन सबसे भी पूरी तरह वंचित हैं। इसलिए ईश्वर ने आपको जो कुछ भी दिया है, उसके लिए उसका धन्यवाद जरूर करें। अपने जीवन को बेहतर बनाने के लिए आपको परेशानियों को भी सकारात्मक रूप में लेकर आगे बढ़ने की जरूरत है तभी आप अपनी जिंदगी के मायने बदल पाएंगे।

समस्या को सुलझाने की कोशिश करें

माना आपके जीवन में कई समस्याएं हैं, जिनसे आप विचलित हो गए हैं लेकिन ऐसे समय में धैर्य से काम लें। आपकी जरा सी अधीरता आपकी समस्या को और भी बढ़ा देती है। मुसीबत के समय हमें ज्यादा गुस्सा आता है। हम जल्दी भड़क जाते हैं लेकिन इससे आपको कभी कुछ हासिल नहीं होता बल्कि आपके अपने और शुभचिंतक भी आपसे दूर हो जाते हैं। ऐसे में बेहतर यही होगा कि आप शांत रहकर अपने व्यवहार को भी नम्र बनाए रखें, न कि हर किसी से उलझते रहें। अपने जीवन को सिर्फ चारों ओर से काले बादल से घिरा ही न देखें बल्कि इसका भी ख्याल रखें कि सूरज की कुछ किरणें हमेशा आपके जीवन के कुछ हिस्से को प्रकाशित करती रहती हैं। आप यह भूल जाइये कि इस समय आप क्या अनुभव कर रहे हैं बल्कि इसे याद रखें कि आप किस योग्य हैं? इससे आपकी सभी समस्याएं एक-एक करके खुद ही हल होती जाएंगी।

जीवन अल्पकालिक है

मानव जीवन क्षणभंगुर है यहां कब सांझ हो जाए कुछ पता नहीं है। कल का सवेरा सबके लिए नहीं है। सबका जीवन अनिश्चित है कौन, कब इस माया-मोह के बंधन से मुक्त हो जाए कहा नहीं जा सकता। मृत्यु ही मानव जीवन का अंतिम व शाश्वत सत्य है। हम हमेशा अपने कल के लिए नई-नई योजनाएं बनाते हैं, बिना यह जाने कि कल हम मृत्यु को भी प्राप्त हो सकते हैं। लेकिन आज को भूल जाते हैं, यह भूल जाते हैं कि जीवन में जो कुछ है आज ही है। इसलिए अपने आज में जियो, आज के हर पल को खुशियों से भर दो। जीवन का हर पल भगवान का दिया हुआ अनमोल उपहार है, इसलिए इसे बेकार की चीजों में मत गंवाओ, बल्कि पल-पल अपने जीवन को सार्थक बनाते हुए अपने जीवन के हर एक क्षण को बहुत महत्त्वपूर्ण बना दो। ऐसा कुछ मत करो जिससे तुम अपने आज में खुश न हो पाओ। इस क्षणभंगुर जीवन के हर एक पल को नए अंदाज से संवारो, इसी में जीवन की सार्थकता है।

समय-समय पर प्रगतिशील रहें

जीवन चक्र सदा चलता ही रहता है। यहां हर रात के बाद सवेरा जरूर आता है। यदि आज आपके जीवन में दुख है तो यह हमेशा नहीं रहने वाला। जल्द ही आपके जीवन में बहार भी आएगी। यदि आज सुख है तो कल दुखों के बादल भी छा सकते हैं। जिंदगी में कभी भी परिस्थितियां एक सी नहीं रहतीं। आज आपको कोई बुरी खबर सुनने को मिली है तो कल जरूर कोई अच्छी खबर आएगी। इसलिए आपके पास जो भी समय है उसका सदुपयोग करें। बुरे समय से घबराकर आप अपना आज खराब न करें। बीता समय कभी लौटकर नहीं आता। इसलिए आपके पास आज जो पल है वह सिर्फ आज है कल नहीं मिलने वाला। इसलिए इसी पल में अपना लक्ष्य पाने की कोशिश करनी शुरू कर दें।

साकारात्मक लोगों की संगत में रहें

आप ऐसा नहीं कर सकते। यह आपकी सामर्थ्य से बाहर है। कई बार लोग आप से इस तरह की बातें करते हुए मिल जाएंगे, ऐसी बातों से धीरे-धीरे आपका उत्साह खत्म हो जाता है और आप अवसादग्रस्त या कुंठित होने लगते हैं। इन लोगों की बातों में आकर आप स्वयं भी अपनी प्रतिभा पर संदेह करने लगते हैं और अपने लक्ष्य प्राप्ति के लिए किए जाने वाले प्रयासों में कमी लाने लगते हैं। आपको लगने लगता है कि शायद सचमुच आप ऐसा नहीं कर सकते और खुद ही अपनी कामयाबी से दूर होने लगते हैं। जिंदगी बहुत छोटी है और कब, कहां, क्या हो जाए, कहा नहीं जा सकता, इसलिए अपने इस अमूल्य जीवन के अनमोल क्षणों को ऐसे लोगों के साथ बिताएं जो आपमें सकारात्मक ऊर्जा का संचार करने में सहायक हों। आपके चारों ओर खुशियां फैला सकें। ऐसी नकारात्मक संगत से खुद को दूर करें जो आपके आत्मविश्वास के लिए घातक है। ऐसे लोगों के साथ रहें जो आपको आपके कार्य के प्रति उत्साहित करें। कामयाबी खुद-ब-खुद आप तक पहुंचने का रास्ता ढूंढ लेगी।

स्पष्ट करें कि आप दूसरों से बेहतर हैं

अक्सर लोग आपको लेकर धारणाएं बना लेते हैं कि आप अहंकारी हैं, जिद्दी हैं, किसी की नहीं सुनते, आपको गुस्सा बहुत आता है, हमेशा अपनी मनमानी करते हैं। लोगों को अपने बारे में ऐसी बातें बनाने का मौका न दें। आप उन्हें साबित करें कि लोग जो आपके बारे में सोचते हैं आप में वह कमियां नहीं हैं, आप उनसे काफी बेहतर हैं। न कभी उनके सामने खुद को ज्यादा दिखाने की कोशिश करें और न लोगों को आपके बारे में गलत धारणा बनाने दें। इससे आपके उच्च व्यक्तित्व व चरित्र का निर्माण होगा।

निराश न हों

जिंदगी में कई बार ऐसे पल आते हैं जब आपको किसी की बात बुरी लग जाती है और आप उससे खुलकर कुछ कह नहीं पाते। बस मन ही मन उस बात या इंसान को लेकर घुटते रहते

हैं। ऐसे में अगर आप उस बात को भूलकर उस इंसान को माफ कर देंगे तो आप ज्यादा खुश रह पाएंगे। चाहे गलती करने वाले ने आपसे माफी मांगी हो या नहीं, आप उसे माफ कर दो। इससे आपके मन का ही बोझ हल्का होगा और आप अपनी जिंदगी काफी सुकून भरी महसूस करेंगे। इसके विपरीत यदि आप ऐसा नहीं करते तो मन ही मन घुटकर अपने मन का बोझ बढ़ाएंगे जो कि आपकी खुशियों को नष्ट कर देगी। आपकी इस घुटन का असर आपके काम पर भी पड़ेगा। मन में किसी के प्रति रह गई शिकायत धीरे-धीरे आपकी खुशियां निगल जाती हैं। इसलिए सुखी जीवन जीने के लिए अभी के अभी अपने मन पर पड़े इस बेकार के बोझ को उतार दें।

आशावादी बनें

जिंदगी में कभी कुछ खोना, किसी के प्रति चिंता, बीमारी, आपके सपनों का चकनाचूर होना तब तक कोई मायने नहीं रखता जब तक आपके पास जिंदगी है। इन विचारों के साथ अपने मन में हमेशा आशा का दीप जलाए रखें। यदि आपके पास जिंदगी है तो आप सब कुछ फिर से पा लेंगे। जो भी कुछ बिगड़ा है उसे फिर से संवार लेंगे, बस जरूरत है तो आपके आशावादी होने की। जीवन में अब सब कुछ खत्म हो गया, इस तरह के निराशा के भाव अपने मन में कभी न आने दें।

मतलबी लोगों की संगत न करें

यह जीवन का कड़वा सच है कि आपके जीवन में कुछ लोग सिर्फ आपसे कुछ पाने के लिए ही जुड़ते हैं। वे लोग जीवनपर्यन्त आपका फायदा ही उठाना चाहते हैं। उनका आपके सुख-दुख से कोई लेना-देना नहीं होता, मतलब होता है तो केवल अपनी स्वार्थपूर्ति से। जब तक उनका स्वार्थ सधता है, वे आपका साथ निभाते हैं लेकिन जैसे ही आप उनकी सहायता करना बंद कर देते हैं, वे भी आपका साथ छोड़ देते हैं। कहते हैं न कि कठिन परिस्थितियों में ही अपने और परायों या सच्चे मित्रों की पहचान होती है। स्वार्थी लोग जैसे ही आपके ऊपर संकट के बादलों को मंडराते हुए देख लेते हैं, वे आपसे दूर हो जाते हैं। इसलिए अपने जीवन में कुछ अच्छा पाने के लिए सबसे पहले इन स्वार्थी लोगों से अपना पिंड छुड़ाएं और अपना समय सच्चे मित्रों को ढूंढने में लगाएं। जो आपका हर परिस्थिति में साथ देंगे। इससे आपके जीवन की कठिन डगर थोड़ी आसान हो जाएगी।

झूठी दिलासाओं से बचें

किसी के झूठे आश्वासन से आप कुछ पलों के लिए खुश तो हो सकते हैं लेकिन जब आपको सच का एहसास होता है तो बहुत देर हो चुकी होती है और आपको तकलीफ भी बहुत होती

है। पर अगर शुरुआत से ही सच का पता हो तो आप खुद को उसी के अनुसार ढाल लेते हैं। सच का सामना करने के लिए मानसिक रूप से तैयार रहते हैं। इसलिए झूठ चाहे कितना ही लुभावना और सत्य चाहे कितना ही कटु हो, सत्य ही हमेशा बेहतर होता है। सच स्वीकार कर आप अपना जीवन बेहतर बना सकते हैं।

चिंता चिता समान है

किसी भी चीज की ज्यादा चिंता करने से आपकी समस्या हल नहीं हो जाएगी या आपका संघर्ष खत्म नहीं हो जाएगा। चिंता कभी भी किसी चीज का हल नहीं हो सकती बल्कि यह तो आपको और कमजोर बना देती है, आपके सोचने-समझने की शक्ति खत्म कर सकती है। इसलिए हमेशा इससे बचें और अपनी शक्ति भविष्य में कुछ बेहतर करने के लिए बचाए रखें।

प्रयासरत रहें

अगर आप कुछ पाना चाहते हैं उसके लिए धीरे-धीरे कोशिश करते रहें। संसार गतिमान है, अगर यहां सब कुछ रुक जाएगा तो इसका अस्तित्व ही समाप्त हो जाएगा। इसी तरह अगर आपके जीवन में भी स्थायित्व आ जाएगा तो आपका अस्तित्व भी खतरे में पड़ सकता है। कभी-कभी धीरे-धीरे कोशिश करके भी आप सफल हो सकते हैं। आपने कछुए और खरगोश की कहानी तो सुनी होगी। एक बार जब दोनों ने दौड़ लगाई तो खरगोश तो बीच रास्ते में थककर सो गया लेकिन कछुए ने अपनी कोशिश जारी रखी वह अपनी धीमी गति से अपनी मंजिल की ओर लगातार आगे बढ़ता रहा और तेज गति से चलने वाले खरगोश को हराने में कामयाबी हासिल कर ली। यह उदाहरण आपके जीवन पर भी लागू होता है। आप भी धीरे-धीरे कोशिश करके एक दिन जरूर अपनी मंजिल पा लेंगे। जरूरत है तो सिर्फ कोशिश करने की, चाहे उसकी रफ्तार धीमी ही क्यों न हो। अपने दिन के हर उस छोटे से कदम पर खुश रहो जो आपने अपनी मंजिल पाने के लिए उठाया है। क्योंकि आपका हर एक कदम आपकी और आपकी मंजिल की दूरी को धीरे-धीरे खत्म कर रहा है। आप अपनी मंजिल से जितनी दूर कल थे, आज नहीं हो और कल उससे भी पास आ जाओगे, इसलिए धीरे-धीरे ही सही पर अपने कदम बढ़ाते रहो।

अपनी एहमियत समझें

जब आप किसी चीज से बेइंतहां प्यार करने लगते हैं तो उसके प्यार में आप खुद को भूल जाते हैं। फिर चाहे वो प्यार किसी इंसान को लेकर हो या जिंदगी में कुछ हासिल करने के मकसद से, आप खुद को पूरी तरह भूलकर बस उसी को पाने की कोशिश में जुट जाते हो।

आपको यह याद ही नहीं रहता कि आप खुद कितने विशेष हैं। कभी-कभी तो आप अपने लक्ष्य की प्राप्ति में इतना खो जाते हैं कि पहले अपने आस-पास के लोगों से और फिर खुद से अलगाव की भावना महसूस करने लगते हैं, जो कि आपके व्यक्तित्व के विकास के लिए हानिकारक है। जिंदगी में सबसे जरूरी चीज है आप खुद से प्यार करो। आप जैसे भी हो अपने पसंदीदा बनो। कभी अपनी सुंदरता या किसी अन्य चीज को लेकर हीनता का भाव पैदा न करो। जब आप खुद से प्यार करना सीख जाओगे तो बाकी चीजें भी आपसे प्यार करने लगेंगी और जो आप चाहते हो वो आपको मिल जाएगा।

जरूरी नहीं सब आपको पसंद करें

आप हमेशा एक साथ कई लोगों को खुश नहीं रख सकते, कोई न कोई आपसे नाराज या असंतुष्ट हो सकता है। आप कितनी भी कोशिश कर लो सभी लोग आपके प्रति एक जैसा दृष्टिकोण भी नहीं रख पाएंगे। सभी लोगों की आपके प्रति अलग-अलग राय होती है। इसलिए कभी सबको एक साथ खुश करने की कोशिश मत करो। इससे आपका समय ही बर्बाद होगा और आपको कामयाबी भी नहीं मिलेगी। साथ ही कभी इस बात की परवाह भी मत करो कि लोग आपके बारे में क्या सोचते हैं। सिर्फ अपने काम पर ध्यान दो और वही करो जिसे आपका दिल सही कहता हो। कोई आपके बारे में क्या कहता है या क्या सोचता है इसका कोई महत्त्व नहीं है, महत्त्व है तो इस बात का कि आप अपने बारे में क्या महसूस करते हैं।

अपना आंकलन स्वयं करें

अपने पड़ोसियों, दोस्तों, सहकर्मी या फिर किसी सफल व प्रसिद्ध व्यक्ति से कभी अपनी तुलना न करें। आप जो हैं वह सिर्फ आप ही हैं। आप अपने ही जैसे हैं, आपकी अलग विशेषताएं हैं, जिनकी किसी और से तुलना नहीं की जा सकती। महसूस करें कि आप उन सबसे अलग हैं, आपकी अलग क्षमताएं हैं जिसका मुकाबला कोई और नहीं कर सकता। दूसरों से अपनी तुलना करके खुद को हीन समझने के प्रयास से बचें। एक क्षण आत्मविश्लेषण करके अपनी खूबियों को पहचानें और देखें कि उनसे आप कैसे खुद को व दूसरों को लाभान्वित कर सकते हैं। आपकी काबिलियत का आप किसी और से मुकाबला नहीं कर सकते।

कुछ न कुछ सीखते रहें

जिंदगी में कोई भी इंसान कुछ भी जन्म से ही सीखकर नहीं आता। जैसे-जैसे वक्त गुजरता जाता है, वह कुछ चीजों में दक्ष होता जाता है लेकिन फिर भी मनुष्य के अंदर कभी भी यह

भाव नहीं आना चाहिए कि उसने सब कुछ सीख लिया है। बड़े से बड़ा प्रसिद्ध व्यक्ति भी अपनी जिंदगी के आखिरी पल तक कुछ न कुछ सीखता ही रहता है। इंसान के सीखने की कोई उम्र नहीं होती उसी तरह उसके सीखने की भी कोई सीमा नहीं होती। हममें आखिरी सांस तक सीखने का जज्बा होना चाहिए। सीखने के लिए किसी अनुभवी व्यक्ति का होना ही जरूरी नहीं होता। कभी-कभी हम अपने से छोटों से भी बहुत कुछ सीख सकते हैं। या फिर कभी किसी बच्चे की मजाक में कही कोई छोटी सी बात भी हमें बहुत कुछ सिखा जाती है जो शायद हम जीवन भर के अनुभव से भी नहीं सीख पाते। इसलिए बस जिंदगी के संघर्षों व परिस्थितियों से कुछ न कुछ सीखते चले जाओ, आपके जीवन की राह सुगम हो जाएगी।

सुख और दुःख जीवन का आधार

जिंदगी में हर चीज के दो पहलू होते हैं। सुख और दुख व दिन और रात की तरह जीवन में कई मोड़ आते हैं। बिना दुख के हम सुख का महत्त्व नहीं समझ पाएंगे। डर के बिना आत्मविश्वास का अर्थ नहीं समझा जा सकता। निराशा के बिना आशा को परिभाषित करना मुश्किल है। जिंदगी में कोई भी चीज ऐसी नहीं है जिसका सिर्फ एक ही पहलू हो। किसी की भी जिंदगी दर्द व संघर्ष से पूरी तरह मुक्त नहीं है। हां एक फर्क जरूर है और वह यह कि विभिन्न लोगों के अपनी परेशानियों से निपटने के तरीके अलग होते हैं।

मुस्कुराहट का साथ कभी न छोड़ें

अपनी मुसीबतों के पल में भी जरूर हंसे, खुद के लिए हंसे, आप अपनी तकलीफों से बाहर निकल जाओगे। चाहे आप किसी भी परिस्थिति में हों लेकिन अगर आपका मिजाज हंसमुख है तो आप उनसे जल्दी उबर जाओगे। आशावादी रहने के लिए हंसमुख स्वभाव सबसे बड़ा हथियार है। आजकल तो सुबह के समय अक्सर कुछ लोग एक जगह या किसी पार्क में इकट्ठे होकर जोर-जोर से हंसते हैं। उनकी यह हंसी एक तरह की चिकित्सा है, जिसमें जोर-जोर से ठहाके लगाकर वे अपने गम को अपने मन से बाहर निकाल फेंकते हैं। इस प्रक्रिया को हास्य चिकित्सा भी कहते हैं। हास्य चिकित्सा के महत्त्व के कारण ही कई हास्य क्लब बन गए हैं जहां लोग खुलकर हंसने के लिए इकट्ठे होते हैं। आप भी चाहें तो उनका हिस्सा बन सकते हैं। अब तो टीवी में भी कई हास्य कार्यक्रम आने लगे हैं, जिन्हें देखकर आप भी ठहाके लगा सकते हैं। याद रखिए अगर आप सकारात्मक रहेंगे तभी सकारात्मक चीजें और सकारात्मक लोग आपके जीवन में आएंगे।

मनुष्य का जीवन वैकल्पिक है

हर किसी की जिंदगी में विकल्प जरूर रहता है। अगर आप किसी एक चीज में असफल हो गए तो निराश होने की बजाय विकल्प पर ध्यान दें। अगर आप अपने शरीर में कोई बदलाव

नहीं कर सकते तो कम से कम आप अपने नजरिये में तो बदलाव ला सकते हैं। आप या तो अंधेरे में जाकर बैठ सकते हैं या फिर अपने अंदर की रोशनी को जगाकर अपनी ऐसी शक्तियों व क्षमताओं को पहचान सकते हैं, जिनसे आप अब तक बिल्कुल अनभिज्ञ थे। अपनी कठिनाइयों से आप जिंदगी का कोई सबक सीख सकते हैं। याद रखिए आप कभी विकल्पहीन नहीं होते। आपके पास अवसरों व विकल्पों की कोई कमी नहीं है, बस कमी है तो आपके उन्हें देखने के तरीके की। जब आप अपने सही विकल्पों का चयन करने में कामयाब हो जाएंगे तो निराशा आपके जीवन से स्वतः ही छूमंतर हो जाएगी।

❐

दूसरों की नहीं खुद की खबर रखें

जी हां, टी.वी. खोलने भर की देर है कि ऐसी कई हेडलाइंस देखने-सुनने को मिल जाती हैं मसलन दस मिनट में सौ खबरें, बीस मिनट में देश-विदेश की दो सौ खबरें आदि। इतने कम समय में इतनी खबरें दिखाना मीडिया की जरूरत है या जिम्मेदारी या फिर मीडिया आदमी की नब्ज जान गया है यानी उसे पता है कि आज के आदमी के पास वक्त नहीं है वह चलते-फिरते, खाते-पीते सब जान लेना चाहता है। सब जानने की चाह ने आदमी को भले ही ऊपरी तौर पर बड़ा जानकार बना दिया है परंतु हकीकत तो यह है कि इससे आदमी पहले से भी अधिक रुग्ण हो रहा है। वह स्वयं से दूर और दुनिया के करीब हो रहा है। दुनिया या समाज के करीब होना गलत नहीं, परंतु स्वयं से दूर होना बहुत गलत है। सच तो यह है कि आदमी के वास्तविक दुख-तकलीफ का कारण ही यही है कि उसकी नजर स्वयं से ज्यादा दूसरे पर रहती है। उसका मन अंदर कम, बाहर अधिक लगता है। दूसरों के बारे में जानने की उत्सुकता, दूसरों की खबर रखने की आदत उसे खुद से बे-खबर कर रही है। चौबीस घंटे आदमी बाहर की खबरों से इतना घिरा रहता है कि उसे अपने स्वयं के आनंद का पता ही नहीं चलता। बाहर की बातें उसे उनमें इतना रस देती हैं कि उसे अपने रस का पता ही नहीं चलता और फिर कहता है कि उसका जीवन नीरस हुआ जा रहा है। सामान्य ज्ञान बढ़ाना गलत नहीं है पर उसी में उलझकर व्यस्त हो जाना गलत है। क्या कभी सोचा है आपने कि इन खबरों को पढ़ने-सुनने में आप जितना समय लगाते हैं कभी उतना समय आपने खुद के चिंतन-मनन पर लगाया है ? शायद नहीं। हमें बाहर के जगत व उसकी खबरों में इतनी दिलचस्पी होती है कि यदि वह खबर हमें हर चैनल पर बार-बार देखने-सुनने को भी मिले तब भी हम उस पर ध्यान देते हैं। सच तो यह है कि उन खबरों को सुनकर हम उन्हें घर-ऑफिस, मैट्रो-पार्क आदि में चर्चा का विषय भी बना लेते हैं फिर भले ही हमें उन बहस एवं चर्चाओं से कुछ हासिल न हो पर हम पूरी शिद्दत से उन पर अपनी ऊर्जा उड़ेलते हैं। वहीं अगर इसका एक प्रतिशत भी अपने पर लगाने की बात हो तो आदमी के पास वक्त नहीं होता। दुनिया की फिक्र में घुलता है आदमी और कहता है मरा जा रहा हूं।

आदमी बहुत अजीब है। लोगों को मतलबी भी बताता है और घुसता भी उसी में है। आदमी के इस मनोविज्ञान को और भी पुख्ता और प्रमाणित करती है दर्जनों सोशल नेटवर्क वेब साइट्स। लोग फेसबुक व ट्विटर आदि के इतने दिवाने हैं कि उनका बस चले तो वह उस पर चौबीस घंटे बैठ सकते हैं। अपने से बाहर झांकना, दूसरों की जिंदगी में क्या चल रहा है, कौन किसके साथ है, किसने कब, कहां और क्या किया? आदि यह सब जानने के लिए आदमी इतना बेकरार रहता है कि उसे खुद का कोई होश नहीं रहता। ऐसी खबरें, ऐसे रिश्ते न तो इंसान का पेट भरते हैं न ही उनसे हमारा कोई आत्म रूपांतरण होता है। बस मन की एक जिद है कि निकलो अपने से बाहर, देखो चारों ओर। जैसे बाहर देखना ही मन का सार है। आदमी का मन व दिमाग बाहर इतना रहने लगा है कि वह अब भटकने लगा है। उसमें वह खुद नहीं बसता। या तो उसमें दुनिया बसती है या फिर उसकी शिकायतें। काश, आदमी इस जन्म और जीवन के समय और स्वयं के महत्त्व को समझ पाए। पांच मिनट में पचास खबरों की बजाय पांच मिनट अपनी पांच कमियां या खूबियां देखने के लिए समय निकालें। बाहर, दूसरों के जीवन में क्या चल रहा है, से ज्यादा खुद के भीतर क्या चल रहा है उसको जानने की उत्सुकता में ऊर्जा लगाएं। जागने के लिए एक मिनट भी काफी है और सोने के लिए पांच मिनट में पांच सौ खबरें भी कम हैं।

❒

बदलाव ही जीवन है

जीवन में दुख व असफलता का कारण परिवर्तन के प्रति अस्वीकार भाव भी है। जो लोग परिवर्तन से भागते हैं वह कभी सुखी व सफल नहीं हो पाते। आदमी बहुत अजीब है जब भी वह दुखी व हताश होता है तभी चाहता है कि समय बदले और कुछ उसके हक में उसके अनुसार हो वरना एक बार मन के मुताबिक चीज मिली नहीं कि वह कभी नहीं चाहता कि समय या स्थिति कभी परिवर्तित हों।

पर सच तो यह है कि इंसान के चाहने न चाहने से कुछ नहीं होता। परिवर्तन प्रकृति का नियम है। विभिन्नता है तो जीवन में सौंदर्य है, उतार-चढ़ाव है तो चीजों का अपना महत्त्व है। आदमी का बस चले तो वह हर चीज को फिर वो चाहे वस्तु हो या भाव, संबंध हो या परिस्थितियां सभी को अपनी इच्छानुसार स्थिर रखे या अपने मन अनुसार ही बदले परंतु न तो ऐसा संभव है न ही यह उचित।

जो आया है वह जाएगा, जो मिला है वह बिछड़ेगा। इतना ही नहीं जो आज नया है वह कल पुराना होगा, जो आज माना हुआ है वह कभी रूठेगा भी। रोजमर्रा की जिंदगी में रोज-रोज हम कितना कुछ बदलता देखते हैं। यहां तक कि अपने बचपन में जब से हम होश संभालते हैं तभी से अपने में व अपने आस-पास की चीजों, परिस्थितियों आदि में परिवर्तन देखने लग जाते हैं। हैरानी की बात तो यह कि परिवर्तन जिसे हम रोज, बचपन से देखते आ रहे हैं, जिसकी हमें आदत है उसे भी हम सकारात्मक ढंग से नहीं स्वीकारते बल्कि मजबूरीवश-बेमन से ढोते हैं, क्योंकि हम परिवर्तन को अपने खिलाफ समझते हैं।

हम जन्म पर खुश होते हैं, मृत्यु पर शोक मनाते हैं। सोचो यदि कभी भी कोई न मरे तो? घर की, इस पृथ्वी की क्या हालत होगी? जिसे हम सुंदर कहते हैं यदि वैसा चेहरा पृथ्वी पर रहने वाले सभी लोगों का हो जाए तो क्या सुंदरता के कोई मायने रह जाएंगे? सदा ठंडा मौसम ही बना रहे या बारह महीनों ही बरसात होती रहे तो क्या हमारा मन खुश रह पाएगा? नही! परिवर्तन सृष्टि का नियम है और जब भी हम इस नियम के बीच आते हैं तो खुद-ब-खुद दुखी होने लगते हैं।

बुद्ध कहते हैं 'इस जगत में दुख इसलिए है क्योंकि हम उसे स्वीकार नहीं करते। 'जिस भी स्थिति को, अवस्था को या परिणाम आदि को जब हम स्वीकार कर लेते हैं, मान लेते हैं तो वह स्थिति, वह चीज, वह वस्तु हमें तकलीफ देना बंद कर देती है। यह सच है, हमारा अस्वीकार भाव ही हमारे सुख के आड़े आता है। इसलिए हमें किसी के विपरीत नहीं खड़ा होना है, हमें अपनी सहमति जतानी है। हमें यह स्वीकार करना है कि परिवर्तन सृष्टि का नियम है। यहां स्थिर कुछ भी नहीं रहता और जो होता है वह अच्छे के लिए होता है।

लेकिन हम बहुत चालाक हैं। हम अच्छे परिवर्तन को तो सरलता से स्वीकार कर लेते हैं परंतु बुरे, कष्टकारी परिवर्तनों के खिलाफ हो जाते हैं। स्वीकार करो कि कुछ बदल रहा है, बदलता है, कुछ नया घट रहा है। किसी की झोली में पहले दुख है तो किसी की झोली में सुख। मगर हर सुख कभी न कभी दुख से गुजरता है और हर दुख कभी न कभी सुख की खबर लाता है। स्थिर कुछ भी नहीं रहता।

किसी बहाने से ही सही इंसान को जीवन में परिवर्तन को स्वीकार करना चाहिए तथा नए का स्वागत करना चाहिए। जब प्रकृति नई हो सकती है, साल नया हो सकता है तो इंसान क्यों नहीं। जैसे दिन रोज नए सिरे से, नई सुबह से शुरू होता है। ऐसे ही साल भी नए महीने, नई तारीख और नए वार से शुरू होता है तो इंसान क्यों नहीं अपने जीवन में दुख को एक किनारे कर के, परिवर्तन को गले लगा के, जीवन को नए ढंग से शुरू करता? इंसान को ऐसा करना होगा। उसे ऐसा करना ही चाहिए। इसी में उसकी भलाई है।

लोगों का बस चले तो लोग समय को रोक लें, क्योंकि लोग कुछ भी बदलते हुए नहीं देखना चाहते। लेकिन बड़ी अजीब बात है हम सब कुछ नया चाहते हैं, नए की कामना करते हैं लेकिन कुछ पुराना बदले नहीं, कुछ पुराना मिटे नहीं, यह भी चाहते हैं, दोनों चीजें एक साथ संभव नहीं हैं। बीज को वृक्ष होना है तो उसे मिटना होगा। हमें दसवीं कक्षा में जाना है तो नौवीं कक्षा को छोड़ना होगा। छोड़ना या छूट जाना जरूरी है वरना नए को रखोगे कहां? नए को अपनाओगे कैसे?

छोड़ो पुरानी जिद, गिले, शिकवे, बदले और कुंठाएं। जो नया हो रहा है उसे स्वीकार करो, उसी में शामिल हो जाओ। ताकि नया, नया हो सके और यह तभी संभव है जब हम यह मानेंगे कि परिवर्तन सृष्टि का नियम है, यह जरूरी है और हर परिवर्तन में कुछ हमारे हित के लिए छुपा हुआ है। बस हमें ढूंढना है। तब परिवर्तन हमारा शत्रु नहीं हमारा मित्र बन जाएगा।

यदि इस बात को सभी लोग ठीक से समझ लें तो शायद इस धरती पर से दुख-दर्द समाप्त हो जाए, क्योंकि इंसान के दुख का मूल कारण है उसकी इच्छा और इच्छा, वह भी सदा एक जैसे रहने की, एक जैसा पाने की। वह उसमें कोई परिवर्तन नहीं चाहता। जो उसे मिला है उसे गंवाना नहीं चाहता। वह चीजों से, रिश्तों से, जरूरतों से, इच्छाओं से चिपका रहना चाहता है। वह स्वीकारना ही नहीं चाहता है कि 'यहां सदा कुछ नहीं रहता।' यहां सब

कुछ क्षणभंगुर है। जो आया है वह जाएगा। जो मिला है वह छिनेगा। जो बना है वह मिटेगा। जो खिला है वह मुरझाएगा। जो आज हरा है वह कल सूखेगा।

यह जगत परिवर्तनशील है। यह सृष्टि का नियम और प्रकृति का स्वभाव है। देखा जाए तो इंसान प्रकृति का हिस्सा है शायद यही कारण है कि हम पल–प्रतिपल बदलते हैं। परिवर्तन की मांग करते हैं। एकरसता हमें थका देती है। तटस्थता हमें उबा देती है और हम अपने आस–पास कुछ नया, कुछ अलग करने या पाने की चाहत में जुट जाते हैं। और करें भी क्यों न, रोज एक जैसा दिन बिताना भी कौन चाहता है? एक स्थान पर लंबे समय तक टिकना भी कौन चाहता है? यहां तक कि हम एक ही कपड़ा या एक ही तरह का भोजन भी कई दिनों तक जारी नहीं रखना चाहते।

जब हम प्रकृति का, अपना, सबका, यह स्वभाव जानते हैं कि सब कुछ परिवर्तनशील है, सब कुछ बदलता है। तो फिर हम ऐसी मूर्खता कैसे कर बैठते हैं? कि कुछ चीजें जीवन में हमारे अनुसार सदा के लिए ठहर जाएं। कोई मिलन–जुदाई न बने। आनंद शोक में तब्दील न हो। चीजें ज्यों की त्यों रुक जाएं। जवानी, जवानी रहे। चेहरे पर कोई झुर्री न हो। 'प्रेमी, प्रेमी ही बना रहे। किसी और का न हो जाए' आदि।

यही जिद, यही जुनून, यही बेहोशी, यही मूर्खता, इंसान के कष्ट का, दुखों का कारण बन जाती है क्योंकि वह भूल जाता है कि यहां सदा कुछ नहीं रहता। जिसने रुकने या रोकने की चाह रखी है वह सबसे पहले बिछड़ता व डूबता है। सदा की मांग ही दुख का बीज है। बहाव में ही जीवन है। धार में ही गति है। तरंगों में ही ऊर्जा है। नदी को देखो बहती हुई कितनी सुंदर, स्वच्छ एवं ऊर्जावान लगती है। रुकी नहीं कि मैली होने लगती है। पानी काई में परिवर्तित होने लगता है।

अपने आस–पास डाल से झड़े पत्तों को देखो। कल यह कितने हरे, ताजे व सुगंध से परिपूर्ण सजीव था। अपनी डाल से जुड़े थे। अपनों के साथ अपनों के बीच अपनों की छाया और संरक्षण में थे। लेकिन आज इन पत्तों में वह हरा रंग न बचा, वह ताजगी, वह कोमलता नहीं बची। वह सगी शाखें नहीं बचीं। यही जीवन का सत्य है और यही जीवन का सौंदर्य, इसलिए सदा याद रखो और इन पक्तियों पर चिंतन करो। तू सदा की बात न कर यहां कुछ नहीं रहता सदा, यह पत्ता जो सूखा हुआ है कल डाल पर था यह भी हरा।

परिवर्तन होना बंद हो जाए तो?

कितना सीधा, सरल प्रश्न है। लेकिन यदि इस पर गहराई से सोचा जाए तो शायद हम सबको परिवर्तन का महत्त्व और जरूरत दोनों समझ में आ जाएगी। फिर हम चीजों को, परिस्थितियों को, हालातों को सरलता से स्वीकार कर पाएंगे और जीवन को सुखी बना पाएंगे।

यदि कुछ न बदले, सब कुछ एक जैसा सदा समान रहे तो शायद सृष्टि ही रुक जाएगी और पृथ्वी पर प्रलय आ जाएगी सोचो! सूरज सदा सिर पर आकाश में रहे कभी चांद न निकले या सदा रात ही हो धूप कभी न निकले तो? कभी बारिश न हो और यदि बारिश हो, सदा पानी बरसता रहे कभी बंद न हो तो? घर में किसी की भी मृत्यु न हो, सब पैदा होते रहें और जीवित रहें तो? सोचते ही अजीब लगता है, यदि ऐसा होगा तो इंसान की हालत क्या हो जाएगी, संसार कैसा हो जाएगा? इस बात का अंदाजा लगाया जा सकता है।

छोड़ना, त्यागना, अपनाना, स्वीकारना, नया व पुराना इंसान के जीवन का अहम् हिस्सा है एवं उसके स्वभाव में भी शामिल है। सोचो यदि हम सदा बैठे रहें, चले नहीं, तो मंजिल तक पहुंचेंगे कैसे? या हम सदा चलते रहें कभी विश्राम न करें, तो क्या हमारा शरीर इतनी यातना, इतनी थकावट सह पाएगा, हम अपनी मंजिल तक पहुंचने के लायक बचेंगे? शायद नहीं।

सोचो यदि सब कुछ टिका रह जाए तो? कुछ भी न हिले तो? पेड़ों पर फल लगे के लगे रह जाएं? पक्षी के पंख उसकी बगल से बंधे रह जाए? तो सब कुछ मानो इस धरा पर बर्फ सा जम जाएगा। इसलिए पहाड़ों पर जमी बर्फ का सौंदर्य है तो पहाड़ों पर पिघलती, बनती व बहती नदी का भी अपना आकर्षण है, क्योंकि वहां पर सब कुछ बदलता है कुछ भी स्थिर नहीं। याद रखें जहां परिवर्तन है वहां सौंदर्य है।

इसलिए जीवन में किससे, कैसी और क्यों शिकायत। यदि हम बदलेंगे नहीं तो नए कैसे होंगे? यदि नए को हम अपनाएंगे नहीं तो पुराना दफन कैसे होगा। नए होने के लिए पुराने को छोड़ना ही पड़ता है।

इस जगत में सब कुछ बदलता है। ऐसा कुछ नहीं जो नहीं बदलता हो। और जो चीज नहीं बदलती उसे हम जड़, पत्थर या मृत कहते हैं। इसलिए जो इंसान जीवन में परिवर्तन को गले नहीं लगाता वह जड़ हो जाता है। फूलों को देखो सुबह खिलते हैं सांझ मुरझा जाते हैं। पास पड़े पत्थर को देखो वह आज जैसा है शायद सौ वर्षों बाद भी वह ऐसा ही रहे। फूल का जीवन भले छोटा है लेकिन वह जीवंत है। उसमें जीवन है, रंग है, सुगंध है, सौंदर्य है। खिलने की, बदलने की क्षमता है। फूल का योग है, उपयोग है। तभी तो वह फूल है। उसमें तमाम तरह के परिवर्तन हैं, लंबी यात्रा है, कली से फूल होने की प्रक्रिया है। यह सब पत्थर के पास नहीं भले ही उसकी उम्र लंबी है। इसलिए परिवर्तन जहां है वहां जीवंतता है। इसलिए जो बदल रहा है उसे बदलने दो। स्वीकारो उस परिवर्तन को। परिवर्तन है तो सब कुछ है अन्यथा जीवन मरा हुआ है।

परिवर्तन ही जीवनशैली का आधार है

देखा जाए जिसे हम भाग्य कहते हैं जीवन का उतार-चढ़ाव या फेर बदल कहते हैं वह और कुछ नहीं, वह परिवर्तन ही है। सच कहें तो परिवर्तन है तो उम्मीद है, संभावनाएं हैं,

अवसर हैं, भरोसा है। कहते हैं उम्मीद जीवन का दूसरा नाम है। इंसान उम्मीद पर, आशा पर ही तो जीता है। कल के भरोसे, कल के इंतजार में ही तो जीता है। उसे लगता है शायद कल सब कुछ ठीक हो जाएगा। नया वक्त, नया साल कुछ खास परिवर्तन लेकर आएगा। जो कुछ बचपन में नहीं मिला वह जवानी में मिल जाएगा। जो जवानी में नहीं मिला वह बुढ़ापे में मिल जाएगा। कल का यह भरोसा, दिन फिरने का यह इंतजार सृष्टि के इस परिवर्तन के नियम पर ही टिका है। प्रकृति अपने इस स्वभाव से सब कुछ संतुलित करने का हुनर जानती है और यही स्वभाव इंसान को आशावादी बनाता है।

यह जीवन अपने आप में एक अवसर है। इंसान की अच्छे, बुरे एवं नए होने की संभावना इसी जीवन पर टिकी है और यह सब कुछ इसलिए संभव है, क्योंकि हमारा जीवन परिवर्तनशील है। हमें किसी से उम्मीद क्यों होती है या किसी को हमसे उम्मीद क्यों होती है ? कभी सोचा है आपने ? क्योंकि हम में बदलने की संभावना होती है। हम एक स्थिति को लंबे समय तक नहीं जी सकते। हमें सदा कुछ अलग कुछ नया चाहिए ताकि जीवन रंगीन हो सके, कुछ नया हो सके, जीने का मजा आ सके। रिश्तों में, संबंधों में नई ताजगी आ सके। हमारी यह उम्मीदें, हमारे सुख, परिवर्तनों पर ही तो टिके होते हैं।

परिवर्तन है तो संभावनाएं हैं, वरना एक गरीब बच्चा, गरीब पैदा होकर गरीब ही मर जाए। एक अनपढ़ आदमी सदा अनपढ़ ही रह जाए। बीमार सदा बीमार रह जाए। आज 'अंधा' देख सकता है, 'लंगड़ा' चल सकता है क्यों ? क्योंकि हम जहां थे हम वहीं पर नहीं हैं। हमने तरक्की की है। आविष्कार किए हैं। एक लंबा रास्ता तय किया है। और यह सब यूं ही नहीं हुआ। हमारे भीतर आए परिवर्तनों की बदौलत संभव हुआ है फिर वह हमारी सोच हो या नजरिया हमारा शरीर ही अपना आकार, रंग-रूप आदि समय-समय पर बदलता रहता है। सच तो यह है कि हमारा शरीर ही नहीं बदलता वरन हमारी बुद्धि भी समय के साथ बदलती व प्रौढ़ होती है।

हम मां के पेट से लेकर मृत्यु के अंतिम क्षण तक बहुत कुछ सीखते हैं। कितनी बार जीते हैं, कितनी बार मरते हैं। हम वही नहीं रहते जो हम नाल के कटने पर होते हैं। हमारे अंदर अनुभव, भरोसा, आत्मविश्वास आदि जीवन के पथ पर मिले परिवर्तनों से जूझने के बाद आता है। समय का परिवर्तनशील होना ही इंसान को मांजता है, निखारता है। इन्हीं परिवर्तनों से गुजरकर आदमी प्रज्ञावान बनता है तथा बुद्धत्व को प्राप्त होता है।

जो बच्चा आज परीक्षा में पास नहीं हुआ वह कल पास हो जाएगा। जिसकी नौकरी आज नहीं लगी कल लग जाएगी। जो आज बीमार अस्पताल में पड़ा है वह कल स्वस्थ हो जाएगा। जो घर से भाग गया है वह कल लौट आएगा। जो आज रूठ गया है वह कल मान जाएगा। जो आज नहीं मिला वह कल मिल जाएगा। इस कल पर हमें इतना भरोसा क्यों है ?

हम इस कल के इंतजार में क्यों हैं? क्यों हमें 'कल', 'आज' की तुलना में अधिक बलवान लगता है? इन सबका एक ही उत्तर है और वह है हमारा विश्वास, कि जीवन परिवर्तनशील है, समय बदलता है। और इन्हीं परिवर्तनों में हमारे हाल और हालात बदलते हैं। हमें भरोसा है कि परिवर्तन में शक्ति है, परिवर्तनों में संभावना छिपी हुई है एवं परिवर्तनों में ही नए अवसर दस्तक देते हैं।

❐

इच्छाओं से बंधे नहीं

यदि यह सच है कि इच्छाएं ही इंसान के दुखों का कारण है तो यह भी सही है कि इंसान बिना इच्छाओं के जी भी नहीं सकता। ऐसे में इंसान क्या करे? दुखों को गले लगा ले या इच्छाओं का गला घोंटकर तिल-तिल मरता रहे? क्योंकि दुखी वह रहना नहीं चाहता और इच्छाओं को छोड़ नहीं सकता। क्या है इसका हल, कितना है इसका समाधान? यह एक विचारणीय विषय है।

इच्छा शब्द को यदि इंसान का पर्यायवाची कहा जाए तो गलत नहीं होगा क्योंकि एक अर्थ में इंसान है क्या? इच्छाओं का पुतला! जिसमें ढेरों इच्छाएं रहती हैं। जब तक इंसान जीता है तब तक अपनी इच्छाओं के कारागृह में रहता है। हर पल इच्छाएं इंसान में सांसों की तरह रहती हैं, इच्छाएं फिर व्यावहारिक हों या काल्पनिक, सात्विक हों या तामसिक, जायज-नाजायज, अच्छी-बुरी इच्छाओं से इंसान घिरा ही रहता है। ये इच्छाएं इंसान के भीतर इतनी गहराई तक रच-बस जाती हैं कि इसके बिना उसकी कल्पना भी नहीं की जा सकती। एक ओर यही इच्छाएं इंसान को उसके जीने का मकसद देती हैं तो दूसरी ओर यही इच्छाएं उसे दुखी बनाती हैं। बुद्ध की ही तरह बड़े विचारकों एवं आध्यात्मिक गुरुओं का भी यही मानना है कि मनुष्य के जीवन में दुख का कारण उसकी इच्छाएं ही हैं। जितनी इच्छाएं होंगी उतनी ही उम्मीदें होंगी, जितनी उम्मीद होंगी उतनी ही निर्भरता होगी, जितना इंसान दूसरे पर अपने सुख के लिए निर्भर रहेगा उतना ही दुखी होगा। इसलिए इच्छा कैसी भी हो हमेशा दुख देती है।

लोग सोचते हैं कि बुरी या खराब इच्छाएं ही दुख देती हैं। ऐसा नहीं है इच्छा चाहे जीने की हो या मरने की, प्रेम की हो या घृणा की, पाने की या खोने की हर इच्छा दुख देती है। जिसे हम अच्छी इच्छा कहते हैं वह भी देर-सवेर हमें दुख देती है तभी तो इच्छाओं को त्यागने पर सभी धार्मिक ग्रंथों एवं महापुरुषों ने इतना बल दिया है इतना ही नहीं बिना इच्छा के जीने को ही सही व सच्चे रूप में आध्यात्मिक या संत होना कहा है। ध्यान-योग, चिंतन-मनन एवं साधना तथा कर्मकांड आदि जैसे तप आदमी इसलिए तो करता है ताकि इच्छाओं के जगत से मुक्त हो सके और परमात्मा के महासुख को उपलब्ध हो सके।

लेकिन अब प्रश्न उठता है कि क्या बिना इच्छाओं के कोई जीवित रह सकता है? ऐसा कोई इंसान है जिसकी कोई भी इच्छा न हो? ऐसा कैसे हो सकता है कि इंसान जिए और उसका कोई सपना न हो, मन में कोई उद्देश्य न हो? इंसान कैसा भी हो उसका सपना हो या उद्देश्य, उसकी जरूरतें हों या उम्मीदें यह सब उसकी इच्छाओं के ही रूप हैं और इन सबके बिना उसका जीना असंभव है। मनोवैज्ञानिक कहते हैं इन सबके बिना जीना मरे हुए के समान है। इंसान की इच्छा ही तो है, जो उसे जीवित रखती है, उसे हर विषम परिस्थितियों में जीने का साहस देती है। इन्हीं इच्छाओं, उम्मीदों, उद्देश्यों और सपनों के चलते वह न केवल सब कुछ सहन कर लेता है बल्कि बड़ी से बड़ी चुनौती का सामना भी कर लेता है।

इतना ही नहीं आज तक जो भी आविष्कार या खोजें हुई हैं या हो रही हैं, वह साधन जिन्होंने मनुष्य के जीवन को सुखपूर्ण व सरल बनाया है इन सबके पीछे इंसान की इच्छाओं का ही हाथ है। इच्छाएं इंसान को कुछ करने का जुनून देती हैं। कुछ नया या अलग करने का जोश देती हैं और तो और रोजमर्रा का जीवन इंसान की इन्हीं इच्छाओं, जरूरतों, सपनों एवं उम्मीदों पर ही है। यदि यह सब नष्ट हो जाएं या इंसान के व्यक्तित्व से निकल जाएं तो इंसान जी नहीं सकता।

इच्छा को लेकर उपर्युक्त दोनों ही आध्यात्मिक एवं भौतिक परिभाषाएं व तर्क सही हैं। यदि एक ओर यह सच है कि 'इंसान बिना इच्छाओं के जी नहीं सकता' तो दूसरी ओर यह भी सही है कि 'यह इच्छाएं ही हैं जो इंसान के दुखों का कारण है।' दोनों तर्कों पर यदि गौर किया जाए तो एक ही बात उभरती है कि इंसान जैसा है वह दुखी ही रह सकता है शायद यही कारण है कि इंसान जैसा भी है अमीर-गरीब, छोटा-बड़ा आदि वह हमेशा से दुखी ही है। यदि इस परिणाम को मान लिया जाए तो इंसान दुख से मुक्त कैसे होगा और दुख से मुक्त होने के लिए उसे अपने जीवन में, व्यक्तित्व-विचार में क्या और कितना कुछ बदलना होगा?

एक गंभीर समस्या उभरकर आती है वह यह कि इंसान दुखी नहीं रह सकता, वह सुख का भूखा है अब समस्या यह है कि इच्छा रहित वह रह नहीं सकता और दुखी वह रहना नहीं चाहता है, वह करे तो क्या करे? उपदेश देने वाले सरलता से कह देते हैं 'अपनी इच्छाओं को त्यागो' कहने में और करने में बहुत भेद है। ऐसी स्थिति में इंसान क्या करे? कहां जाएं, कैसे रहें सुखी? कैसे निकले इच्छाओं की दलदल से? यदि इच्छा ही दुख का कारण है तो बिना इच्छा के वह कैसे जिए? क्या बिना इच्छा के इंसान जी सकता है? क्या ऐसा कोई उपाय है कि इच्छा भी हो और जीवन में दुख भी न हो? या यूं कहें कि इच्छाओं के साथ सुख भी मिले?

'हां', यह संभव है। इसके लिए हमें इच्छा से बंधना नहीं है, इच्छा तो रखनी है पर उस पर निर्भर नहीं रहना। माना कि बिना इच्छा के जीना मुश्किल है लेकिन उससे जुड़े रहना या न रहना यह हमारे हाथ में है। सच तो यह है किसी चीज की इच्छा करना या रखना गलत नहीं

है, गलत है उस इच्छा से ही जुड़े रहना, उस पर आश्रित हो जाना। जैसे ही हम किसी चीज से बंधते हैं या उस पर आश्रित हो जाते हैं तो हमारे सुख-दुख भी उस पर निर्भर हो जाते हैं। परंतु इसका मतलब यह भी नहीं कि इंसान निर्भर होने के डर से इच्छा रखना छोड़ दे। हां, इच्छा पर निर्भर न हो यानी उसके कल में अपने आज को, वर्तमान क्षण और स्थिति को खराब न होने दें। इच्छा रखें पर उसे स्वयं पर हावी न होने दें। आपकी इच्छा आपमें हो पर वह आप पर राज न करे। आपकी इच्छा सिर्फ इच्छा हो उसका आप पर, आपके व्यक्तित्व एवं व्यवहार पर कोई प्रभाव न पड़े।

'इच्छा हो पर आप उससे बंधे नहीं।' इसका क्या अर्थ है या ऐसे कैसे जिएं कि इच्छा से बंधे नहीं? इसे कुछ उदाहरणों से समझें। मान लो आपकी इच्छा नई कार लेने की है या किसी को अपना बनाने की है। ये इच्छा गलत नहीं पर इसके परिणाम से न तो आप बंधें नहीं अपने को प्रभावित होने दें। कार जब आएगी तब आएगी, सामने वाले से जब प्यार मिलेगा तो मिलेगा, पर इसके पीछे इतने उतावले या बावले होने की जरूरत नहीं कि आप अपने आज को नजरअंदाज कर दें 'कि जब तक कार नहीं आएगी मैं चैन से नहीं बैठूंगा। जब तक मैं फलां इंसान का प्यार नहीं पा लूंगा तब तक जीने का कोई फायदा नहीं आदि-आदि।'

इच्छा के नकारात्मक पहलू से बचो, घृणा से बचो, द्वेष से बचो, इच्छा को अपने पर हावी मत होने दो, हावी हुई तो बेकार है। सपने देखो, जो सपने देखता है उसी के सपने पूरे होते हैं लेकिन ऐसे सपने मत देखो जिसके आप गुलाम हो जाएं, गुलाम मत होना फिर तुम उससे जीत नहीं सकते हारना पड़ेगा। सपना तुम्हारे पर हावी हो जाएगा। अगर हावी हुआ तो पागल हो जाओगे अगर सपना पूरा नहीं हुआ तो पागल हो जाओगे।

किसी चीज या लक्ष्य को पाने का जुनून होना या एकाग्र होना अलग बात है परन्तु उसको ही अपने सुख का आधार बना लेना यह गलत है। अपने सुख के लिए इच्छा, उम्मीद एवं सपने के लिए प्रयासरत अवश्य रहें परन्तु एक बात का अवश्य ध्यान रखें कि आपकी इस इच्छा से क्या आपके व्यवहार एवं व्यक्तित्व में कोई परिवर्तन तो नहीं आ रहा मसलन, आप बेचैन या चिड़चिड़े रहने लगे हों। आपकी नींद व भूख कम होने लगी हो। आपमें गुस्सा व अधैर्य बढ़ रहा हो। आपके विचार नकारात्मक और मन आलसी होने लगा हो। क्या इच्छा की तृप्ति में आपका मन इतना डूबा रहता है कि आपका किसी अन्य कार्य या व्यक्ति में मन नहीं लगता? दिन-रात एक ही चिंता खाए रहती हो? घर-बाहर की छोटी-बड़ी खुशियां भी आपको वो खुशी नहीं दे पातीं? तीज-त्योहार एवं जन्मदिन-सालगिरह आदि जैसे विशेष दिन आपके लिए कुछ विशेष महत्त्व नहीं रखते? आपमें संतुष्टि का स्तर कम होने लगा है और शिकायतों का स्तर बढ़ने लगा है? आदि। आपमें सहनशीलता घट रही है?

यदि ऐसा सब आपके स्वभाव व जीवन में हो रहा है तो बात साफ है कि आपकी इच्छा आप पर राज कर रही है। ऐसी इच्छा आपको कष्ट देगी ही। न केवल जब तक वह आपमें

रहेगी बल्कि परिणाम के बाद भी। क्योंकि जिस निराशा, चिड़चिड़ेपन, गुस्से व अधैर्य आदि को हम लंबे समय तक अपने साथ रखते हैं वह धीरे-धीरे हमारे स्वभाव व व्यक्तित्व का हिस्सा बनने लगता है। फिर दुख व शिकायत आदि ही हमारा एक मात्र जीवन का अनुभव रह जाता है और हमारी इच्छा कोई एक दो तो होती नहीं बल्कि हजारों होती हैं। अब आप अंदाजा लगा सकते हैं, हजारों इच्छाओं का परिणाम क्या होता होगा। उसका असर हमारे जीवन व मनोविज्ञान पर कितना पड़ता होगा।

इच्छा एक बीज की तरह है और जो बीज आरंभ में ही, गर्भ में ही, इतने बंधन लेकर आता हो तो वह बीज फलने-फूलने के बाद जीवन में तकलीफ या तनाव न लाए ऐसा हो नहीं सकता। एक छोटी सी इच्छा हमारा सारा ध्यान खींच लेती है। चाहे हम सुखी हों, फिर भी नए सुख की कामना में हमारी इच्छा टिक जाती है और जब हमें हमारी इच्छानुसार सुख नहीं मिलता यह शरीर हमें बोझ लगने लगता है और जीवन शिकायतों से भरता चला जाता है। क्योंकि इच्छा के साथ व बाद श्रृंखलाबद्ध कई छोटी-बड़ी इच्छाएं भी बंधी होती हैं व निर्मित होने लगती हैं। इच्छाओं का संसार फैलने लगता है और जीवन नर्क लगने लगता है।

ऐसा न हो, इससे बचने के लिए ध्यान-साधना, चिंतन-मनन या बोध आदि के बाद या तो इस स्तर को उपलब्ध हो जाएं कि मन में कोई इच्छा या उम्मीद न रहे व खुद-ब-खुद छूट जाए या फिर इच्छाओं से, उनके परिणाम से बंधे नहीं। इच्छाएं रखें, सपने देखें, उम्मीद करें, प्रयत्न करें। सिर्फ करें, देखें, निरीक्षण करें आप अपनी इच्छाओं से बंध तो नहीं रहे? उपर्युक्त बताए गए लक्षण आप में पैर तो नहीं जमा रहे? इच्छा के साथ-साथ बाकी जीवन का भी मजा लें। मेहनत के साथ-साथ थोड़ा विश्वास प्रकृति कहो, परमात्मा या अस्तित्व आप जो भी नाम देते हैं उस पर भी करें। जो हमारे लिए श्रेष्ठ, शुभ व सही होगा वह हमें अवश्य मिलेगा।

तार्किक एवं जरूरत से ज्यादा व्यावहारिक लोगों को यह बात अटपटी लग सकती है परंतु जो लोग जरा भी अपने अंतस से जुड़े हैं या आध्यात्मिक हैं वह जानते हैं यह सही है। यदि कर्म सत्य है तो भाग्य भी सत्य है क्योंकि बिना कर्म के पता नहीं चल सकता कि भाग्य में क्या व कितना लिखा है। भाग्य को जानने के लिए भी कर्म करना ही पड़ता है। बहरहाल या तो इच्छाओं के दलदल से उभरें और इच्छा रहित हो जाएं या फिर इच्छा तो हो पर उस पर उसके नतीजे से न बंधें। इच्छा जब पूरी होगी तब होगी उससे पहले जो मिल रहा है या मिला है उसे जिएं। इच्छा के मिलन में अपने आज को तहस-नहस न करें। कोशिश भी करें तो सिर्फ इस भाव से कि 'हम कोशिश ही कर सकते हैं,' यही हमारा ध्येय होना चाहिए। प्रयत्न करना ही हमारा उद्देश्य व मंजिल होनी चाहिए। इस भाव से जब हम इच्छा या सपने पालते हैं तभी उन्हें पूरा कर पाते हैं वरना हमारी इच्छाएं हमें ही निगल जाती हैं और जीवन में अफसोस के अलावा कुछ हाथ नहीं लगता। इसलिए इच्छा हो पर मुक्त हो।

इच्छाओं का मूल्यांकन और विश्लेषण दोनों करें

- जो दुख है वह इच्छाओं से पैदा होता है। इच्छाओं का अंत ही दुखों का अंत है। दुख, इच्छाएं और इच्छाओं का अंत ही दुखों से मुक्ति है।
- जो इच्छाएं हैं वे अच्छी भी हैं और बुरी भी। चाहे वे कैसी भी हों- चाहे वे देवत्व की तरह हों या आसुरी प्रवृत्ति की, हैं तो दोनों इच्छाएं ही और सभी इच्छाएं बंधन हैं। परन्तु दोनों में अंतर है। बुरी इच्छाएं बंधनों में जकड़ती जाती हैं और अच्छी इच्छाएं व्यक्ति को धीरे-धीरे इच्छा विहीन कर देती हैं। ये इच्छाएं ही कर्मों को प्रगाढ़ करती हैं। इन सभी की एक गति है, बहाव है, जिसे हमें भोगना होता है।
- आसुरी इच्छाएं नर्क की ओर ले जाती हैं और देवत्व की इच्छाएं स्वर्ग की ओर। दोनों से अलग हो जाएं अर्थात् निष्काम हो जाएं तो वह निगुर्ण ब्रह्म से मिलती हैं। निर्गुण निष्काम का फल है। ऐसा कर्म जिसमें कोई गुण प्रधान न हो, बिना इच्छा का। दोनों प्रकार की इच्छाएं बंधन को पैदा करती हैं- भोगों का निर्माण करती हैं, जिसे भोगना ही पड़ता है स्वर्ग के रूप में या नर्क के रूप में।
- एक आनंद से मुक्त भोग जीवन है। दूसरा दुखों यात्नाओं से भरा जीवन। एक ज्ञान युक्त रोशनी से भरा जीवन है तो दूसरा अज्ञानता के अंधेरों से भरा जीवन- दोनों जगत केवल भोग हैं और भोगों के बाद पुनः जन्म होता है, क्योंकि वहां भी काल की गणना है।
- हर मनुष्य गुण-प्रधान है। हर मनुष्य का कर्म भी गुण प्रधान है। इन गुणों के अनुकूल इच्छाएं हैं। उन्हीं के अनुकूल कर्म और उसकी गति है। यह एक साथ लगा हुआ है। कोई तमोगुण प्रधान है, कोई रजोगुण और कोई सतोगुण प्रधान। इन्हीं के अनुकूल इच्छाओं का जन्म होता है। तमोगुण मनुष्य को संसार के प्रति उपयोगी नहीं बनने देता। वे हमेशा उत्तरदायित्व से भागते हैं। संसार को बेकार समझते हैं। संसार के लोगों को दुख पहुंचाकर प्रसन्न होते हैं। उनमें अहंकार ज्यादा होता है।
- रजोगुण का व्यक्ति दूसरों को हानि नहीं पहुंचाना चाहता परन्तु ज्यादा अपना हित चाहता है। वह भी अहंकार युक्त होता है पर संसार को बनाए रखना चाहता है और जो सतोगुण का व्यक्ति होता है वह सभी परेशानियों से लड़कर स्वतंत्र होना पसंद करता है। संसार के कल्याण की बात सोचता है। हर इंसान को सुंदर बातें या मार्गदर्शन देता है। वह अहंकारी नहीं होता। परमार्थ, सेवा-देना, पूजा आदि उसका कर्म होता है।
- जितना ही आप अपने अंदर सतोगुण का विकास करेंगे उतना ही आनंद के साथ अपने स्वर्ग के रास्ते को प्रशस्त करेंगे।

- अगर तीनों गुणों से अलग, गुण-विहीन, निर्गुण हो जाएंगे तो आप ब्रह्ममय हो जाएंगे। बुद्ध, महावीर, शंकराचार्य आदि बन जाएंगे। फिर जन्म-मृत्यु का आवर्तन नहीं होगा तब आप निर्गुण हो जाएंगे।
- इच्छा या चाह कोई बुरी बात नहीं है और न ही यह गलत है। हर व्यक्ति की जीवन-प्रक्रिया तो इच्छाओं के अधीन होती है।
- इच्छाओं का कोई अंत नहीं होता। आप सब अपनी-अपनी जीवन यात्रा में आई हुई सभी इच्छाओं का या आने वाली सभी इच्छाओं का रेखाचित्र बनाएं तो पाएंगे कि इच्छाओं का एक लंबा सिलसिला बन गया है। हर इच्छा के पीछे एक दूसरी इच्छा है। इच्छाओं की समाप्ति कहीं नजर नहीं आती।
- इन्हीं इच्छाओं के अधीन आपका यह जीवन चक्र घूम रहा है। तभी तो यह निम्न यात्राएं कराता है क्योंकि सामाजिक-सांसारिक परिस्थितियां आपसे ऐसा कार्य करवा लेती हैं जो निम्न तमोगुणी होती हैं। उस कर्म की गति भी निम्न होगी।

  गति में गतिहीनता की, क्रिया में क्रियाहीनता की, अस्थिरता में स्थिरता की, अशांति में शांति की खोज, यह खोज अनवरत है। कई जन्मों की खोज है। न जाने कितने जन्मों की खोज के बाद उस आनंद का एहसास होता है। उस आनंद की एक झलक मिलती है। उस आनंद का प्रवेश द्वार खुलता है। जिसे परमात्मा का द्वार कहा जाता है।

इसे ही साक्षात्कार और निर्वाण कहा जाता है। यही शांत, अति-शांत के नाम से जानी जाती है जो हर सृजन की प्रसूत भूमि है। जो आपकी समझ में आए आप इसे नाम दे सकते हैं। यह आपकी अनुभूति की अभिव्यक्ति है। यह आपके समझने की बात है। इस एहसास का, इस अनुभूति का कोई नाम नहीं। यह कितने जन्मों के प्रयासों के बाद मिलता है, निश्चत नहीं। यह इस जन्म में भी घट सकता है और कई जन्मों के बाद भी। आपको यह पता नहीं कि यह आपका कौन सा जन्म है। आपको पता नहीं आप कितने जन्मों से साधना कर रहे हैं, इसलिए यह कभी भी घट सकता है और जब यह घटता है- तब वह एक विश्राम होता है। एक अनन्त ठहराव-एक असीम शांति-परन्तु यह आपका पड़ाव नहीं होता, यह आपकी यात्रा का विश्राम स्थान नहीं होता। यह तो आपकी आनन्दमय अनुभूति को एक और नए श्रम से जो जोड़ देता है।

❐

कष्ट सफलता की सीढ़ी है

बिना सूली चढ़े जीसस नहीं हुआ जा सकता। बिना विष पीये शिव नहीं हुआ जा सकता। बिना वनवास के राम नहीं हुआ जा सकता, बिना त्याग के बुद्ध नहीं हुआ जा सकता।

परीक्षा जरूरी है, बिना परीक्षाओं के उत्तीर्ण नहीं हुआ जा सकता। तकलीफें किसके मार्ग में नहीं आतीं? कष्ट किसकी झोली में नहीं आते? जो जितना ऊंचा होता है वह भीतर उतना ही गहरा होता है। गहरे जाना ऊपर उठने का मार्ग है। पीछे खिसकना आगे आने की तैयारी है। तीर उतना ही आगे जाता है जितना उसकी प्रत्यंचा को पीछे खींचा जाए। एक धावक या ट्रेन दोनों आगे बढ़ने से पहले थोड़ा सा पीछे खिसकते हैं, यह पीछे खिसकना, मुंह मोड़ने या कायरता की निशानी नहीं है बल्कि यह गति का संकेत है। कली की छटपटाहट उसमें होने वाली खिलावट का सूचक है। आग से ही गुजरकर ही सोना कुंदन बनता है। धान की कैद से निकलकर ही चावल महकता है। पीड़ा माध्यम है सृजन और सौंदर्य का। स्त्री (प्रकृति) गहरी पीड़ा और लंबे धैर्य से गुजरकर ही सृजन करने में सक्षम हो पाती है।

छांव देने वाला वृक्ष सदा धूप में खड़ा रहता है, यदि वृक्ष धूप से नाता तोड़ ले, तो कभी छांव नहीं दे पाएगा। देने वाले को स्वयं का त्याग करना ही पड़ता है। छांव देने वाला सदा जलता है। पार लगाने वाले को लहरों से संघर्ष करना ही पड़ता है। मीठा बोलने वाले को ताने भी सुनने पड़ते हैं। भला करने वाले को उलाहने और आरोप घेर ही लेते हैं। सच तो यह है कि धूप में खड़े होकर ही छाया का जन्म संभव है। छाया से छाया पैदा नहीं होती। कोई या कुछ बीच में जरूरी है। तब बीच वाला कोई गैर, शत्रु या तीसरा नहीं कहलाता बल्कि सगा, शुभचिंतक बन जाता है। दाता बन जाता है।

पीड़ा जननी है सौंदर्य की। फिर वह संघर्ष के रूप में हो या चुनौती के रूप में, श्रम के रूप में हो या इंतजार के रूप में। अत्यधिक पीड़ा यानी अत्यधिक सुख। कहते हैं रात जितनी गहरी होती है सुबह उतनी ही करीब होती है। कड़वाहट और कसैलापन से गुजरकर ही फल मीठा और खाने लायक बनता है। बिना अनुभव ज्ञान संभव नहीं और बिना बोध के रूपांतरण

नहीं हो सकता। रूपांतरण के लिए उस समय, उस दौर या घटना से गुजरना जरूरी है। ऐसे में मशहूर शायर मिर्जा गालिब की पंक्तियां सटीक बैठती हैं-

''रंज से खूगर हुआ इंसा तो मिट जाता है रंज
मुश्किलें मुझ पर पड़ी इतनी, कि आसां हो गईं''
''रोने से और इश्क में बेबाक हो गये
धोये गये हम ऐसे, कि बस पाक हो गए''

वास्तव में जब हम गंभीर कठिनाइयों से गुजर जाते हैं तो छोटी-मोटी तकलीफें हमारे ऊपर असर नहीं करतीं। मुश्किलें जितनी पड़ती हैं उतनी ही और आसान होती जाती हैं। आपने कभी महसूस किया है कि जब हम अपने जीवन से सबसे बहुमूल्य या प्रिय वस्तु खो देते हैं तो उसके बाद हमें कोई अन्य बात दुख नहीं पहुंचा पाती। ऐसा नहीं कि जीवन में फिर उतार-चढ़ाव आने बंद हो जाते हैं, तकलीफें आती हैं पर हमें छू नहीं पाती क्योंकि हम उस बात से, जो हमारे लिए सर्वाधिक असहनीय थी, उस पीड़ा से रू-ब-रू हो चुके होते हैं।

जब लोहार अपने बर्तन या औजार को नया आकार देता है तब वह लोहे को तब तक पीटता या तपाता है जब तक वह आकार पाने के योग्य नहीं हो जाता। जैसे ही लोहा अपने उच्च ताप पर पहुंच जाता है, नया आकार लेने के लिए तैयार हो जाता है। उस समय लोहार की चोट और लोहे के ताप की कोई नकारात्मक क्रिया नहीं होती, यह सृजन एवं सौंदर्य के लिए जरूरी है। ठीक ऐसे ही मानव जीवन है। दुख-तकलीफ, पीड़ा आदि उसके दुश्मन नहीं हैं, मनुष्य के लिए उनसे गुजरकर ही महासुख संभव है।

❒

समझें भाग्य और कर्म की पहेली को

कर्म और भाग्य की पहेली बड़ी पुरानी है। एक ओर हम कहते हैं कि 'हम अपने कर्मों की खाते हैं' तो दूसरी ओर कहते हैं कि 'होता वही है जो किस्मत में लिखा होता है।' सच क्या है? भाग्य में जो लिखा है हम उसी के अनुसार कर्म करते हैं या कर्म के अनुसार हमारा भाग्य निर्मित होता है?

यह एक ऐसा सवाल है जिसकी बहस आदमी समय-असमय कभी दूसरों से तो कभी खुद अपने से करता रहता है। देखा जाए तो जीवन का दर्शन इन्हीं दो शब्दों के इर्द-गिर्द घूमता रहता है और आदमी खुद को कभी कर्म के तो कभी भाग्य के हवाले छोड़ता रहता है। दोनों में खुद को सौंपकर वह जीवन को आजमाता रहता है। सुख की परीक्षा लेता रहता है कि आखिर सुख कर्म करने से मिलता है या यह हमारे भाग्य में छिपा होता है।

यह दो शब्द मात्र दो शब्द नहीं हैं यह कभी इंसान के जीवन का फलसफा तो कभी नजरिया सिद्ध होते हैं, जिसके जरिये वह बनता भी है और मिटता भी है। स्वयं को आस्तिक और नास्तिक की रेखा में बांटकर कभी व्यावहारिक तो कभी आध्यात्मिक होकर देखता है, क्योंकि जो लोग भाग्य के सहारे जीते हैं कहीं न कहीं वह भगवान से भी जुड़े होते हैं। उन्हें लगता है कि भगवान की भक्ति व साधना उनकी किस्मत के द्वार खोल देगी। जन्मों-जन्मों के कर्मों के फल उनके हित में हो जाएंगे। भगवान ही भाग्य विधाता है, उसी की शक्ति में इतना दम है कि वह किसी के भी भाग्य को बना व बिगाड़ सकता है, आदि।

वहीं दूसरी ओर ऐसे लोग भी हैं जो उपर्युक्त बात को जड़ से खारिज करते हैं, इसलिए वह नास्तिक यानी किसी ईश्वरीय शक्ति में न विश्वास करने वाले होते हैं। वह किसी भाग्य-वाग्य को नहीं मानते इसलिए अपने सुख-दुख के लिए किसी किस्मत पर नहीं अपने कर्म पर आश्रित रहते हैं। वह मानते हैं कि जैसे हमारे कर्म होते हैं वैसा ही हमारा जीवन होता है।

मेहनत से ही आगे का मार्ग प्रशस्त होता है, मनुष्य का कल उसके आज पर निर्भर होता है और उसका आज उसके कर्म अनुसार होता है। हम जैसा करते हैं हमें वैसा ही परिणाम मिलता है, हमें भाग्य नहीं हमारे कर्म बनाते हैं, आदि-आदि।

सच तो यह है कर्म और भाग्य कुछ नहीं इंसान के अनुभव की व्याख्या है, उसके तजुर्बों का ही तरजुमा है यह। देखा जाए तो आदमी बड़ा चालाक है जब उसे मेहनत करके मनोवांछित परिणाम मिलता है तो कहता है यह मेरी मेहनत है, मेरे श्रम का फल है और वहीं यदि परिणाम मेहनत के बाद भी हक में नहीं मिलता तो वह यह नहीं कहता कि मेरी कोशिश में कमी थी, वह कहता है कि मेरा भाग्य खराब था, किस्मत ने साथ नहीं दिया आदि। कम मेहनत के या मेहनत अनुसार या फिर बिना मेहनत के बैठे-बिठाए फल मिल जाए तो भाग्य वरना मेहनत।

परंतु ऐसा नहीं, भाग्य को मानने वाले जिनकी इसमें गहन आस्था है वह अच्छे ही नहीं बल्कि हर अच्छे-बुरे परिणाम को अपना भाग्य का ही लेखा-जोखा मानते हैं। उनका मानना है जो भी हुआ था, जो हो रहा है और जो होगा वह सब पहले से ही तय है। हमें मिलता वही है जो हमारे भाग्य में होता है फिर वह कभी भी मिले। हर चीज का एक निश्चित समय होता है, आदि-आदि। तभी तो ऐसे लोगों की मान्यता है कि 'समय से पहले और भाग्य से ज्यादा कभी किसी को नहीं मिलता।'

उक्त बात को यदि सच या सही मान लिया जाए तो कर्म में यकीन रखने वालों का यह तर्क सही लगता है कि यदि सब कुछ पहले से ही तय है तो कुछ करने की जरूरत क्या है? जो मिलेगा वो हमारी किस्मत, जो नहीं मिलेगा वो हमारी किस्मत। लेकिन हैरानी की बात तो यह है जो लोग किस्मत के इस खेल से सहमत हैं वह भी इस बात को कहां मानते हैं। अगर वह किस्मत के लिखे को ही सब कुछ मान रहे हैं तो दुख कैसा, पछताना और रोना कैसा? वह क्यों नहीं मान लेते कि यह भाग्य का लिखा है। लेकिन नहीं, नकारात्मक परिणामों को हम स्वीकारते कहां हैं हम फिर भाग्य के लिखे से लड़ने पहुंच जाते हैं और फिर और परिश्रम से अपने भाग्य झुठलाने में लग जाते हैं। सुख की चाह में ही सही आदमी भाग्य के विरुद्ध खड़ा भी होता है। व्यावहारिक दृष्टि से यह सही भी है। क्योंकि ऐसा कई बार होता भी है कि इंसान अपनी मेहनत से भाग्य का लिखा या यूं कहें परिणाम को बदल देता है। तभी तो ऐसी पक्तियां बनती हैं-

'लहरों से डरकर नौका पार नहीं होती
कोशिश करने वालों की हार नहीं होती।'

उक्त पंक्तियां एक मायने में सही हैं परंतु ऐसे भी कई लोग हैं जिन्होंने अपनी कोशिशों में कोई कमी नहीं छोड़ी और मुंह की खाई है। जिनके अथक प्रयास भी कोई गुल नहीं खिला पाए और न चाहते हुए भी मानने को मजबूर हैं कि फलां काम या चीज उनके भाग्य

में नहीं है। एक तर्क कहता है कि मेहनत में कमी होगी या सही दिशा में मेहनत का उपयोग नहीं किया गया होगा वरना सही समय पर, सही ढंग से सही चीज के लिए इंसान प्रयासरत रहे। और परिणाम हक में न हों ऐसा हो ही नहीं सकता है, क्योंकि ऐसा किया जाए तो कर्म अवश्य फलता है। तभी तो कई लोगों को पहली बार में या दूसरी-तीसरी बार में सफलता हाथ नहीं लगती। जिस दिन मन में लगन, प्रयास सच्चा, उद्देश्य साफ और आत्मा केंद्रित होती है उस कर्म का परिणाम अवश्य मिलता है। फिर भाग्य नहीं कर्म साथ देता है आदि-आदि।

भाग्य पर यकीन रखने वाले इस बात को भी भाग्य का लिखा मानते हैं। उनका तर्क कहता है कि किसी आदमी को सफलता मिलेगी, नहीं मिलेगी, पहले प्रयास से मिलेगी या तीन-चार बार प्रयास के बाद मिलेगी सभी कुछ उसके भाग्य में लिखा होता है। इतना ही नहीं कौन आदमी पहली बार में हिम्मत हार जाएगा या कौन पुनः प्रयास करने का संकल्प मन में ठानेगा और हताश नहीं होगा आदि यह सब भी भाग्य के द्वारा उसके व्यक्तित्व में होता है। इसलिए इस बात को कि 'घोड़े को नदी तक तो ले जाया जा सकता है, ज्यादा से ज्यादा पानी के लिए उकसाया या झुकाया जा सकता है परंतु पानी पीने व अंदर लेने के लिए उसे कर्म तो खुद ही करना पड़ेगा। इस बात को भी भाग्य को मानने वाले अस्वीकार करते हैं। उनका मानना है कि घोड़ा नदी तक पहुंचे, झुके व पानी पिए यह सारा कर्म भी तभी संभव है जब वह सब उसके भाग्य में होगा। क्योंकि यह भी संभव है कि घोड़ा हो, पानी हो पर घोड़ा पानी पीने योग्य न हो वह झुकने से पहले भी दम तोड़ सकता है।

देखा जाए तो बात सही नजर आती है। एक हद के बाद हमारे हाथ में हमारे अनुसार हमारा कुछ नहीं होता हम सिर्फ किस्मत के हाथों की कठपुतली भर रह जाते हैं। पर भाग्य के सहारे ऐसे तो जिया नहीं जा सकता। इस इंतजार में तो जीवन भर बैठा नहीं जा सकता कि जो होगा होने देंगे, जब तक होगा होता रहेगा और जैसा होगा वही हमारे लिए सही होगा। फिर न तो आविष्कार होंगे, न खोज, न उन्नति होगी न विकास। कोई प्रतियोगिता नहीं, कोई प्रयास नहीं। जो मिल जाए उसे ही अपनी किस्मत समझ के स्वीकार लिया जाए आदि। ऐसा न तो इंसान है न उसकी नियति।

बहरहाल, यदि भाग्य ही सब कुछ होता है कर्म कुछ नहीं तो गीता में कृष्ण ने जिस कर्म पर इतना बल दिया है वह क्या है? कौन से पूर्व जन्म के कर्मों के हिसाब-किताब को हमारे ग्रंथ दर्शाते रहे हैं, जिसका भुगतान हम जन्म-दर-जन्म भुगतते रहते हैं? क्यों कहा गया है कि जैसे हमारे कर्म होते हैं वैसा ही हमें जीवन मिलता है? इंसान अपने कर्मों का किया कभी न कभी अवश्य भोगता है? कर्म से इंसान अपना भाग्य बदल सकता है? आदि-आदि।

अब प्रश्न के साथ एक उलझन भी पैदा होती है, वह यह कि कर्म यदि इतना मुख्य व ताकतवर है तो भाग्य क्या है? किस लिए और क्यों है? भाग्य बड़ा है, वही सब कुछ है तो सब कुछ कर्म पर आश्रित क्यों? कर्म बड़ा है या भाग्य? क्या अधिक जरूरी है? भाग्य हमारे

कर्मों से बनता है या जो हमारे भाग्य में है हम वही करते हैं? सच व सही क्या है? इंसान अपनी किस्मत का खाता है या भाग्य का? हम कर्म करें या भाग्य के भरोसे बैठें? भाग्य ने यदि धोखा दिया तो? कर्म करके भी कुछ हासिल न हुआ तो? आदि–आदि क्या करें?

सच तो यह है, यह जीवन एक रहस्य है इसमें क्या छिपा है, कहां छिपा है यह जानना कठिन है और जो छिपा है वह हमें बिना करे मिलेगा या करके? यह जानना तो और कठिन है। ज्योतिष ग्रहों और लकीरों के माध्यम से भाग्य को अच्छा या बुरा बता सकता है लेकिन वह जो अच्छा है उसे भोगने के लिए भी कर्म करना पड़ेगा। इसलिए भाग्य यदि सच है तो कर्म भी सच है। भाग्य में जो लिखा है वह कर्म करके ही जाना जा सकता है। कितने संघर्ष एवं चुनौतियों के बाद हार या जीत है यह जानने के लिए कर्म करना ही पड़ेगा। जीवन में सफलता हाथ लगेगी या असफलता यह जीवन जीकर ही जाना जा सकता है। भाग्य का लिखा बिना कर्म के पढ़ा नहीं जा सकता। भाग्य है तभी तो कर्म की जरूरत है। दोनों एक ही सिक्के के दो पहलू की तरह हैं।

एक बात तो तय है कि भाग्य जैसी चीज होती तो है वरना हम कर्म से पाते किसे हैं? कर्म से बदलते किसको हैं? क्यों कहते हैं कि हमारे कर्म ही हमारे सामने आते हैं? हमने अपनी मेहनत से अपनी तकदीर लिखी है? मैं अपने भाग्य का निर्माता खुद हूं। आदि–आदि। परंतु कर्म करने से भाग्य कैसा व कितना है पता चल जाता है।

इसलिए जीवन में जितना महत्त्व भाग्य का है उससे कहीं ज्यादा महत्त्व कर्म का है, क्योंकि कर्म के बाद ही भाग्य प्रकट होता है।

भाग्य क्या है? जो हम सोचते हैं वह मिल जाना? जितनी मेहनत करते हैं उतना मिल जाना? या मेहनत कम हो और उससे अधिक मिल जाना? या बिना मेहनत करे मिल जाना? शायद यही हमारी भाग्य की परिभाषा है? तभी तो जब हमारे साथ इनमें से कुछ भी नहीं होता तो हम कहते हैं कि हमारा भाग्य ही खोटा है। भाग्य खोटा है या खरा है यह हमें कर्म करने के बाद ही ज्ञात होता है। इसलिए यह कहकर जीवन को नहीं जिया जा सकता कि सब कुछ तो पहले से ही तय है तो फिर स्वयं कुछ करना ही क्यों? इस बात को मान लिया जाए कि भाग्य कर्म से बड़ा है या बलवान है तो मानने से होगा क्या? हम फिर भी तो यही कहते हैं कि जो होना है वही होगा, होके रहेगा, लेकिन कब और क्या होगा? यह सब अज्ञात है। इस अज्ञात को जानने का नाम है कर्म और इंसान को कर्म करने का अवसर देता है यह संसार और उसका जन्म।

इसे यूं इस उदाहरण से समझें चार लोग हैं, चारों को जमीन खोदकर पानी निकालना है। एक ने सात फुट गड्ढा खोदा तब उसे पानी मिला, दूसरे ने बारह फुट गड्ढा खोदा तब पानी मिला, तीसरे को तीन फुट खोदने पर ही पानी मिल गया और चौथे को बीस फुट खोदने के बाद भी एक बूंद पानी नसीब नहीं हुआ। यह चारों की अलग–अलग किस्मत है कि किसी

को ऊपर जल्दी ही पानी मिला तो किसी को गहराई में जाकर, किसी को थोड़े से खोदने से पानी मिल गया तो किसी को अथक प्रयास के बाद भी कुछ हासिल नहीं हुआ। मान लें कि यह चारों के भाग्य में पहले से लिखा था कि किसको कितनी मेहनत पर पानी मिलेगा या नहीं मिलेगा पर उन्होंने यह बात भी कर्म करने के बाद ही जानी कि किसकी किस्मत में कितना खोदना लिखा था व फल क्या था। इसीलिए कर्म को भी जीवन में इतना महत्त्व दिया गया है।

दोनों में बड़ा कोई भी हो, इस बात पर तर्क-वितर्क करने या मानने, न मानने से कोई फर्क नहीं पड़ता। भाग्य यदि सत्य है तो कर्म उस सत्य तक पहुंचने का सोपान है। भाग्य का लिखा पढ़ने के लिए कर्म का चश्मा चाहिए। दोनों ही जरूरी हैं किसी एक को सही व सब कुछ मानकर जिया नहीं जा सकता।

❐

सीखें मोबाइल पर बात करने का हुनर

मोबाइल हमारे उपयोग के लिए है न कि अनावश्यक रूप से लगातार कान में लगाए रखने के लिए जबकि प्राय: होता यही है कि मोबाइल का सदुपयोग कम दुरुपयोग ज्यादा होता है।

किसी महत्त्वपूर्ण मसले पर विभागीय बैठक चल रही थी। अचानक एक विभागीय कर्मचारी का मोबाइल फोन जोर से बज उठा– 'चिकनी चमेली छुप के अकेली पउआ चढ़ा के आई...' अब क्या था, बैठक की कार्यवाही में तो व्यवधान आया ही, साथ ही किसी के चेहरे पर व्यंग्यपूर्ण मुस्कान थी तो किसी के चेहरे पर वितृष्णा के भाव थे। अधिकारी महोदय को कहना पड़ा कि आप अपना मोबाइल फोन मीटिंग के दौरान बंद रखें। दफ्तर में काम करने वाली एक अन्य महिला के मोबाइल की रिंगटोन इतनी तेज है कि जब भी उसका फोन बजता है, बाकी लोग कान पर हाथ रख लेते हैं। जो लोग गंभीरतापूर्वक कामकाज निपटा रहे होते हैं, उनका भी काम से ध्यान बंट जाता है, पर महिला को इन सबसे कोई फर्क नहीं पड़ता।

एक अन्य सज्जन हैं जो सारा दिन अपने मोबाइल पर गाना ही सुनते रहते हैं, जिससे अन्य लोगों को काम में असुविधा होती है, पर स्टॉफ मेंबर होने के कारण संकोचवश कुछ बोल नहीं पाते।

माना कि मोबाइल आज की एक अनिवार्य आवश्यकता बन गया है। संकट की घड़ी में मदद पहुंचाने, परिजनों के हाल–समाचार जानने और अनके प्रकार की जानकारियां देने में मोबाइल हमारा बहुत बड़ा साथी है, पर हम कई बार इसका सदुपयोग कम और दुरुपयोग ज्यादा करते हैं। प्राय: लोग मोबाइल को टाइम पास करने का जरिया समझ लेते हैं और कुछ तो सारा दिन मोबाइल से ही चिपके रहते हैं। कुछ बहुत जोर–जोर से मोबाइल पर बातें करते हैं, जिससे दूसरों को असुविधा होती है।

मोबाईल के शिष्टाचार

मोबाइल हमारी जरूरत का सामान है, फैशन या प्रदर्शन का सामान नहीं। इसकी जरूरत होने पर उपयोग करना चाहिए, दिखावे के तौर पर नहीं आप कल्पना कीजिए आप बड़े ध्यान से अखबार या मैग्जीन पढ़ रहे हैं अथवा अपनी पुस्तक पढ़ने में मशगूल हैं या फिर किसी विषय पर चिंतन-मनन कर रहे हैं और आपके पास बैठा कोई व्यक्ति लगातार जोर-जोर से मोबाइल पर बातें करे तब आपको कितना गुस्सा आता होगा। ऐसा ही दूसरों के साथ भी तो होता होगा। इसलिए मोबाइल मैनर्स बहुत जरूरी है-

- मोबाइल के उपयोग के अपने भी कुछ मैनर्स होते हैं। प्रायः मोबाइल की रिंगटोन ऐसे गानों वाली होती है, जो दूषित मानसिकता का पर्दाफाश करती है। डायलर टोन और कॉलर टोन दोनों ही सुमधुर और कर्णप्रिय होना चाहिए। रिंग टोन धीमी रखना चाहिए एवं भद्दे व अश्लील गीतों की रिंगटोन नहीं बनानी चाहिए।
- जब आप कार्य स्थल पर होते हैं तो वहां आपके साथ अन्य कर्मचारी भी होते हैं। उनके सामने सारा दिन फोन पर चिपके रहने और घरेलू वार्तालाप करते रहने वालों की अपनी भी छवि खराब होती है।
- कार्यस्थल जो भी हो, ऑफिस, स्कूल या कोई कंपनी, आप वहां काम करने के लिए जाते हैं न कि फोन पर गपशप करने। बेहतर होगा कि आप अपने रिश्तेदारों, मित्रों और परिचितों को अपने कार्य समय की जानकारी देकर उनसे उस समय अंतराल में फोन न करने की गुजारिश कर लें, ताकि काम के समय आपके फोन न आए , हां यदि कोई इमर्जेंसी है, बहुत जरूरी काम है, तब की बात और है, पर लगातार बार-बार आपके मोबाइल की घंटी बजते रहना जरूर गलत है।
- यदि आपका काम काज ही ऐसा है कि हर समय मोबाइल फोन पर संपर्क में रहना जरूरी होता है, तक अपने मोबाइल को वाईब्रेशन मोड पर रखना या बिलकुल धीमी आवाज में रखना जरूरी होता है। याद रखिए, बहुत तेज ध्वनि वाली रिंगटोन आपके आस-पास रहने वाले और काम करने वालों का ध्यान भंग करती है। आपने खुद अनुभव किया होगा कि आपके आस-पास किसी का मोबाइल बहुत तेज आवाज में बजता है तो आपको भी कोफ्त जरूर होती होगी, ऐसा ही दूसरों के मामलों में भी होता है। अतः जब मालूम है कि आपके फोन लगातार आते रहते हैं तो ऐसी स्थिति में मोबाइल साइलेंट मोड पर रखना आपकी समझदारी को दर्शाता है।
- इसी प्रकार कई लोगों की मैसेज खूब भेजने की आदत होती है और मैसेज भी ऐसे जो बेहूदा होते हैं या फिर गैरजरूरी। हमारी एक परिचिता ने अपने रिश्तेदारों का ग्रुप अपने मोबाइल पर फीड कर रखा था और एक बार पूरे ग्रुप को मजाक-मजाक में मैसेज कर दिया- 'इमर्जेंसी कॉल मी।' अब क्या था, सारे रिश्तेदार परेशान हो गए

और एक-दूसरे को फोन घुमाने लगे। जब उस परिचिता से उन सबने संपर्क किया तो उन्होंने सामान्य लहजे में कहा- 'अरे, वो तो गलती से बटन दब गया था। इतना ही नहीं, उनके पिता की तो इस हरकत के कारण तबियत ही खराब हो गई और काफी इलाज के बाद कहीं वे सामान्य हो पाए।' इस तरह के बेहूदा मजाक कभी भी आपको महंगे पड़ सकेते हैं। मैसेज जरूरी होने पर या सामान्य तरीके से ही भेजा जाना जाहिए, मसलन आपके किसी परिचित, रिश्तेदार या दोस्त का जन्मदिन है, मैरिज एनिवर्सरी है या कोई विशेष मौका है तभी मैसेज भेजना उचित है।

- कई लोग मोबाइल में अश्लील मैसेज भेजकर खुश होते हैं। कुछ लोग अश्लील चित्र या फिल्म अपने मोबाइल में रखते हैं। ऐसी स्थिति में यदि वह मोबाइल किसी निकट संबंधी के हाथ लग गया और उसने यह सब देख लिया तो आपकी स्थिति बड़ी शर्मनाक हो जाएगी। छवि बिगड़ेगी सो अलग।
- इसी प्रकार यदि आप किसी जरूरी मीटिंग में हैं या फिर मंदिर या सिनेमाघर में अथवा किसी गमगीन माहौल में हैं तब भी आपको अपना मोबाइल स्विच ऑफ या साइलेंट रखना चाहिए, क्योंकि ऐसी जगहों पर जब अचानक तेज आवाज में आपका मोबाइल बज उठता है, तब बड़ा अशोभनीय लगता है।
- इधर जब से मोबाइल का प्रचलन शुरू हुआ है तब से सड़क दुर्घाटनाओं की संख्या में भी इजाफा हुआ है, इसका कारण यह है कि लोग विशेषकर युवा वर्ग सड़क पर बाईक या कार चलाते समय भी मोबाइल पर बात करते हैं निश्चित ही उस समय ध्यान दो जगहों पर बंटा होता है जिससे अचानक दुर्घटना का शिकार होते देर नहीं लगती।
- यदि सड़क चलते कोई जरूरी फोन आ भी जाए तो गाड़ी किनारे खड़ी कर के भी तो बात की जा सकती है। कहने का मतलब है कि मोबाइल इस्तेमाल के भी अपने मैनर्स होते हैं, जो हमारे अपने ही व्यक्तित्व के परिचायक होते हैं। मोबाइल हमारे उपयोग के लिए है न कि बिना बात के लगातार कान में लगाए रखने के लिए। ड्राइविंग करते समय आखिर ऐसी कौन सी बात करनी जरूरी होती है, जो आपकी जान से ज्यादा महत्त्वपूर्ण हो? मोबाइल एक सुविधा है और इसका उपयोग तभी किया जाना चाहिए जब हमें इस सुविधा की जरूरत हो।

यह भी ध्यान रखें

जरूरी है कि हम मोबाइल फोन का प्रयोग करते समय कुछ जरूरी बातों का ध्यान रखें और एक सभ्य नागरिक होने का परिचय भी दें। मोबाइल की रिंगटोन भले ही फिल्मी गीतों वाली हो, पर यह कर्णप्रिय हो, मद्धिम हो। भावपूर्ण गीतों की कोई कमी नहीं है, जो द्विअर्थी या अश्लील मानसिकता को प्रदर्शित नहीं करती।

- फोन पर वक्त बे वक्त बात करना भी असभ्यता के दायरे में आता है। बिलकुल जरूरी होने पर और समय-समय पर नाते रिश्तेदारों को फोन कर हाल जानें। सुबह-सुबह या देर रात किसी को फोन न करें। इससे सुनने वाले को असुविधा हो सकती है। विशेषकर देर रात तो फोन की घंटी सुनकर वैसे भी व्यक्ति किसी अनहोनी की आशंका से कांप जाता है।
- मीटिंग आदि के समय अपना मोबाइल स्विच ऑफ रखें। ड्राइविंग के समय मोबाइल पर बात न करें। यदि जरूरी है तो गाड़ी पहले सड़क के किनारे खड़ी करें, फिर बात करें।
- फोन पर लंबे समय तक बात करना भी आपकी फुरसतिया वाली छवि बनाता है। कम शब्दों में कम समय तक बात करना, अनावश्यक मैसेज न भेजना आपके अच्छे व्यक्तित्व की तो पहचान है ही, साथ ही ऐसा करके आप मंहगाई के इस दौर में पैसों का दुरुपयोग भी कम करते हैं।
- इस तरह छोटी-छोटी बातें होती हैं, जो मोबाइल के प्रयोग के समय हमारी मानसिकता और व्यक्तित्व का परिचय करा देती हैं। अत: मोबाइल मैनर्स का पालन कर आप स्वयं भी सभ्य, सुशिक्षित और परिपक्व होने का प्रमाण देते हैं।

❐

जैसा संग वैसा रंग

आदमी संसार में भले ही अकेला आता है और अकेला जाता है पर अकेला रहता नहीं है। वह लाख कोशिश भी करे तो उसे अपने आस-पास रहने वाले लोगों या उससे जन्म लेने वाले रिश्तों एवं संबंधों से जुड़ना पड़ता है। खून के रिश्तों के आगे उसका कोई बस नहीं, परन्तु समाज एवं यार-दोस्त आदि जिन लोगों के वह इर्द-गिर्द या मध्य रहता है यह उसका अपना चयन एवं फैसला होता है। सच तो यह है यह जीवन एक श्रृंखलाबद्ध समूह है जिसमें हमें लोगों के आसरे, तो कभी समूह में खुद को निर्भर रखना पड़ता है। ऐसे में हम चाहे कितने ही सही, शुद्ध या ऊर्जावान आदि क्यों न हों, जो हमारे आस-पास चहुं ओर है उसका प्रभाव देर-सवेर हम पर भी पड़ता है। कहते हैं न कि 'काजल की कोठरी में जाओ और कालिख न लगे ऐसा कैसे हो सकता है।'

संगत भली हो या बुरी उसका रंग एवं संग हमें प्रभावित करते ही हैं। इसीलिए इंसान निजी तौर पर कितना भी अच्छा क्यों न हो जैसे ही वह सामाजिक या हल्का सा व्यावहारिक होता है या यूं कहें लोगों के संपर्क में आने लगता है तो उसके लिए उसी की योग्यताएं, उसी का हुनर चुनौती बनने लगता है। क्योंकि संघ में वह अकेला नहीं रह जाता वह सामने वाले को प्रभावित भी कर सकता है और खुद भी प्रभावित हो सकता है, दोनों गुंजाइशें उसके लिए सदा खुली रहती हैं। लोगों के बीच अपने को बनाए रखना व अपने लक्ष्य एवं नियमों पर टिके रहना एक टेढ़ी खीर है, क्योंकि जहां दस मुंह होते हैं वहां सौ बातें भी होती हैं। ऐसे में स्वयं पर नियंत्रण या लगाम कसना कठिन हो जाता है। दूसरा हमें ज्यादा आकर्षित करता है हम स्वयं को कम आंकते हैं। इसीलिए दूसरे के जैसे होने को राजी होते चले जाते हैं। यही कारण है कि जैसे ही आदमी किसी के संग-साथ में पड़ता है तो उसका कलेवर उस पर भी चढ़ने लगता है।

आदमी की कमजोरी ही यह है कि जिस बात में वह एकता, संगठन या अधिक जोर देखता है उस बात की ओर आकर्षित होता है क्योंकि उसका मानना है जिस बात को अधिक लोग तवज्जो देते हैं वह सही होती है। जो चीज उसके लिए नई होती है भले ही वह खराब

हो उसकी तरफ आदमी सरलता से आकृष्ट हो उठता है। इतना ही नहीं दूसरे से शीघ्र प्रभावित होने का या शीघ्र मिल जाने का एक कारण इंसान की होड़ भी है। वह दूसरे के जैसा होना चाहता है उसको लगता है कि यदि वह भीड़ से अलग है तो गलत है। यदि उसे उनके साथ उनके बीच रहना है तो उनके जैसा ही होना पड़ेगा। ऐसे में अपनी पहचान के साथ टिके रहना उसे मुश्किल लगता है वनस्पत दूसरे के साथ शामिल हो जाना।

आदमी का मनोविज्ञान ऐसा है कि वह तादात को ही ताकत मान लेता है इसीलिए वह भीड़ में चलता है और भीड़ को स्वीकार करता है। भीड़ में चलना गलत नहीं लेकिन सही-गलत का चयन न कर पाना उसके लिए खतरनाक हो जाता है। और फिर भीड़ का साथ देते-देते वह उस आदत का इतना आदी हो जाता है कि यह जानने के बावजूद भी कि वह गलत के साथ है उससे खुद को अलग नहीं कर पाता। संघ का रंग इतना धीरे-धीरे चढ़ता है कि आदमी कब उसकी चपेट में आ जाता है उसे पता ही नहीं चलता। संगत आदमी को लाचार और मजबूर बना देती है। उस पर खुद का बस कम आस-पास का बस ज्यादा चलता है। यही कारण है कि कुछ गलत जानने के बावजूद भी इंसान अपने पर नियंत्रण नहीं रख पाता कि ऐसा नहीं करूंगा, वैसा नहीं करूंगा आदि परन्तु संगत के कारण चूक जाता है।

संगत आदमी को पूरी तरह बदल देती है या यूं कहें बदल सकती है। इसलिए साथी या संघ का चुनाव सोच-समझकर करना चाहिए। संगत हमें निखार भी सकती है, तबाह भी कर सकती है। इंसान को चाहिए कि यदि चीजें उसके अनुकूल न हों तो उनसे बचें। अंग्रेजी में एक कहावत है 'its Better to live alone to live with a bad company' अर्थात् बुरी संगत के साथ रहने से अच्छा है अकेले रहना। लेकिन आदमी अकेला रहना कहां चाहता है यह अकेलापन ही तो उसकी सारी समस्या है और उसी अकेलेपन को दूर करने के कारण वह भीड़ या किसी के आसरे की ओर झुकता चला जाता है। फिर वह संघ या साथ उसे कितना ही लाचार या निर्भर क्यों न बनाए।

संगत का रंग ऐसा होता है जो आपके सारे रंगों को ढक देता है भले ही हममें कई अच्छाइयां हों लेकिन बुरी संगत के कारण हमें कभी न कभी मुंह की खानी पड़ सकती है क्योंकि कहीं न कहीं इंसान खुद भले ही कुछ भी हो उसकी संगत, उसके साथी उसके रुतबे को जरूर बढ़ा देते हैं। आज का आदमी है क्या, अपने कॉन्टेक्ट्स और लिंक्स पर अपनी जिन्दगी जीने वाला। उसकी एप्रोच ही उसे बनाती व बिगाड़ती है। जहां आज सब ओर लिंक्स और स्टाफ का ही बोलबाला है वहां पर उसकी संगत ही उसके लिए बहुत बड़ा हथियार साबित हो जाती है। यदि उसकी संगति अच्छे लोगों से है तो घंटों या दिनों के काम मिनटों में हो जाते हैं और यदि उसकी संगति बुरे लोगों के साथ है तो उसके सारे एफर्ट्स शून्य हो जाते हैं। इसलिए हमें सोच-समझकर खुली आंखों से अपने मित्र या यार-दोस्त चुनने चाहिए।

लेकिन आदमी बहुत चालाक है जब भी वह कुछ अच्छा या बेहतर पाता है तो उसकी उत्पत्ति का श्रेय वह खुद को देता है वहीं दूसरी ओर यदि वह किसी नुकसान, कष्ट या समस्या का हिस्सा बनता है तो उसका सारा जिम्मा अपनी संगत पर ठहराता है जबकि सच तो यह है कोई हमारे पास आकर दरवाजे नहीं खटखटाता हम खुद ही अपने अनुसार लोगों को चुनते हैं, उनमें शामिल होते हैं। रहा सवाल अस्तित्व या किस्मत के द्वारा मिलाए लोगों का उसमें भी हमें पूरी स्वतंत्रता होती है कि हम किसे चुनें, किसे नहीं, किस इंसान का या किस समूह का साथ हमें किस हद तक, कैसे व कितना देना है, यह हम पर निर्भर करता है। हमें अपनी कमजोरी को संगत का नाम देकर रफा-दफा नहीं करना चाहिए बल्कि अपने चयन करने की क्षमता व अपने दृढ़ संकल्प की शक्ति को उजागर व बनाए रखने में लगे रहना चाहिए तभी हम बुरी संगत के प्रभाव से खुद को बचाए रख सकते हैं।

कैसे बचें बुरी संगत से

- पहले-पहल तो अपनी संगत को पहचानें और फिर अपने व्यक्तित्व एवं कृतित्व का मूल्यांकन करें और देखें कि जबसे आप नए लोगों के संपर्क में आए हैं क्या आपका ग्राफ ऊपर जा रहा है? यानी आप कुछ पा रहे हैं या नहीं?
- क्या आपकी संगत आपके लिए एक लत बनती जा रही है? आप उसके बिना नहीं जी सकते?
- क्या आप अपने नियम और योजनाओं को समय पर पूरा नहीं कर पा रहे हैं?
- क्या आप अपने बनाए टाइम टेबल के अनुसार नहीं चल पाते हैं?
- क्या आप अपने स्वभाव में गुस्सा चिड़चिड़ापन या अन्य मनोविकार ज्यादा देख रहे हैं?
- क्या आपको लगता है कि आप अपनी तथाकथित संगत के बिना असुरक्षित हैं?
- आपकी नजर में घर वालों से ज्यादा महत्त्व आपकी संगत या यार दोस्त अधिक रखते हैं?
- बहुत कुछ नापसंद होने के बावजूद भी आप अपनी संगत को नहीं छोड़ पा रहे हैं?
- यदि हां, उपर्युक्त बातें सही हैं तो इसमें कोई शक नहीं कि आप बुरी संगत के शिकार हैं। कोशिश करें जो वक्त आपके यार-दोस्तों से मिलने का है उस समय किसी कोर्स या अन्य क्रियाकलाप से जुड़ें।
- खाली कभी भी न बैठें कुछ न कुछ रचनात्मक करते रहें।
- कैसे भी सही उन लोगों के नंबर अपनी डायरी और मोबाइल से हटा दें।
- न कहने का साहस जुटाएं। अपनी भीतरी शक्ति को पहचानें व पूर्व में प्राप्त उपलब्धियों व सम्मानों का अवलोकन करें।
- न मित्र बनाएं, न किसी कार्यशाला का हिस्सा बनें।

सत्संग का महत्त्व

सत्संग केवल भजन व प्रवचन ही नहीं बल्कि जीवन जीने की कला सिखाता है। आप अपने जीवन के कीमती क्षणों को इधर-उधर की बातों में न गंवाकर सत्संग के माध्यम से किसी विषय को जानने व सुनने में अपना समय व्यतीत करें, जिससे हमारे जीवन में सुधार आ सके व हम नए अनुभव को प्राप्त कर सकें।

सत्संग यानी सत्य का संग। हमारे भारतीय समाज में सत्संग को अत्यधिक महत्त्व दिया जाता है, क्योंकि ऐसी मान्यता है कि सत्संग हमारे जीवन का एक महत्त्वपूर्ण पहलू है। सत्संग के बगैर हमारा जीवन अधूरा है। हमें पता चलता है कि हमारा जन्म क्यों हुआ है? इस धरती पर आने का क्या उद्देश्य है? ऐसे कई सवालों का जवाब हमें केवल सत्संग के द्वारा ही मिल सकता है। आज हम मोह-माया में फंसकर सच को भूल चुके हैं। हम केवल सांसारिक सुखों की पूर्ति के लिए हर वक्त काम के पीछे भागते हैं।

सत्संग हमें जीने की कला सिखाता है। सत्संग से ही हमें जीने की शिक्षा मिलती है। सत्संग से ही हमारी आत्मा को शांति मिलती है। सत्संग मन में व्याप्त राग-द्वैष को मिटाता है। इससे मन हमेशा प्रसन्न रहता है और हमारा संबंध जगत पिता परमेश्वर से जुड़ा रहता है। आज टी.वी. चैनलों पर सत्संग दिखाया जाता है, जिसमें दिखाया जाता है कि परम पिता परमेश्वर हमारे चारों ओर और हर कण-कण में समाया हुआ है उन्हें महसूस करो, उन्हें पहचानो कि उस परमात्मा ने कैसे चारों तरफ कुदरत का नजारा बनाया है। यह हमें पल-पल जीना सिखाता है। सबसे प्रेम करना सिखाता है। हमेशा अच्छा भाव रखो, नि:स्वार्थ भाव से सबकी सेवा करने से हमारे भीतर परमात्मा का वास होता है।

सत्संग की जितनी महिमा गाई जाए उतनी ही कम है। घर व अपने आस-पड़ोस में सत्संग करने से वातावरण शुद्ध व पवित्र होता है। घर में हमेशा भगवान का वास होता है। बुराइयों से छुटकारा मिलता है। बच्चों में भी अच्छे संस्कारों का जन्म होता है। उनमें बड़ों के प्रति आदर भाव भी सत्संग के द्वारा सिखाया जा सकता है। हमें हमारी व्यस्त जिंदगी में से सत्संग के लिए एक घंटा सुबह व एक घंटा शाम को समय निकालना चाहिए। अगर आपके पास इतना भी समय नहीं है तो आपको अपने अंत:करण को शुद्ध रखना चाहिए ताकि हम सांसारिक बातों से दूर ही रहें, जिंदगी से भटके हुए लोग सत्संग के द्वारा ही सही राह पर आ सकते हैं।

भगवान श्री कृष्ण ने गीता में कहा है कि, 'केवल सत्संग के माध्यम से इंसान मोक्ष को प्राप्त कर सकता है। मुझे भी पा सकता है।' सत्संग में वह शक्ति है जो बड़े से बड़े तूफान को क्षीण कर सकती है। दुनिया का बड़ा से बड़ा नशा जो हमें थोड़ी देर के लिए सुख देता है वह नशा जल्दी ही उतर जाता है। परंतु सत्संग जाने से जो हमें परमात्मा से मिलने का नशा चढ़ता है, वो नशा सदा के लिए चढ़ा रहता है और इस नशे में एक अलग प्रकार का आनंद

प्राप्त होता है, जिससे तन व मन प्रसन्न रहते हैं। मन हमेशा उत्साह व उमंग से भरा रहता है। इससे आत्मविश्वास की प्राप्ति होती है। जीवन में आने वाले हर तूफान व मुश्किल को झेलने की शक्ति मिलती है। वह निडर होकर सभी परिस्थितियों का सामना करने में सक्षम रहता है।

उसे ऐसा एहसास रहता है कि परमात्मा उसके साथ हैं, जो उसको हर बात की प्रेरणा देता है। जब अर्जुन को गीता-ज्ञान की प्राप्ति हुई तब उन्होंने अपने आत्मविश्वास के बल पर ही पूरी लड़ाई अकेले ही लड़ ली थी।

हमारे देश में बड़े से बड़े पैगंबर आए उन्होंने अपने सत्संग व आत्मविश्वास के साथ परमात्मा को पा लिया। जीवन का सारा सार हमें सत्संग में ही दिखाई देता है। सत्संग में जाने के लिए कोई उम्र या समय बाध्य नहीं है। जिस व्यक्ति ने ये जान लिया है कि हमारे साथ हमेशा प्रभु रहते हैं, वो निडर, उत्साहित व मस्ती भरी जिंदगी जीते हैं।

आज के युग में जगह-जगह सत्संग होते हैं। बड़े-बड़े ज्ञानी व महापुरुष सत्संग करते हैं, जिन्होंने छोटी-सी उम्र में ही बाह्य ज्ञान की प्राप्ति कर ली है, उन्होंने सत्संग के माध्यम से देश में फैली कुरीतियों को दूर किया है, जिससे महिलाओं की दशा में सुधार आया है।

सत्संग केवल भजन व प्रवचन ही नहीं बल्कि जीवन जीने की कला सिखाता है। आप अपने जीवन के कीमती क्षणों को इधर-उधर की बातों में न गंवाकर सत्संग के माध्यम से किसी विषय को जानने व सुनने में अपना समय व्यतीत करें। जिससे हमारे जीवन में सुधार आ सके व हम नए अनुभवों को प्राप्त कर सकें।

❐

क्षमाशील बनें

क्षमा करना बहुत कठिन कार्य है, किन्तु क्षमा में जादू है, चमत्कारिक शक्ति है। हम सबको क्षमा करने की कला आनी चाहिए। क्षमा व्यक्ति के जीवन में निर्मलता का संचार करके उसे स्वस्थ एवं संतुलित, शांत एवं सुखी बना देती है तथा समाज में सुख की अभिवृद्धि करती है। यदि मनुष्य क्षमा धारण कर ले तो घरों में स्वर्ग का दर्शन हो, संस्थाओं में उन्नति हो और न्यायालयों में भीड़ कम हो जाए। हिंसा एवं स्वार्थ संबंधों को तोड़ती है जबकि क्षमा संबंधों को प्रगाढ़ और मधुर बनाती है।

क्षमा मांगने और देने के लिए नैतिक साहस की आवश्यकता होती है। राष्ट्रपिता महात्मा गांधी कहते थे– 'दुर्बल की अहिंसा तो कायरता होती है, सबल एवं निर्भय व्यक्ति ही सच्ची क्षमा कर सकता है'। क्षमा वीर की शोभा होती है। निर्भय होकर प्रतिरोध करने का साहस होने पर भी क्षमा करना शौर्य का परिचायक है। संपूर्ण संकीर्णताओं से ऊपर उठकर मानव मात्र को हृदय से लगाने वाला, जीवन मात्र से प्रेम करने वाला व्यक्ति ही सम्यक प्रकार से क्षमा धारण कर सकता है। अतएव क्षमा मानव जीवन का परमोज्ज्वल रत्न है। दान देना मानवीय है, किन्तु क्षमा करना ईश्वरीय है। हमारे मन में उलझन है, प्रेम तथा घृणा की। इनमें से प्रेम क्षमा करता है, घृणा बदला लेने को उकसाती है। किसी ने हम से दुर्व्यवहार किया, हमें दुख हुआ, घृणा उपजी, यहीं से टकराव शुरू हुआ। प्रेम क्षमा करेगा, घृणा अग्नि बनकर सुलगती है तथा जलाती है। यह आग मन का चैन तथा खुशी भी जला देती है।

हमारे धर्मशास्त्र और पारंपरिक विश्वासों में 'क्षमा' को बहुत उच्च स्थान प्राप्त है। क्षमा से मन की आकुलता नष्ट होती है तथा उसमें स्थिरता आती है। क्षमा मन को निर्मल करती है और उसमें सात्विकता का संचार करती है। जो मनुष्य दूसरों को क्षमा नहीं कर सकता, वह अपने को भी क्षमा नहीं कर सकता तथा पश्चाताप द्वारा अपराध भावना से पूर्णतया मुक्त न होकर सदैव प्राकृत गुणों से आबद्ध एवं दुखी रहता है। बाधा उपस्थित होने पर भी क्रोध न करना और शांत भाव बनाए रखना क्षमा का लक्षण है।

ईसा मसीह कहते हैं- तुम अपने भाइयों को क्षमा करो, ईश्वर तुम्हें क्षमा करेगा। जब ईसा को फांसी दी गई, ईसा ने प्रार्थना की- हे प्रभु। इन्हें क्षमा करो, क्योंकि यह नहीं जानते कि ये क्या कर रहे हैं। स्वामी दयानंद सरस्वती ने विष देकर अपने मारने वाले को क्षमा कर दिया तथा उसकी प्राण रक्षा के लिए उसे धन देकर शीघ्रता से भेज दिया।

क्षमा को मात्र धार्मिकता के क्षेत्र में ही महत्त्वपूर्ण स्थान प्राप्त है, ऐसा नहीं है। नैतिक सिद्धांत में भी इस गुण को महत्त्व दिया गया है। **'क्षमा शस्त्र करे यस्य, दुर्जन कि बरिष्यति'।** क्षमा के सामने दुर्जन भी निष्प्रभाव हो जाते हैं। दुर्जनों का शमन करने में भी क्षमा का उपयोग किया जा सकता है। यह बहुत ही लाभदायक और उपयोगी सद्गुण है। भगवान महावीर, श्री राम, बुद्ध, वशिष्ठ ऋषि, एकनाथ, सुदर्शन, आनंद, कामदेव, महात्मा गांधी आदि ऐसे उदाहरण हैं जिनकी क्षमा अन्याय और आक्रमण के सामने भी विजय प्राप्त कर सकी है।

क्षमा के प्रकार-

1. **उपकार क्षमा**-माता-पिता और गुरु के प्रति क्षमा भाव।
2. **अपकार क्षमा**-हमारा अहित करने वाले के प्रति क्षमा भाव।
3. **विपाक क्षमा**-क्रोध के परिणाम को सोचकर क्षमा भाव रखना।
4. **वचन क्षमा**-वचनों से क्षमा का प्रदर्शन करना।
5. **धर्म क्षमा**-क्षमामय आचरण एवं व्यवहार करना।

क्षमाशील बनने के लिए कुछ व्यावहारिक सुझाव

1. जैसे ही आपको लगे कि किसी ने आपको चोट पहुंचाई है, दुख दिया है, उसी समय प्रार्थना करो कि भगवान मेरी सहायता करो ताकि यह दुख मेरे अन्दर तक न पहुंचे और न घृणा का नासूर बने। भीतर तक पहुंचने से पहले घृणा को बाहर निकाला जा सकता है, अन्यथा यह चोट काफी लंबे समय तक दुखी करती रहती है।
2. यदि घृणा और चोट भीतर तक बैठ गई है, तो तुरन्त किसी आध्यात्मिक व्यक्ति के पास जाओ और अपने मन की बात कह डालो। आपकी बात अवश्य समझी जाएगी क्योंकि सभी व्यक्ति इस अवस्था से गुजरे हैं। यदि यह संभव न हो तो अपने मन का क्रोध, घृणा, गुबार, चोट की व्यथा के पत्र के रूप में लिख दो, मनचाहे कठोर शब्दों का प्रयोग करो और बाद में पत्र को फाड़कर, हाथ में पकड़े-पकड़े ही, भगवान से प्रार्थना करो कि वह कष्ट देने वाले पर कृपा करें। मन का क्षोभ बाहर निकल जाएगा।
3. दूसरों को क्षमा करो पर स्वयं को भी क्षमा करो। संसार में कोई भी ऐसा व्यक्ति नहीं होगा, जिसके मन में अपराध-बोध न हो, जिसने कोई गलती न की हो। यदि कोई ऐसा व्यक्ति है, जिसने कोई अपराध या गलती न की हो तो वह धरती से छह

इंच ऊपर चलेगा। क्या किसी ने ऐसा व्यक्ति देखा है? हमारे मन का अपराध बोध जीवन भर हमारी मानसिक शांति का नाश करता है। भगवान हमें क्षमा करता है और हमें वह क्षमा स्वीकार कर लेनी चाहिए। भगवान से क्षमा मांगते समय यह न कहें कि ईश्वर तू सब जानता है। मन्दिर में या घर में भगवान की मूर्ति के सम्मुख अपने मन का समस्त हाल कह दीजिए, भगवान का वचन है कि वह अपनी शरण में आने वाले की रक्षा करता है, पर याद रखिए क्षमा-याचना का अर्थ यह नहीं है कि सुबह क्षमा मांग ली तथा शाम को फिर वही अपराध दोबारा किए जाएं।

4. दूसरों के प्रति द्वेष, घृणा या स्वयं के प्रति अपराध-बोध इससे हम स्वयं को ही हानि पहुंचाते हैं। शारीरिक रोगों के कारण कई बार मानसिक क्षोभ तथा हृदय का द्वेष होता है।
5. प्रतिदिन रात्रि को सोने से पहले, प्रत्येक उस व्यक्ति के प्रति, जिसने आपको किसी भी प्रकार से दुख पहुंचाया है, अपनी क्षमा दीजिए। हर एक का नाम लेकर उसे क्षमा करें। दूसरों से आहत होकर, हम स्वयं को अधिक अशांत रखते हैं, जब हम स्वयं ही अशांत होंगे तो अपने आस-पास तथा विश्व में शांति-स्थापना की बात कैसे कर सकते हैं?
6. प्रतिदिन रात को सोने से पहले दूसरों को क्षमा दान देना, यह हमारे जीवन का नियम बन जाना चाहिए।
7. क्षमा याचना से पहले ही क्षमा कर दीजिए। दोषी व्यक्ति द्वारा क्षमा मांगने तक, आप स्वयं को दुखी ही रखेंगे, क्षमा कर देने से आप अपना ही भला करेंगे।
8. क्षमा करके भूल जाइए। याद रखने से मन में अशांति बनी रहती है। यह आसान नहीं है, पर आपको भूलना चाहिए।
9. ध्यान रखें, अन्याय करने वाले के संबंध में किसी से भी अपशब्द न कहें। उसके लिए अच्छा ही बोलें।
10. अंतिम व्यावहारिक यह सुझाव है कि आप एक कदम आगे बढ़कर दोषी व्यक्ति को गले लगाएं, उसे अपने जीवन में वापिस ले आएं।

❑❑❑

॥ लेखक परिचय ॥

विलक्षण एवं विभिन्न प्रतिभाओं के धनी शशिकांत 'सदैव' अपने व्यक्तित्व एवं विभिन्न कार्यों के लिए पहचाने जाते हैं। किसी के लिए आप एक संपादक-पत्रकार हैं, तो किसी के लिए लेखक, कवि-शायर। कोई आपको आपकी प्रकाशित पुस्तकों के माध्यम से जानता है, तो कोई टी.वी. पर मेहमान विशेषज्ञ के रूप में पहचानता है। आप एक प्रेरक वक्ता होने के साथ-साथ ध्यान के कुशल प्रशिक्षक भी हैं। फिर वह वर्कशॉप के रूप में हो या प्रवचन के रूप में, आपके वक्तव्य स्कूल, कॉलेज, कॉर्पोरेट सेक्टर, मंदिर-आश्रम एवं धार्मिक तथा गैर सरकारी संस्थाओं आदि में होते ही रहते हैं। आप सत्रह वर्षों तक 'डायमंड पॉकेट बुक्स' द्वारा प्रकाशित मासिक पत्रिका 'साधना पथ' में संपादक व गृहलक्ष्मी में, सलाहकार संपादक के रूप में अपनी सेवाएं दे चुके हैं। इससे पूर्व,आप दो वर्षों तक अपनी सेवाएं 'Indiatimes .com' में भी दे चुके हैं। विश्व भर के नामी पत्र / पत्रिकाओं में आपके आलेख, स्तंभ, ग़ज़ल व कविताएं आदि प्रकाशित होते रहते हैं। इतना ही नहीं विभिन्न विषयों पर अब तक आपकी तीन दर्जन से भी अधिक पुस्तकें प्रकाशित हो चुकी हैं।

प्रकाशित पुस्तकें

व्यक्तित्व विकास एवं आत्म रूपांतरण

सब संभव है, अच्छा इंसान सफल विजेता कैसे बने?, मैनेजमेंट के मूल मंत्र, व्यक्तित्व निखारें भविष्य सुधारें, मन चाही सफलता पाएं अपनी एकाग्र क्षमता बढ़ाएं, स्वयं को और दूसरों को पहचानने की कला, सीखें जीवन जीने की कला।

ओशो

कौन है ओशो?, मैं क्यों आया था-ओशो?, ओशो की जीवन यात्रा, ओशो के बाद का विवाद, ओशो का योगदान, ओशो पर लगे आरोप और उनकी सच्चाई, प्रसिद्ध हस्तियों और बुद्धिजीवियों की नज़र में ओशो।

धर्म - अध्यात्म

कौन है गुरु?, गुरु का महत्व?, ध्यान एक मात्र समाधान, इश्क की खुशबू है सूफ़ी, आधुनिक संतों की आध्यात्मिक यात्रा, व्रत-उपवास का आध्यात्मिक एवं मनोविज्ञानिक महत्त्व, युगपुरुष महर्षि दयानंद सरस्वती, भारत के प्रसिद्द मंदिर, भारत के प्रसिद्द तीर्थ और धाम, पर्वों का महा पर्व - दीपावली, संपादित पुस्तकें-धन और सुख-समृद्धि की देवी लक्ष्मी, दुर्गा एवं नवरात्र की महिमा एवं महत्त्व।

स्वास्थ्य एवं आरोग्यता

सिरदर्द और माइग्रेन से मुक्ति, ऐसे पाएं मोटापे से मुक्ति, करें योग रहें निरोग, तनाव मुक्ति के सरल उपाय, आहार से करें उपचार, आपका आहार स्वास्थ्य का आधार।

काव्य एवं ग़ज़ल संग्रह

तेरे साथ की आदत, स्त्री की कुछ अनकही, दर्द की कतरन, दर्द के इर्द-गिर्द, रिसता हुआ दर्द।
काव्य संकलन - इंद्रधनुष रचते हस्ताक्षर, दस्तक नई पीढ़ी की।

समाज व समसामयिक

कुल का कल हैं बेटियां, गाय, गंगा, गौरी है हमारी जिम्मेदारी, नयी स्त्री की पुरानी कहानी।

पत्र-पत्रिकाओं में प्रकाशित लेख व स्तंभ

नवभारत टाइम्स, हैलो दिल्ली, दैनिक हिन्दुस्तान, पंजाब केसरी, दैनिक जागरण, दैनिक भास्कर, अमर उजाला, जागरण सिटी प्लस, गगनांचल आज समाज, तथाअस्तु, वेल बीइंग, साधना पथ, गृहलक्ष्मी, ओशो वर्ल्ड, हिन्दी जगत, कादंबिनी, वूमेन ऑन टॉप, मेरी तुलसी, प्रवासी टुडे, ज्ञानोदय, शुक्रवार, इंडिया न्यूज, यथावत, मेरी तुलसी, संपादक, गृहनंदनी, फ्यूचर समाचार, सुख-समृद्धि, कुमुदम भक्ति, समय सारांश, गुरुजी, कलियों को खिलने दो तथा इंडिया टाइम्स एवं फैब वुमैन डॉट कॉम आदि कई अन्य क्षेत्रीय पत्र-पत्रिकाओं में प्रकाशन।

टी.वी. चैनलों एवं रेडियो पर उपस्थिति

दूरदर्शन, इंडिया न्यूज, सहारा समय, साधना, प्रज्ञा, सुदर्शन, ए टू जेड, वी.आई.पी. एवं जैन टी.वी. तथा एफ.एम. रेनबो एवं मानव रचना रेडियो।

सम्मान

गौरव भाषा वाणी सम्मान 2011 (इंद्रप्रस्थ साहित्य भारती-दिल्ली), साहित्यकार सम्मान 2010 (ब्रज कला केंद्र-मथुरा), साहित्यकार सम्मान 2009, (स्वामी नेकश्याम स्मृति-वृंदावन)।